FIRMES MULTINATIONALES ET ÉCONOMIE TERRITORIALE EN AFRIQUE

Collection « L'esprit économique »

fondée par Sophie Boutillier et Dimitri Uzunidis en 1996
dirigée par Sophie Boutillier, Blandine Laperche, Dimitri Uzunidis

Si l'apparence des choses se confondait avec leur réalité, toute réflexion, toute Science, toute recherche serait superflue. La collection « L'esprit économique » soulève le débat, textes et images à l'appui, sur la face cachée économique des faits sociaux : rapports de pouvoir, de production et d'échange, innovations organisationnelles, technologiques et financières, espaces globaux et microéconomiques de valorisation et de profit, pensées critiques et novatrices sur le monde en mouvement...
Ces ouvrages s'adressent aux étudiants, aux enseignants, aux chercheurs en sciences économiques, politiques, sociales, juridiques et de gestion, ainsi qu'aux experts d'entreprise et d'administration des institutions.

La collection est divisée en six séries :

Dans la série *Economie et Innovation* sont publiés des ouvrages d'économie industrielle, financière et du travail et de sociologie économique qui mettent l'accent sur les transformations économiques et sociales suite à l'introduction de nouvelles techniques et méthodes de production. L'innovation se confond avec la nouveauté marchande et touche le cœur même des rapports sociaux et de leurs représentations institutionnelles.

La série *Economie formelle* a pour objectif de promouvoir l'analyse des faits économiques contemporains en s'appuyant sur les approches critiques de l'économie telle qu'elle est enseignée et normalisée mondialement. Elle comprend des livres qui s'interrogent sur les choix des acteurs économiques dans une perspective macroéconomique, historique et prospective.

Dans la série *Le Monde en Question* sont publiés des ouvrages d'économie politique traitant des problèmes internationaux. Les économies nationales, le développement, les espaces élargis, ainsi que l'étude des ressorts fondamentaux de l'économie mondiale sont les sujets de prédilection dans le choix des publications.

La série *Krisis* a été créée pour faciliter la lecture historique des problèmes économiques et sociaux d'aujourd'hui liés aux métamorphoses de l'organisation industrielle et du travail. Elle comprend la réédition d'ouvrages anciens, de compilations de textes autour des mêmes questions et des ouvrages d'histoire de la pensée et des faits économiques.

La série *Clichés* a été créée pour fixer les impressions du monde économique. Les ouvrages contiennent photos et texte pour faire ressortir les caractéristiques d'une situation donnée. Le premier thème directeur est : mémoire et actualité du travail et de l'industrie ; le second : histoire et impacts économiques et sociaux des innovations.

La série *Cours Principaux* comprend des ouvrages simples, fondamentaux et/ou spécialisés qui s'adressent aux étudiants en licence et en master en économie, sociologie, droit, et gestion. Son principe de base est l'application du vieil adage chinois : « le plus long voyage commence par le premier pas ».

Souleymane Doumbia

Firmes multinationales et économie territoriale en Afrique

L'Harmattan

5-7, rue de l'École-Polytechnique ; 75005 Paris

http://www.editions-harmattan.fr/

ISBN : 978-2-343-19065-5
EAN : 9782343190655

Avant-propos

L'objet novateur de cet ouvrage est l'analyse des relations entre les Firmes Multinationales (FMN) et les Collectivités Territoriales (CT) en Afrique. L'enjeu est la sortie des activités prédatrices des FMN et de la croissance sans développement qui gangrènent l'Afrique, et la construction d'une réponse qui permette d'engager les FMN extractives dans le développement des territoires qui les accueillent. J'ai pour cela réalisé une radioscopie de trois CT au Libéria, au Niger et au Ghana, où l'on observe des Partenariats réussis avec Firestone, Areva et AngloGold Ashanti. La méthode a consisté à obtenir des réponses complètes à partir de questionnaires auprès des entreprises locales, de la population, des autorités locales, des employés locaux des FMN, des employés expatriés des FMN. Mais dans cet ouvrage, je fais l'économie des tableaux et des graphiques pour ne retenir que les résultats. La méthode est qualitative, mais la convergence et la divergence des réponses dans les trois Partenariats apportent de l'information.

L'enquête de terrain a ainsi révélé une satisfaction globale de 85% des partenaires interrogés, FMN et territoires. L'objet de cet ouvrage est de comprendre les raisons de ce résultat inhabituel pour l'Afrique. Le cadre d'analyse est celui de l'Investissement Territorialisé où un acteur, privé ou public, minimise son extériorité en s'intégrant durablement par le Partenariat dans le jeu d'acteurs du territoire. Il passe ici par un contrat formel de la FMN avec l'État pour le partage de la rente ricardienne, et un contrat informel et incomplet avec la CT : le Partenariat Décentralisé (PD). Le PD est analysé avec les concepts de O.E. Williamson comme « alliance stratégique » qui est un hybride entre marché et organisation. La FMN avec ses actifs très spécifiques subit un risque d'image élevé, que la CT, malgré sa faiblesse, a le pouvoir de sécuriser. En retour, la FMN finance des infrastructures de transport, de santé, d'éducation et un soutien à l'économie locale. La réussite de ces PD tient à ce qu'ils sont des contrats implicites et incomplets, ils utilisent l'informel comme norme de gestion, ils adoptent les cultures locales comme référence, ils sont inclusifs au plus près des besoins des populations et ils intègrent les FMN dans les territoires. Cette stratégie d'intégration des FMN corrige l'asymétrie où la CT a le pouvoir de défaire l'image de la FMN et de réaliser selon le mot de O.E. Williamson un « hold-up » sur le partage des rentes et quasi-rentes.

Les Partenariats Décentralisés, où le privé remplace l'État défaillant à créer les infrastructures en Afrique, sont une issue à la « trappe à développement » des Pays les Moins Avancés (PMA). Ils se révèlent capables d'amener l'argent là où on en a besoin, dans les territoires, et fournissent sans biais la capacité administrative et l'identification de projets de développement validés par les populations, ce que ni l'Aide Publique au Développement (APD), ni les rémittences tournées vers la consommation, ni les Investissements Directs Etrangers (IDE) classiques ne réussissent à faire. C'est pourquoi, cet ouvrage s'inscrit dans une approche libérale humaniste où une partie des rentes serait dévolue à la lutte contre la pauvreté.

Dr. Souleymane Doumbia
Chercheur en Economie et Gestion
Paris, le 15 novembre 2019

Table des matières

Introduction

L'existence de l'*investissement territorialisé* est récente et s'explique par deux facteurs. Depuis toujours, l'investissement a été considéré sans tenir compte de sa *territorialisation.* Il avait certes une localisation qui pouvait le justifier par l'accès à certaines ressources (matières premières, sites touristiques, accès à des marchés protégés...) et à des externalités. Cette localisation n'était pas une *territorialisation*, au sens où la localisation était neutre du point de vue socio-économique ; elle ne modifiait pas le jeu des acteurs locaux. L'investissement était socialement off-shore. Par contre, la Décentralisation des États, qui est un phénomène mondial, place chaque investisseur à l'intérieur d'un jeu d'acteurs locaux dotés d'un certain pouvoir, expression elle-même d'une société locale de plus en plus informée et active.

L'autre évolution récente est celle de la dimension symbolique croissante des phénomènes économiques comme les investissements. L'importance des médias et des opinions publiques fait que l'image de l'investissement privé ou public devient un paramètre de son coût. Même s'il est créateur d'emplois, l'investissement peut rencontrer un rejet des territoires, acteurs et opinions réunis ; cela peut paralyser sa réalisation, perturber son fonctionnement et même amener sa ruine (boycott, nationalisation). Cette dimension symbolique associe donc un facteur de risque permanent à l'investissement. Ce risque dépend du contexte, mais il est d'abord fonction de la dimension de l'investissement. Il est donc considérable quand il s'agit d'extraction minière, d'infrastructures ou de complexes touristiques. Il faut ajouter que le jeu démocratique de la Décentralisation conduit l'investissement à faire peser également un facteur de risque sur les pouvoirs locaux décentralisés.

Dans le cas des investissements des Firmes Multinationales en Afrique, ces dernières ont opté pour une stratégie d'*Investissement Territorialisé* qui prend la forme d'un *double contrat* :

- Un contrat avec l'État, formel, définit les modalités de partage de la rente ricardienne issue de l'extraction de la matière première (or, latex ou uranium). Du fait de l'existence d'un troisième acteur qui est la Collectivité Territoriale, ce contrat formel est incomplet.

- Un contrat avec la Collectivité Territoriale qui héberge l'investissement : c'est le *Partenariat Décentralisé.* Ce contrat est informel et tout aussi incomplet. Il porte sur le partage entre la Firme Multinationale et la Collectivité Territoriale d'une partie de la rente acquise par la Firme Multinationale avec l'État, de la rente spécifique délivrée par la Collectivité Territoriale et de la quasi-rente issue du partenariat.

Les Firmes Multinationales ont des ressources économiques considérables : finances, savoir-faire, réseaux productifs. Elles investissent dans un territoire, ce qui induit des risques symboliques considérables, proportionnels à l'investissement. Elles supportent également d'autres risques : terrorisme, risques naturels, risques commerciaux et financiers, etc. Les Collectivités Territoriales disposent de ressources symboliques plus ou moins modérées : légitimité, image. Elles ne disposent que de peu de ressources économiques, ce qui est un facteur de risques pour leur image et pour leur légitimité. Les ressources économiques des Collectivités Territoriales sont des immobilisations (bâtiments, réseaux, etc.), des externalités (capital cognitif, infrastructures matérielles et sociales, entreprises, etc.) et des rentes territoriales spécifiques (foncier, eau, milieux naturels, localisation géographique, ensoleillement, etc.).

Par la construction du *Partenariat Décentralisé*, les Collectivités Territoriales peuvent sécuriser les risques symboliques des *Investissements Territorialisés* des Firmes Multinationales. Elles versent également une rente territoriale aux Firmes Multinationales. Réciproquement, les Firmes Multinationales transfèrent des ressources économiques aux Collectivités Territoriales. Elles sécurisent également les risques symboliques des Collectivités Territoriales si elles échouaient à répondre aux besoins fondamentaux des populations. L'*Investissement Territorialisé* est la stratégie de l'investisseur destinée à lui faire perdre son extériorité vis-à-vis du territoire. Il lui permet de gérer au mieux les asymétries en mettant en place un *Partenariat Décentralisé* grâce au partage de la rente et de la quasi-rente issues de ce *Partenariat Décentralisé*.

Les enjeux de cet ouvrage sont importants, ils sont ceux de l'*Investissement Territorialisé* comme une stratégie de mise en place d'une nouvelle relation. Il s'agit d'abord des investissements réalisés par les Firmes Multinationales dans les Pays en Développement. Le *Partenariat Décentralisé* doit pouvoir assurer des solutions aux problèmes d'image et d'acceptation des Firmes Multinationales en Afrique et ailleurs. Cela concerne les investissements miniers et agricoles dans les Pays en Développement, mais également les investissements manufacturiers et surtout les investissements dans les services ; notamment les complexes touristiques. Il s'agit donc de toute la problématique du développement.

Le *Partenariat Décentralisé* peut également apporter des solutions aux *Investissements Territorialisés* dans les pays développés. Il peut s'agir d'investissements privés comme dans le tourisme ou les fermes solaires, ou d'investissements publics d'infrastructures comme les lignes de chemin de fer et les autoroutes, les aéroports ou encore les éoliennes. Les Collectivités Territoriales et les populations sont très sensibilisées aux contreparties de la rente territoriale et aux risques pour les ressources non reproductibles. Le *Partenariat Décentralisé* aurait peut-être permis d'éviter les blocages de « Notre-Dame des Landes » ou du projet « Center Parc de Roybon », ou encore les blocages à l'implantation d'éoliennes. Ainsi, il s'agit donc principalement de la gestion de l'incertitude et du risque et celle du partage des rentes associées à l'investissement des Firmes Multinationales dans les Pays les Moins Avancés.

Cet ouvrage s'attache à donner une première réponse au problème de développement en Afrique Subsaharienne pour ensuite apporter des explications à cette nouvelle relation et proposer des images descriptives de la réussite du *Partenariat Décentralisé*. Il se concentre sur le contexte socio-économique de l'Afrique Subsaharienne. Les questions portant sur les Communautés africaines conduisent naturellement à celles de l'individu et du groupe, des autorités traditionnelles et du droit de propriété ainsi que celle de la typologie des Communautés et des ethnies. Quelles sont les caractéristiques de l'économie en Afrique Subsaharienne ? La faiblesse des États en Afrique Subsaharienne et la problématique de la faiblesse de l'économie. Il est question aussi de l'image controversée des Firmes Multinationales et des Investissements Directs Étrangers en Afrique

Subsaharienne. Cette question est consacrée à la problématique du développement des Pays les Moins Avancés différente des Pays en Développement en posant les questions suivantes : Pourquoi les Investissements Directs Étrangers ne profitent-ils pas à l'Afrique comme dans les Pays en Développement ? Pourquoi le sous-développement persiste-t-il en Afrique Subsaharienne malgré la croissance ? Pourquoi le niveau local est-il à la recherche d'un nouveau type de relations décentralisées avec les Investisseurs étrangers ?

Le *Partenariat Décentralisé* est analysé dans cet ouvrage comme une relation Public-Privé d'un type particulier. Un retour sur la définition du partenariat classique Public-Privé et ses différentes déclinaisons est nécessaire afin de mieux aborder les caractéristiques du *Partenariat Décentralisé*. La recherche consiste aussi à montrer l'existence et les problèmes liés aux *Investissements Territorialisés*. Tout cela permet d'arriver au *Partenariat Décentralisé* qui est abordé par une définition. Mais plus qu'une définition, c'est un ensemble de caractéristiques qui font la particularité du *Partenariat Décentralisé*. On répond ainsi à cette préoccupation : Le *Partenariat Décentralisé* est-il un outil de développement ? Cela conduit à analyser l'échec des organisations à promouvoir le développement d'une part et d'autre part la remise en question des marchés pour assurer le développement en Afrique.

Cet ouvrage analyse aussi trois *Partenariats Décentralisés* en Afrique de l'Ouest avec les logiques explicatives et leurs pertinences. L'objectif est de montrer la différence entre les Collectivités Territoriales, leur culture et leur mode de gouvernance. Dans ces conditions, il a fallu trouver des similitudes dans ces nouvelles formes de partenariat que les institutions peuvent nouer. Tout l'enjeu est de montrer que la relation entre des Institutions publiques et privées est possible. Les Collectivités Territoriales d'Afrique de l'Ouest sont donc abordées au-delà du simple construit politique et administratif. Qu'est-ce qu'une Collectivité Territoriale ? ? Trois Collectivités Territoriales d'Afrique de l'Ouest qui sont prises en exemple, en relation avec la typologie des partenariats et la typologie des Communautés créées. Ensuite, chacun des trois partenariats est analysé en recherchant le mode d'entrée des Firmes Multinationales dans les Collectivités

Territoriales et les raisons objectives de chaque partie à instaurer un dialogue direct.

Il est question également des performances ressenties par les parties prenantes en commençant par le cadre des relations entre les Firmes Multinationales et les Collectivités Territoriales. Les données sur les caractéristiques des relations de partenariat sont analysées. Est ensuite analysée la perception de la performance des *Partenariats Décentralisés* par les parties prenantes : tout d'abord la perception par les Firmes Multinationales, puis par la gouvernance locale, ensuite par les entreprises locales et enfin par la population. La même méthode est appliquée pour la synthèse des performances des *Partenariats Décentralisés* en commençant par la synthèse des évaluations à partir des projets réalisés, ensuite la synthèse des évaluations à partir des opinions des parties prenantes. Cette question des performances s'achève par l'analyse des données par l'explication et l'interprétation des performances des *Partenariats Décentralisés*. Cela conduit à l'explication des performances des *Partenariats Décentralisés*, à leurs implications pour le développement économique en Afrique Subsaharienne puis aux recommandations relatives au partenariat Firmes Multinationales- Collectivités Territoriales.

Les outils théoriques sont contenus dans cet ouvrage. Les théories mobilisées qui aident à comprendre la problématique de cette relation. Il s'agit de la théorie de l'organisation hybride de Williamson. Pour cela dans un premier temps, la théorie des coûts de transaction est utilisée comme base explicative de la théorie des organisations hybrides. Ensuite, la théorie de l'organisation hybride est abordée en faisant le lien avec le *Partenariat Décentralisé*. La deuxième théorie mobilisée est celle des règles informelles de D.C. North. Le *Partenariat Décentralisé* est à la fois une relation Public-Privé, mais aussi une relation entre les règles formelles et les règles informelles qui doivent être analysées dans une approche de D.C. North. Enfin, la troisième théorie mobilisée est celle de la croissance endogène de P.M. Romer (1990) et de R.E. Lucas (1988) dont les modèles de croissance sont basés sur l'accumulation technologique et la croissance du capital humain. Toutes choses qui peuvent être acquises grâce au *Partenariat Décentralisé*.

****

I

Firmes Multinationales et Collectivités Territoriales : un partenariat Public-Privé d'un type particulier

La littérature en Sciences de gestion et en Économie n'offre pas de définition du partenariat ayant une portée générale, capable d'être utilisée dans tous les domaines des Sciences sociales. À peine existe-t-il un consensus où se réunissent divers acteurs déterminés à aller vers un objectif commun. L'objectif ici est d'expliquer le partenariat en tentant de relier ce terme à un certain nombre de cadres sémantiques pour mieux définir et comprendre le Partenariat Public Privé et ses caractéristiques. L'analyse du Partenariat Public Privé amène à aborder les problématiques qui y sont liées afin de faire le lien avec la relation Firmes Multinationales et Collectivités Territoriales. Une série de questions est posée dont les réponses permettent de comprendre ce type d'interaction : quelles sont les principales formes de Partenariat Public Privé ? Quelles sont les garanties de la réussite d'un Partenariat Public-Privé ? Le Partenariat Public Privé est-il un contrat complet ? L'objectif est de chercher avant tout les incitations des parties à s'engager sur ce chemin.

L'introduction du concept d'*Investissements Territorialisés* s'inscrit dans une perspective de recherche de définition. Il s'agit d'investissements importants qui ne considèrent pas leurs localisations comme un simple réservoir où puiser des ressources. Sur quoi reposent-ils ? Quels sont les risques liés aux *Investissements Territorialisés* ? Le concept d'*Investissements Territorialisés* est montré en tant que catégorie d'approche, qui provient de la réflexion sur les activités des Firmes Multinationales. Le développement de la synergie des Firmes Multinationales et des Communautés indique donc qu'il existe de nouveaux champs de possibilités de comportements stratégiques des Firmes Multinationales dans le but de promouvoir la quiétude dans les zones où sont exploitées les matières premières. Cela aboutit au *Partenariat Décentralisé* comme nouvelle relation répondant à cette logique.

Le *Partenariat Décentralisé* est défini ; les particularités sont examinées et dissociées du Partenariat Public Privé. Sont recherchés les facteurs de réussite du *Partenariat Décentralisé* entre les Firmes Multinationales et les Communautés locales. Le *Partenariat Décentralisé* a-t-il un mode de régulation différent du Partenariat Public Privé ? Quels sont les instruments en cas de conflits ? Comment les Firmes Multinationales qui véhiculent de mauvaises réputations peuvent-elles créer un partenariat dont le mode de gouvernance n'est pas encadré juridiquement ? Comment ce type de gouvernance est-il accepté par les populations locales ? À partir des analyses sur la coordination du *Partenariat Décentralisé*, il s'agit de montrer que les échanges informels entre les Firmes Multinationales et les Communautés locales se développent dans un système informel selon un certain nombre de règles d'interaction déterminées par une culture particulière. Ainsi, définir le *Partenariat Décentralisé* est un exercice très important si l'on veut comprendre la distinction entre le Partenariat Public-Privé classique existant et la nouvelle forme de relations entre les Firmes Multinationales et les Communautés locales.

L'analyse porte également sur le fait qu'il est légitime pour les territoires de recourir aussi aux ressources exogènes tout comme le pouvoir central, car le lien entre croissance et redistribution est remis en cause, d'autant plus que les territoires ne bénéficient pas des retombées de la croissance. Ainsi, en quoi le *Partenariat Décentralisé* est-il un outil de développement économique pour les peuples d'Afrique Subsaharienne en zone rurale ? Le *Partenariat Décentralisé* est-il plus performant que le marché et l'organisation ?

Le Partenariat Public-Privé classique

Le partenariat Public Privé est un contrat formel entre les pouvoirs publics et les entreprises pour la fourniture de biens et de services engageant une responsabilité mutuelle entre les partenaires. Il y a un système d'incitation formelle dans le sens conventionnel des relations. Le contrat oblige les parties à entretenir des échanges formels en établissant des mécanismes qui permettent aux parties d'apprendre les capacités et le caractère de l'autre. En effet, l'introduction de sanctions formelles régit toutes les actions des parties dans le cadre des résultats du contrat. Le développement des théories appropriées et des outils méthodologiques pour analyser les comportements est une tâche importante dans la recherche. En ce sens, le Partenariat Public Privé est défini à travers les formes qu'il peut prendre. Comment se présente donc le Partenariat Public Privé ? Quels sont les outils de sa mise en œuvre ? Quelles sont les problématiques liées au Partenariat Public privé?

Dans ce type de partenariat, le gouvernement a un rôle de superviseur, alors que le secteur privé a des responsabilités fonctionnelles ou opérationnelles. Aujourd'hui, le Partenariat Public Privé est une notion qui apparaît de plus en plus souvent dans les médias économiques, au sein des Institutions Internationales, dans la rhétorique politique et dans les publications politiques, financières et juridiques. Les formes les plus répandues du Partenariat Public Privé sont l'externalisation, la concession et les investissements en infrastructure. Au cours de ces dernières années, on a assisté à une expansion des Partenariats publics privés, ce qui implique de plus en plus d'acteurs privés dans le secteur public, y compris dans les secteurs traditionnellement relevant du public. Les organismes publics optent aussi pour l'externalisation, au lieu de fournir directement un service en interne. En outre, les administrations locales (municipalités ou régions) sont plus susceptibles de contracter des accords avec les entreprises privées. Toutefois, si le contrat au niveau central est plus probant dans les services marchands ; au niveau local, les partenariats sont plus larges.

Plus récemment, la crise économique de 2008 a donné un nouvel élan au phénomène : les réductions budgétaires et de l'emploi public poussent les administrations publiques à chercher des économies à court terme. À cet égard, la littérature a indiqué à plusieurs reprises que l'externalisation modifie les rapports de forces entre les employeurs et la main-d'œuvre, et la pression est ainsi mise sur la main-d'œuvre de base. L'externalisation publique est la « sous-traitance » d'un service traditionnellement délivré par un service public. L'externalisation a un impact sur la capacité d'un gouvernement à fonctionner avec succès et à fournir des services nécessaires à la population. La décision d'externaliser certaines activités est bien évaluée et soutenue par des professionnels qualifiés avec une vision stratégique et avec une expertise nécessaire pour améliorer les prestations, tout en protégeant les intérêts publics. Ainsi, les organismes financiers tels que la Banque Mondiale et le Fonds

Monétaire International ont suggéré d'accroître l'efficacité des États grâce aux technologies des entreprises extérieures. Cependant, de nombreux pays mettent en œuvre le modèle d'externalisation pour sauver d'abord les coûts et d'autre part, bénéficier de la valeur ajoutée fournie par les experts des prestataires de service. Les gestionnaires publics peuvent aussi apprendre à travers l'expérience des autres, en échangeant des informations sur la conception des contrats et en sélectionnant des fournisseurs dignes de confiance. Cela signifie que le gestionnaire public peut apprendre à réduire les coûts et les risques en réduisant les problèmes d'information inhérents à la gestion des contrats.

Le recours à des prestations de service non étatiques a été élargi par l'introduction des bureaux de conseil qui sont des prestataires de services privés aidant les organismes publics dans la formulation et la négociation des accords. En général, ils jouent un rôle strictement consultatif et aident l'État à surmonter les insuffisances techniques lors de l'élaboration de contrats. Les services publics représentent, en effet, une administration wébérienne traditionnelle, avec comme prérogative de fournir plus de services standardisés, soumis à des contraintes financières croissantes et responsables envers les citoyens pouvant être sanctionnés par le biais de ses représentants politiques lors des élections.

Une des formes les plus répandues du Partenariat Public Privé est le contrat de concession qui met en relation un gouvernement et une entreprise privée pour l'exploitation d'un certain nombre d'infrastructures dont la gestion relève traditionnellement de l'État. La concession est une forme de participation du secteur privé dans le domaine de l'État. C'est un arrangement mieux accepté que la vague de privatisation des années 1980. Le contrat de concession est un Partenariat Public Privé qui donne le droit exclusif au partenaire privé de faire fonctionner un bien public et même de réaliser des investissements dans un secteur qui à l'origine relève du service public pour une période donnée. En retour, le partenaire privé paie une rente à l'État selon des accords. Les entreprises privées assument tous les frais de fonctionnement et en retour obtiennent le droit d'exploiter les actifs pendant une période préétablie dans un contrat. L'État conserve la propriété et le contrôle sur les actifs et peut règlementer les prix et la qualité des services. Souvent, le privé reçoit une autorisation de concevoir et de mettre en œuvre des infrastructures ou des services dans une relation appelée contrat de délégation BOT/BOOT qui signifie « Build Operate and Transfer » ou « Build Own Operate and Transfer ».

Le but du Partenariat Public Privé est de combiner les meilleures capacités du public et du privé pour un bénéfice mutuel. Le Partenariat Public Privé peut fournir des ressources nécessaires permettant de créer des situations de « gagnant-gagnant ». En déléguant au secteur privé la responsabilité de certaines fonctions, les gouvernements se recentrent sur leurs activités principales, celles de définir la politique et de contrôler les services publics. Le Partenariat Public Privé est aussi une occasion importante pour l'innovation du secteur privé dans la conception, la construction, la prestation des services et l'utilisation des ressources.

Dans certains cas, les déficits budgétaires, ainsi que l'échec des modèles de gouvernance publique ont contraint les décideurs publics à faire appel au secteur privé pour entretenir et exploiter les biens publics. Dans les économies en développement en proie à une mauvaise gestion et à des effectifs pléthoriques, les revenus du secteur public sont détournés par les fonctionnaires et assimilés, obligeant l'État à injecter de l'argent public dans un secteur qui devrait produire des bénéfices. Le gouvernement est par conséquent responsable des pertes et des profits. L'État doit subventionner les entreprises publiques en cas de pertes, alors qu'il ne peut pas les taxer en cas de bénéfices. Ainsi, le contrat de concession par lequel l'État transfère le droit de propriété à une entreprise privée permet au Trésor Public d'économiser le budget d'exploitation en transférant tous les droits à cette entreprise privée. Le principal avantage d'une concession est que la gestion par le secteur privé permet de rentabiliser un secteur où la gestion publique ne peut agir, et en même temps, d'en faire une exploitation efficace et de mieux entretenir les infrastructures.

C'est dans ces circonstances que ces dernières années ont vu la participation du secteur privé dans les projets d'infrastructures tels que les routes, les infrastructures électriques, aéroportuaires et d'approvisionnement en eau. Les BOT (Build Operate and Transfer) ou BOOT (Build Own Operate and Transfer) sont devenus la tendance majeure pour la privatisation temporaire des infrastructures et l'instrument le plus utilisé. C'est un arrangement institutionnel de plus en plus utilisé pour financer des projets d'infrastructures. Donc, le secteur privé est nécessaire pour concevoir et financer des projets, pour construire et pour mettre en service des infrastructures durant une période de généralement 30 ans.

Néanmoins, toutes les activités ne peuvent pas faire l'objet de Partenariat Public Privé, car certaines d'entre elles nécessitent l'exercice d'un pouvoir discrétionnaire qui demande une autorité gouvernementale ou une prise de décision au niveau gouvernemental. De plus, le contrat BOT/BOOT génère des monopoles difficiles à éviter dans les petits États et dans les secteurs clés tels que l'eau et l'électricité. En raison des risques politiques rencontrés par les opérateurs économiques, la concurrence connaît ses limites, car les changements politiques s'accompagnent souvent de changements institutionnels. L'entreprise fixe donc des prix de monopole. Dans ce cas, le contrat BOT ou BOOT est générateur d'injustices.

Par ailleurs, la surveillance de l'entreprise est plus difficile pour l'État. En raison du manque d'expertises et d'informations, l'État n'est pas en mesure de connaître facilement le coût réel de l'exploitation. Il ne peut compter que sur la bonne volonté des gestionnaires de l'entreprise privée. Mais souvent, l'entreprise privée ne répond pas aux objectifs sociaux tels que l'emploi et la fiscalité, car elle a des incitations pour maximiser ses profits.

Le caractère formel du Partenariat Public Privé se manifeste avant tout par l'existence d'un contrat qui est une relation d'affaires permettant à deux parties d'entrer en relation pour partager les bénéfices. A priori, le contrat est volontaire, mais souvent, c'est sous la contrainte du déficit de productivité que les uns et les autres cherchent ce type de relations. Le contrat est ainsi caractérisé par des règles qui fixent les devoirs et le partage de gains. La recherche de gains conduit à des problèmes de tricherie potentielle. Souvent, l'une des parties possède des informations qui lui permettent un gain plus élevé que pour l'autre partie. Le contrat parfait serait donc celui dans lequel il y a une symétrie de l'information ou celui qui permet un partage des gains équitables. La répartition des gains est donc l'élément essentiel, en termes d'incitations, à signer un contrat.

L'asymétrie d'information conduit à une inefficacité ; or, dans la plupart des contrats, notamment lorsqu'il y a des conflits, on se rend compte qu'un contrat ne peut être parfait.

La théorie du contrat fournit deux caractéristiques aux relations contractuelles :

- le pouvoir de négociation et
- le type d'information cachée,

qui sont les fondements de l'efficacité d'un contrat.

Le pouvoir de négociation est tenu par l'un des acteurs dénommés Principal qui proposent des modalités de transaction à l'autre partie dénommée Agent qui accepte ou refuse. Dans un environnement idéal, cette négociation est simple, mais dans un contrat où la répartition des gains n'est pas très claire, chaque partie est tentée de faire durer les négociations en élaborant des propositions et des contre-propositions.

La théorie du contrat examine aussi les types d'informations que possède chaque partie, qui peuvent être déterminés dans le cadre d'un contrat dit optimal (sans perte de gains et sans perte d'efficacité). Elle dégage deux types d'informations :

1 – l'information sur ce que l'autre fait ; c'est-à-dire, les actions cachées et

2 – l'information sur ce que l'autre est, c'est-à-dire l'identité cachée.

La théorie du contrat est donc incontournable, car toute relation peut être considérée comme un contrat. Presque tous les actes qu'une personne réalise et qui la mettent en relation avec d'autres personnes ou des institutions ont une valeur contractuelle. La théorie du contrat est utilisée dans cet ouvrage parce qu'elle vise à mieux comprendre le Partenariat qu'il soit Privé Privé, Public Public ou Public Privé. Le contrat garantit l'exécution de ce qui est convenu entre les parties et garantit les intérêts mutuels.

Le contrat suppose aussi deux niveaux de production pour un même projet. Ainsi, la réalisation du projet va dépendre de l'effort fourni par chaque partie et de l'environnement. L'effort de chacune des parties va dépendre de la fonction d'utilité du projet. Dans ce cas, l'effort de l'une correspond à ce qu'attend l'autre ; dans le cas contraire, l'une des deux parties est tentée de tricher. Selon la théorie du contrat, un contrat optimal signifie que les contraintes d'incitation sont satisfaites strictement.

La théorie de la firme considère l'entreprise comme un système efficace pour répondre à l'asymétrie d'information, où la nature du contrat est destinée à minimiser les coûts de transaction des facteurs de production. Les contrats sont des normes juridiques obligeant les parties à mettre en œuvre le contenu des accords, mais ils définissent aussi le caractère des obligations imposées en ce qui concerne la réalisation des activités de production ou de service. L'entreprise peut être considérée comme un ensemble de contrats. Selon R.H. Coase, le marché et l'entreprise ne diffèrent que par la nature du contrat. Sur le marché, le contrat est plus court, alors qu'il est plus long et plus rigide dans l'entreprise.

Il n'est pas question ici d'étudier l'efficacité des contrats qui dans la théorie néo-classique est décrite comme Pareto-efficace selon l'interprétation de la « courbe du contrat ». Mais il faut dire que le contrat a un rôle important, car il favorise l'engagement et la coopération entre les institutions. Antérieurement au contrat, les parties ont une connaissance personnelle sur ce qu'elles espèrent du partenariat ; les conditions qu'elles seraient prêtes à accepter, et la durée de la relation qu'elles anticipent. En outre, une partie peut détenir des informations sur l'accord potentiel que l'autre partie ne possède pas ; ce sont des situations asymétriques d'information qui peuvent causer des problèmes pour celles sans liens de dépendance. La présence d'asymétrie d'information peut empêcher des échanges mutuellement bénéfiques d'avoir lieu. Le contrat peut donc aider les parties à résoudre le problème d'asymétrie d'information par des règles dont l'application oblige les parties à se révéler.

Les contrats sont également des accords personnalisés pour répondre à la spécificité des circonstances économiques. Un contrat peut être nécessaire pour coordonner la production de biens et/ou de services. Pour induire une bonne coordination, les parties pourraient concevoir un contrat afin qu'il offre des incitations pour une production de qualité.

Ainsi, la théorie du contrat est une composante majeure de la compréhension du partenariat. Elle montre comment les organisations entrent en interaction. D'un point de vue théorique, le contrat apporte sa contribution à la recherche sur le partenariat. La théorie du contrat est utilisée pour la conceptualisation des questions liées à la coordination du partenariat. Elle présente la possibilité de lever les contraintes qui pourraient être liées à la mise en œuvre des échanges entre les institutions. Aussi, l'importance de la recherche empirique à la fois descriptive et normative renforce la théorie, notamment parce qu'elle s'intéresse à l'analyse économique du contrat en faisant l'hypothèse forte d'une déduction des principes d'efficacité des règles du contrat.

L'analyse économique qui introduit des hypothèses plus réalistes et qui adopte une approche plus dynamique des interactions entre les règles et les comportements juridiques inspire souvent les règles de droit du contrat. Les parties contractantes peuvent se comporter de manière flexible en cherchant à préserver une relation, mais elles s'attendent à un arbitrage si des problèmes sérieux venaient à arriver. Ces questions de comportement relatives aux traditions de longue date et apparemment culturelles posent la question de savoir s'il n'existe pas une autre approche formelle du contrat.

Bien que les implications de la recherche, du moins jusqu'à présent, aient tendance à favoriser plus les règles formelles classiques, et les considérations juridiques que cela implique, une approche institutionnaliste voit tout de même le jour avec une approche contextuelle d'intégration de la recherche et des connaissances empiriques économico-socio-juridiques. Le droit du contrat ou le droit au contrat a à peu près la même connotation que le libre marché parce que le droit du contrat classique est une abstraction. Il est donc un abandon délibéré de la tentation de restreindre l'autonomie individuelle ou de la liberté totale des marchés au nom d'une politique sociale. L'économie et le droit du contrat ont été impliqués dans ce jeu d'abstractions. D'autre part, il semble qu'en droit, les abstractions sont destinées à être le droit et non le point de départ juridique, ce qui est le cas en économie. Les contrats tout en possédant un potentiel de dépendance doivent être considérés comme de bonnes affaires et devraient certainement représenter les intérêts économiques. Les théoriciens de la négociation distinguent trois conditions du contrat :

l'offre, l'acceptation et la considération. L'offre et l'acceptation ont la même signification dans cette théorie. Une partie fait une offre et l'autre doit l'accepter.

Indépendamment de la forme juridique, chaque contrat implique une incitation réciproque. Selon la théorie de la négociation, le contrat reste incomplet jusqu'à ce que le stipulant donne quelque chose à l'autre partie pour induire la promesse. Une fois terminé, le contrat devient exécutoire. La théorie de la négociation dit que les promesses garanties par du réalisme sont exécutoires et que les promesses dépourvues de considérations sont inapplicables.

Le contrat attribue certains risques de façon explicite, étant donné que la structure optimale d'un contrat dépend de l'importance de l'information qui ne peut être connue que par les parties contractantes. Les parties dans un contrat peuvent parfois avoir une vue courte de leurs propres intérêts. D'autre part, le contrat peut ignorer de nombreux risques. Ces ignorances peuvent subvenir par inadvertance. Enfin, les contrats fournissent une orientation aux tribunaux en cas de conflits.

Les règles juridiques définissent la manière dont les contrats sont validés. Les contrats sont examinés par les tribunaux par certaines procédures spécifiques et sous réserve d'une structure de droits et de devoirs rédigés dans le cadre coercitif de la loi. L'efficacité d'un acte dépend de l'expression de l'intention en matière juridique, que l'on retrouve lors de l'examen de l'ensemble et qui est clairement exprimée. En outre, les règles des contrats qui permettent aux parties de contrôler la portée des effets de leurs obligations juridiques limitent également ce pouvoir de manière cohérente avec une fonction instituant un droit. Le droit des contrats donne aux parties de nombreux outils pour contrôler les conséquences juridiques de leurs accords. La doctrine du contrat comprend beaucoup de règles de fonds que les parties peuvent changer.

Les théoriciens économiques du contrat, pour la plupart, donnent peu d'importance aux problèmes d'exécution des contrats. La présomption étant que les tribunaux verront si les parties sont arrivées à remplir les termes du contrat. En effet, l'exécution des contrats écrits est la seule fonction des tribunaux dans la théorie du contrat. Alors que la règle de preuve orale permet aux parties de définir la portée de leurs obligations juridiques ; les tribunaux ne permettront que des preuves intrinsèques pour déterminer une ambiguïté.

L'arbitrage est une solution de coordination. La menace de coercition n'est cependant pas la seule considération capable de motiver les acteurs stratégiques de se conformer aux décisions judiciaires. Les tribunaux sont amenés à trancher les conflits, à combler les déficits, à concevoir et à mettre en œuvre des règles par défaut. Les individus obéissent aux décisions judiciaires parce qu'elles permettent de coopérer. Même dans un litige, les parties partagent au moins certains objectifs en commun. Ainsi, le litige n'est pas vraiment un jeu à somme nulle ; les différentes parties préfèrent tirer mutuellement profit du règlement de leurs différends devant les tribunaux.

On peut supposer que la façon la plus simple de respecter un ordre juridique est de suivre ou d'obéir aux règles du système juridique qui la définissent. Il s'agit du contrôle de la légalité. De même que les règles de la morale visent à inculquer le respect de la morale, les règles du droit visent à instituer le respect de l'ordre préétabli. La distinction entre le droit et la morale est d'une importance primordiale dans les théories relationnelles. Le système judiciaire est la réponse évidente de nos jours derrière chaque acte.

O. Hart estime que les métaphores les plus appropriées pour réfléchir sur les lois sont les règles dans une compétition. Les règles ne peuvent pas seulement obliger les joueurs à effectuer des actions ou ne pas effectuer certaines actions, mais elles donnent aussi les directions à l'arbitre. En outre, les joueurs se sentent liés par les règles qui, elles-mêmes, fournissent une raison d'agir, et pas seulement par la crainte du châtiment.

Le contrôle des actes se fait à travers la loi. La signification pratique de la loi est déterminée par la confrontation entre le juge, l'avocat et le notaire mus par des intérêts spécifiques divergents. La tendance à accentuer la syntaxe de la loi est plutôt la caractéristique des théoriciens, tandis que l'attention du côté pragmatique est plus probable dans le cas des juges. La forme du corpus juridique lui-même, notamment son degré de formalisation et de normalisation, semble très dépendante de la force relative des « théoriciens » et des « praticiens », des chercheurs et des juges et de leurs capacités respectives à imposer leurs visions de la loi et son interprétation.

Les victimes reçoivent des dommages et intérêts, mais les parties peuvent faire varier ce résultat ex ante en incluant des dommages et intérêts dans le contrat. Au mieux, les économistes font allusion à la simple présence des tribunaux avec des capacités dans un contexte d'environnement contractuel. Ce point de vue sur les contrats rejoint la perspective adoptée par les lois et la doctrine qui ont effectivement consacré beaucoup d'efforts à l'étude du rôle crucial joué par les tribunaux dans leurs façonnages et leurs exécutions.

Les tribunaux disent parfois qu'un contrat est inique en raison du pouvoir de négociation inégal. Les tribunaux annulent donc les contrats qui sont le résultat d'erreurs dans certaines circonstances. Si les parties ont commis une erreur mutuelle ou si l'une des parties a commis une erreur que l'autre partie aurait pu déceler, les parties auront parfois le droit d'annuler le contrat. Les tribunaux ne se contentent pas d'effectuer une surveillance des contrats. Ils effectuent une fonction de coordination. Mais dans sa mission de coordination, la cour fournit des informations qui motivent les parties à se comporter de façon particulière. Les différents types de pouvoir exercés par l'autorité judiciaire que sont la coercition, la surveillance, la coordination créent des croyances normatives et, ce faisant, ils exercent un pouvoir de persuasion. Les tribunaux façonnent les croyances factuelles et ils se livrent à une surveillance qui est une forme de pouvoir sur les comportements des autres.

Une des limites du rôle des tribunaux est qu'ils ne sont souvent plus disposés à appliquer les dommages et intérêts pour une violation des engagements contractuels. Les parties sont libres de concevoir un contrat à long terme, d'exiger des paiements suivant des cas de violation. Bien que les parties aient la possibilité d'inclure dans leur contrat une déclaration explicite des dommages et intérêts qui devraient être payés par les parties fautives, les tribunaux ont systématiquement refusé d'appliquer de telles clauses de dommages excessives et donc inapplicables. Les tribunaux font respecter une clause de dommage et intérêts et donnent aux parties plus de contrôle sur les conséquences juridiques d'une violation, mais seulement si le montant est « raisonnable » au regard des réalités. Le contrat formel engendre toujours des coûts de transactions élevés parce qu'il n'y a pas de contrat parfait. Toute l'ambiguïté du contrat censé protéger les intérêts de chaque partie réside dans une renégociation permanente et des coûts juridiques. Or le partenariat est proposé comme une relation sans coûts juridiques.

*****

Les Investissements Territorialisés et leurs implications

L'objectif ici est avant tout de montrer l'existence des *Investissements Territorialisés* et les problèmes qui leur sont liés en Afrique Subsaharienne. L'objectif est de montrer comment les Firmes Multinationales parviennent à se faire accepter par les Communautés locales. Il faut avant tout souligner le caractère particulier des *Investissements Territorialisés* en apportant une définition riche et variée. *Investissements territorialisés*, de quoi parle-t-on ? Quelles relations y a-t-il entre les parties prenantes dans un *Investissement Territorialisé* pour échapper aux conflits ? Comment les parties prenantes, à priori inégales, peuvent-elles discuter d'égal à égal ? Quelles sont les transactions entre les parties prenantes ? On se pose alors la question du choix du lieu des investissements. Pourquoi investir dans un endroit et pas dans l'autre ? Les Firmes Multinationales ont-elles le choix des lieux de leurs investissements ? Qu'est-ce qui rend une localité plus attractive qu'une autre ? Comment les Communautés en apparence pauvres peuvent-elles amener les Firmes Multinationales à discuter d'égal à égal ? La liberté d'entreprendre est-elle la même partout ?

Ce sont là les limites de l'ouverture de l'Afrique Subsaharienne vers l'extérieur. Il est clair que le développement de la région subsaharienne doit passer par la mondialisation et l'ouverture aux Investissements Directs Étrangers. Mais la majeure partie des Investissements Directs Étrangers est tournée vers les matières premières qui se trouvent à des endroits spécifiques, notamment en zone rurale.

La présence des Firmes Multinationales sur les territoires d'Afrique est considérée comme un ensemble de liens, de rapports et de contacts qui s'établissent entre l'État, les Communautés locales et les Firmes Multinationales. Cette approche recouvre les conflits, les négociations, les rapports socio-économiques et culturels bien que le plus souvent l'aspect économique échappe au contrôle de ces Communautés. Il faut d'abord reconnaître que la présence des Firmes Multinationales en Afrique a, au cours de ces dernières années, pris une importance toujours plus grande dans la vie des Communautés locales en raison des processus complexes de mutation que cette présence a engendré.

Les Investissements Territorialisés, de quoi parle-t-on ?

La notion d'*Investissement Territorialisé* s'attache à déterminer le choix de l'installation des Firmes Multinationales dans un territoire donné. En réalité, ce n'est pas vraiment un choix pour les Firmes Multinationales, mais une obligation qui découle de la demande dans un secteur donné ou pour une matière première donnée. Ainsi, les Firmes Multinationales n'investissent pas pour aider la population, mais parce qu'elles ont besoin des ressources sur lesquelles sont assises ces populations ? L'enjeu est donc les ressources qui souvent ne peuvent se trouver ailleurs en abondance que dans un espace géographique spécifique. Il y a aussi d'autres facteurs tout aussi déterminants qui font que certains Territoires sont plus attractifs, voire incontournables, que d'autres. Ainsi, la notion d'*Investissement Territorialisé* n'est pas seulement une installation dans un Territoire ou une Collectivité spécifique pour exploiter des ressources spécifiques. L'hypothèse de l'*Investissement Territorialisé* formulée est qu'un investissement de long terme :

- Qui permet à l'investisseur de bénéficier d'une rente positive provenant du territoire (ressources et externalités), à laquelle s'ajoute une rente « négative » consistant à puiser dans les ressources non reproductibles du territoire (eau, écosystèmes, biodiversité, etc.).
- Qui fait de l'investisseur un acteur du territoire, ce qui tendra à réduire la perception négative des rentes dont il bénéficie et réduira leurs coûts d'exploitation. Cela réduira l'asymétrie favorable à l'investisseur de cette relation, mais sécurisera son investissement.

Dans les cas des investissements des Firmes Multinationales en Afrique, ces dernières ont opté pour une stratégie d'*Investissement Territorialisé* qui prend la forme d'un double contrat :

- Un contrat avec l'État, formel, qui définit les modalités de partage de la rente ricardienne issue de l'extraction de la matière première (or, latex ou uranium)
- Un contrat avec la Collectivité Territoriale qui héberge l'investissement : c'est le *Partenariat Décentralisé.*

L'existence de l'*Investissement Territorialisé* est récente et s'explique par deux facteurs. Depuis toujours, l'investissement a été considéré sans tenir compte de sa *territorialisation.* Il avait certes une localisation qui pouvait le justifier par l'accès à certaines ressources (matières premières, sites touristiques, accès à des marchés protégés...) et à des externalités. Cette localisation n'était pas une *territorialisation* au sens où la localisation était neutre du point de vue socio-économique ; elle ne modifiait pas le jeu des acteurs locaux. L'investissement était socialement off-shore. Par contre, la Décentralisation des territoires, qui est un phénomène mondial, place chaque investisseur à l'intérieur d'un jeu d'acteurs locaux dotés d'un certain pouvoir, expression d'une société locale de plus en plus informée et active. Autrement dit, à l'intérieur d'un territoire.

L'Afrique a toujours été l'objet d'investissements étrangers. La spécificité des ressources naturelles réparties entre les régions en est pour quelque chose. Depuis la période de la colonisation, les investissements sont orientés dans les différents territoires en fonction des besoins de la métropole. Les populations des territoires concernés ne tiraient aucun bénéfice ni économique ni social, de l'exploitation des ressources durant cette période. Pire, le fait de posséder des ressources naturelles était source de souffrances en raison des travaux forcés. Ainsi, les investissements, sinon l'exploitation des ressources par les entreprises coloniales ont été perçus négativement jusque dans les années 60.

Depuis les indépendances jusque dans les années 90, cette perception a évolué au niveau national avec la création d'emplois salariés par les investisseurs étrangers. Les investissements avaient changé de paradigme, passant de l'exportation pure et simple de matières premières aux importations de certains produits, puis aux investissements productifs qui ne profitaient qu'aux États centraux recevant des rentes. Cela a permis à certains pays d'Afrique d'avoir une illusion de développement. Les pays tels que le Gabon, la Côte d'Ivoire ou encore la République du Congo se sont vus appeler « pays à revenus intermédiaires » à cause de l'augmentation constante de leur Produit Intérieur Brut, sans avoir pour autant de répercussions tant sur l'économie nationale que sur le plan social.

Analysés à l'échelle locale, les investissements vont permettre ces dernières années aux localités rurales et urbaines d'obtenir des réalisations socio-économiques apportant le « bien-être » des populations. De nombreux investissements ont eu lieu dans les infrastructures qui peuvent être classées en deux types : les *infrastructures discriminantes* et les *infrastructures non discriminantes*.

Les *infrastructures discriminantes* sont des ressources disponibles à la fois pour les Firmes Multinationales et pour les populations locales. Il ne s'agit pas d'infrastructures mises à la disposition des deux parties par les pouvoirs publics, mais d'investissements assurés par les Firmes Multinationales. Ainsi, il s'agit d'opérer cette distinction en définissant les *infrastructures discriminantes* comme les investissements des Firmes Multinationales bénéficiant exclusivement à leurs activités et qui ne peuvent être utilisées par la population locale. Cette distinction est importante d'autant plus que les *infrastructures discriminantes* font partie du patrimoine des Firmes Multinationales et qu'en cas de cessation d'activité, les Firmes Multinationales peuvent répartir avec ces ressources où les concéder, moyennant finance, à d'autres entreprises ou à la population locale.

Les *infrastructures non discriminantes* aident à stimuler le développement local. Elles peuvent aller jusqu'à des subventions disponibles pour des projets de développement visant à créer ou à conserver des emplois, à prévenir, à réduire ou à éliminer le chômage et/ou à augmenter les activités économiques des populations locales, voire la région. Les *infrastructures non discriminantes* telles que l'eau, les moyens de communication, la production et la distribution d'énergie, les routes, tout en permettant de faciliter les activités des Firmes Multinationales, sont mis à la disposition de la population locale. Cela peut inclure la construction d'écoles et de centres de santé qui sont essentiellement à destination des employés de la Firme Multinationale, mais qui fournit des services aux habitants. La forme de contribution des Firmes Multinationales au service de la population locale passe donc par ces *infrastructures non discriminantes* dans lesquelles la population est invitée à bénéficier de certains droits. En général, les Firmes Multinationales n'ont pas vraiment le choix, notamment dans le cas d'investissements en infrastructures en dehors du domaine du site de production. C'est le cas notamment des routes qui servent à l'exploitation des mines ou des terres agricoles et que la population locale utilise pour circuler. Concernant les *infrastructures non discriminantes*, le problème de la propriété n'est pas toujours facile à résoudre. À la longue, les droits ne sont pas facilement identifiables. Il est d'une importance stratégique pour la Firme Multinationale d'exercer un contrôle sur ces infrastructures et de veiller à obtenir une proportion appropriée de bénéfices. En regardant ces infrastructures comme un lien contractuel (non formel), la démarche est de trouver des formules qui permettent à la population locale d'apporter une contribution à long terme à ces infrastructures, et en même temps l'entreprise doit garder la propriété sur son investissement.

D'ailleurs, même si les entreprises coloniales ont pillé les ressources des pays africains, elles ont le mérite de laisser des infrastructures en bon état. Par exemple, les chemins de fer Abidjan-Ouagadougou ou Ponte-Noire-Brazzaville construits pour acheminer les matières premières sont devenus des infrastructures de transport appartenant aux États permettant de désenclaver certaines localités rurales en favorisant le commerce.

L'autre évolution récente est celle de la dimension symbolique croissante de l'investissement. L'importance des médias et des opinions publiques fait que l'image de l'investissement privé ou public devient un paramètre de son coût. Même s'il est créateur d'emplois, l'investissement peut rencontrer un rejet des territoires, des acteurs et des opinions réunies, qui peuvent paralyser sa réalisation, perturber son fonctionnement et même amener sa ruine (boycott, nationalisation). Cette dimension symbolique associe donc un facteur de risque permanent à l'investissement. Ce risque dépend du contexte, mais il est d'abord fonction de la dimension de l'investissement. Il est donc considérable quand il s'agit d'extraction minière, d'infrastructures ou de complexes touristiques. Il faut ajouter que le jeu démocratique de la Décentralisation conduit l'investissement à faire peser également un facteur de risque sur les pouvoirs locaux décentralisés.

Il est clair qu'en Afrique, bien que les Investissements Directs Étrangers puissent apporter du développement, les résistances sont encore nombreuses. D'abord, il y a les idéologies révolutionnaires post-coloniales qui persistent encore. Ces idéologies vulgarisées en Afrique grâce à des personnalités historiques telles qu'Amilcar Cabral qui amena à l'indépendance les deux États colonies du Portugal : le Cap-Vert et la Guinée-Bissau en 1974 et 1975 et Thomas Sankara, président du Burkina Faso (1983-1987). Selon cette idéologie Cabraliste et Sankariste, l'Afrique peut se développer par ses propres moyens. Cette idéologie d'obédience Marxiste-Léniniste considère les Investissements Directs Étrangers comme de l'impérialisme. D'ailleurs, la plupart des coups d'État en Afrique avaient pour objet d'installer un gouvernement révolutionnaire anti-capitaliste dont l'objectif était la nationalisation de toutes les entreprises étrangères. Cette idéologie a été longtemps véhiculée, surtout dans les universités africaines et au sein des mouvements de jeunesse jusque dans les années 90 et persiste encore comme argument expliquant que le développement passe par la consommation locale.

Il y a aussi le retour des Africains diplômés dans leur pays d'origine qui, une fois sur place, veulent montrer qu'ils n'ont pas fait de longues études dans les universités des pays développés pour rien. À travers ces anciens étudiants, il y a une transposition des pratiques sociales occidentales des pays développés vers les pays d'Afrique. Beaucoup de ces cadres vont créer des radios et des télévisions privées, des Organisations Non Gouvernementales et vont être à la tête d'organisations de société civile telles que le « balai citoyen » au Burkina Faso qui sont de véritables groupes de pression. Les Organisations Non Gouvernementales africaines sont régulièrement invitées au siège des Nations Unies où elles dénoncent les manquements lors de l'Assemblée Générale. La plupart des Organisations Non Gouvernementales sont financées par des Institutions Internationales auprès de qui elles ont un grand crédit.

Avec la Décentralisation, les Gouvernements des pays africains ont réussi à se faire oublier par les populations locales. Même si ce n'est pas le but de la Décentralisation, c'est un fait. Les élections locales montrent plus d'engouement en Afrique que les élections présidentielles, plus précisément en zone rurale et péri-urbaine, car il en est autrement en zone urbaine. Pour les ruraux, le Président est loin de leurs préoccupations. C'est d'ailleurs pour cela que certaines localités demandent une autonomie totale afin d'assurer leur propre développement et de changer de paradigme de négociation. C'est-à-dire qu'en cherchant à négocier directement avec les investisseurs, les gouvernements locaux veulent être les destinataires des rentes. C'est un symbole, car en versant les rentes directement à l'État central, les investisseurs violent les principes mêmes de la Décentralisation qui veut que les taxes et les impôts soient perçus par les gouvernements locaux qui ensuite pourront négocier avec l'État la part à lui reverser. En tout état de cause, c'est ce que réclament les territoires au nom de la Décentralisation.

L'Afrique d'aujourd'hui possède des atouts pouvant attirer des Investissements Directs Étrangers. Ce qui est appelé ici le facteur d'attractivité lié aux externalités concerne le changement d'image observé dans la plupart des pays d'Afrique Subsaharienne. De plus, dans plusieurs pays, des améliorations ont été apportées en termes de règlementation relative à l'accès à l'électricité, aux permis de construire, à l'application des contrats, au commerce transfrontalier, à l'enregistrement des propriétés, au paiement des impôts et à la protection des investissements. Cette nouvelle image montre l'Afrique qui n'est plus déchirée par les troubles civils et les guerres, mais qui est constituée de pays qui connaissent une croissance régulière avec une stabilité politique grâce à la démocratie. C'est cette image qui fait que les investisseurs étrangers traitent l'Afrique différemment. Les pays africains offrent des opportunités et assurent aux investisseurs étrangers un retour positif et élevé sur investissement. Pour ce faire, des facteurs clés sont à retenir.

La coopération internationale comme une vitrine pour l'Afrique Subsaharienne

L'Afrique est très dynamique en matière de coopération internationale. Presque tous les pays entretiennent de bonnes relations avec les pays développés et les organisations internationales dans le cadre d'accords bilatéraux ou multilatéraux. À travers leur coopération internationale, les pays d'Afrique donnent un signal positif aux investisseurs.

L'ouverture du marché avec les accords de l'Organisation Mondiale du Commerce

L'Afrique est entrée dans la mondialisation et dans l'ouverture de son marché aux investisseurs étrangers. En optant pour la démocratie, l'Afrique s'est ouverte au monde. C'est surtout l'adhésion de tous les pays d'Afrique Subsaharienne sans exception à l'Organisation Mondiale du Commerce qui a incité les investisseurs à considérer l'Afrique comme demandeuse de capitaux et aussi un débouché pour les Firmes Multinationales. De plus, les pays d'Afrique se sont regroupés en zones monétaires où ils ont leurs monnaies garanties par l'ancienne métropole qui participe à l'élaboration des politiques monétaires, donnant ainsi une assurance sur le plan de l'inflation. Seuls les pays qui ne sont pas dans cette situation connaissent une forte inflation comme la République de Guinée, la République Démocratique du Congo entre autres.

L'ouverture du marché a également fait de l'Afrique un continent de lutte pour les matières premières. Pour la Chine, avec son essor économique, ses propres ressources naturelles ne suffisent plus. D'autres économies émergentes, comme l'Inde et le Brésil, sont devenues également des acteurs importants sur la scène. Les territoires d'Afrique qui regorgent d'abondantes ressources naturelles sont devenus le champ d'affrontement de cette lutte. De plus, la participation de la Chine à cette lutte en Afrique a suscité une grande inquiétude dans les pays occidentaux. La vitesse à laquelle la Chine est devenue un investisseur important et un acteur stratégique en Afrique a stupéfié le reste du monde. Pour l'économie occidentale, la Chine est souvent perçue comme un concurrent pour l'accès aux ressources naturelles en Afrique. Les ressources du sous-sol et les ressources agricoles constituent l'élément essentiel recherché par les Firmes Multinationales, pour produire une gamme de biens de consommation, d'équipements militaires, de communication et d'énergie.

La gouvernance et les institutions démocratiques

La démocratie est une externalité très forte, car elle offre une garantie pour les investisseurs. Elle signifie la continuité des institutions et la garantie d'appliquer les accords. Depuis les années 90, la plupart des pays d'Afrique Subsaharienne se sont engagés dans la démocratie. Les pays d'Afrique ont mis en place des règlementations permettant de favoriser les Investissements Directs Étrangers.

Le développement des infrastructures

Le développement des infrastructures est un élément indispensable de la croissance de toute l'Afrique Subsaharienne. Cependant, les infrastructures dans les pays d'Afrique Subsaharienne coûtent deux fois plus cher que dans les autres sous-régions du monde en raison du manque d'économie d'échelle et d'une concurrence limitée.

En termes de qualité, la situation s'est bien améliorée. La qualité de ces biens d'équipement fournissant des services sera le principal facteur contribuant à leur utilisation optimale. Il s'agit de la puissance électrique, des villes reliées et de la fiabilité des infrastructures de transports. Concernant Internet, il y a eu une augmentation de la capacité et du trafic sur Internet pour toutes les catégories de revenus en Afrique Subsaharienne. Néanmoins, il existe une disparité considérable entre les différentes classes de revenus dans la fourniture d'électricité. Mais de façon générale, les coupures d'électricité sont en forte baisse, ce qui rend sûres les activités liées à l'électricité.

Il est évident que ces efforts contribuent à attirer les Investissements Directs Étrangers. C'est pourquoi l'engagement continue ces dernières années afin de remédier aux contraintes d'infrastructures qui augmentent les coûts des échanges et réduisent la compétitivité. Même si à ce sujet les documentations récentes ne sont pas disponibles, cela se perçoit dès lors qu'on visite les pays d'Afrique

Subsaharienne. Des pays comme le Nigeria ou le Sénégal se sont dotés d'aéroports modernes. C'est aussi le cas des ports d'Abidjan et de Lomé qui sont devenus des plaques tournantes au service des pays continentaux tels que le Mali, le Burkina Faso ou le Niger.

Quelles relations y a-t-il entre les parties prenantes dans un Investissement Territorialisé ?

Les parties prenantes dans un *Investissement Territorialisé* sont les Firmes Multinationales, les Collectivités Territoriales et l'État. Les relations entre les parties prenantes sont de type *win-win-win.* Cette relation dite *gagnant-gagnant-gagnant* constitue le paradigme de qualité du *Partenariat Décentralisé* qui révèle qu'il est bon pour les Firmes Multinationales, bon pour les Collectivités Territoriales et bon pour l'État.

Ainsi, au-delà des opportunités financières, le partenariat permet de réaliser des projets d'infrastructures et d'acquérir de nouveaux équipements. Dans cette analyse, il faut distinguer les bénéfices mesurables (de façon comptable ou statistique) et ceux considérés comme non mesurables (subjectifs ou observables). Les deux approches sont nécessaires afin de mettre en évidence les différents éléments du partenariat dans le système socio-économique complexe d'une société traditionnelle. Ainsi, les bénéfices mesurables peuvent être apportés par des preuves écrites telles que les bilans, les publications de la presse locale ou nationale, par des publications des Organisations Non Gouvernementales, etc. Le recours à l'observation directe ne donne pas de résultats chiffrés, mais vise à expliquer la logique matérielle. C'est à partir de ces deux observations que toutes les parties vont pouvoir apprécier la qualité du *win-win-win.*

En Afrique, l'accès au financement reste un défi. La volonté de transformation et de développement, notamment celle induite par la Décentralisation, nécessite un mécanisme qui accompagne cette transformation. Elle implique également des moyens innovants de financement des particuliers, des entreprises, des projets d'infrastructures ainsi que des services socio-éducatifs. Avec un faible accès au financement, les problèmes structurels ont atteint les Collectivités Territoriales d'autant plus qu'elles comptent sur l'État pour assurer leurs développements notamment dans l'éducation, la santé et les infrastructures.

En attendant de repenser la Décentralisation, le *Partenariat Décentralisé* est un moyen de faire face à l'incomplétude de la Décentralisation, car les pays d'Afrique n'ont pas suffisamment de moyens pour accompagner les Collectivités Territoriales. Le partenariat vient aider les États africains à faire face à leurs responsabilités, même s'ils reçoivent des rentes issues de l'exploitation des matières premières. Les États semblent avoir pris conscience du rôle essentiel que jouent ces Firmes Multinationales dans la stimulation de l'activité économique dans les Collectivités Territoriales où elles opèrent, créant ainsi la richesse et le développement qui leur font défaut.

Utiliser le Partenariat Décentralisé pour masquer l'incomplétude de la Décentralisation

Le sous-développement condamne les pays d'Afrique à devenir des systèmes hautement centralisés du fait de l'absence de revenus au niveau local, ce qui implique que les services doivent être fournis par le gouvernement central. L'administration fiscale peut facilement collecter les taxes par rapport aux Collectivités Territoriales; dans ce cas, elle ne se prive pas de continuer à collecter ces taxes directes et indirectes dans ces Collectivités Territoriales. Ce comportement de l'administration centrale n'est pas susceptible d'améliorer la gouvernance locale, car il va créer une instabilité dans les finances du gouvernement local.

Les impôts des gouvernements locaux ne sont pas développés. Les systèmes fiscaux sont restés en place, comme ils l'étaient dans de nombreux pays depuis la période postcoloniale. Or, la forte dépendance du financement de l'État central, qui lui-même, dépend du financement extérieur, renforce un comportement paternaliste des Chefs d'États africains dans beaucoup de cas. La dépendance aux transferts des gouvernements centraux affaiblit la puissance des gouvernements locaux, ce qui pourrait émousser la motivation des élites locales (J. Guyer, 1991).

La dépendance à l'État central empêche donc le développement de l'autonomie financière des Collectivités Territoriales et une politique budgétaire locale. Or, en l'absence de politique budgétaire au niveau local, les institutions financières ne peuvent pas traiter directement avec les Collectivités Territoriales et même les banques nationales sont réticentes à leur apporter une assistance financière. La Décentralisation, au lieu d'apporter des solutions au sous-développement en Afrique, engendre des contraintes financières pour les États. Beaucoup de gouvernements locaux ayant donc des contraintes financières voient le partenariat comme une réponse pour financer leurs investissements. Il permet aux Collectivités Territoriales d'entreprendre des projets socialement rentables, mais qui seraient impossibles en raison du rationnement des crédits.

Les États africains eux-mêmes sont à la recherche de partenaires privés pour financer, gérer et entretenir les infrastructures servant à des fins publiques dans un nombre croissant de domaines à cause des déficits publics, en particulier pendant ces dernières décennies. Ils ont de nombreuses raisons de poursuivre les partenariats avec le secteur privé pour fournir des biens et des services. Une grande partie de cette impulsion résulte des contraintes sur les dépenses des États, qu'il s'agisse de marchés financiers ou de mesures règlementaires comme la limite des déficits publics. En créant un partenariat avec le secteur privé, les États facilitent l'utilisation d'innovations, permettant ainsi de développer un large éventail de produits spécialisés immédiatement disponibles. Il faut dire que le partenariat contribue aussi au remboursement de la dette, car si les États peuvent mettre de côté le flux de revenus générés par le partenariat, ils peuvent décider d'utiliser ces revenus, soit pour rembourser la dette, soit pour financer un autre projet qui aurait pu être financé par emprunt.

Utiliser les Firmes Multinationales pour montrer à la population que le pays avance

Il a été reconnu que les avantages de maximiser les Investissements Directs Étrangers par les pays d'accueil peuvent être importants, y compris les retombées technologiques, la formation du capital humain, l'amélioration de l'environnement concurrentiel, la contribution à l'intégration du commerce mondial et l'amélioration du développement du secteur privé. Par ailleurs, au-delà des avantages économiques, les Investissements Directs Étrangers peuvent contribuer à l'amélioration de l'environnement et de la condition sociale dans les pays d'accueil par l'importation de technologies propres et de politiques socialement responsables. Tous ces avantages favorisent la croissance, principal instrument de lutte contre la pauvreté.

M. Blomström et A. Kokko (1996) ont analysé de façon empirique les données sur les effets dans le pays d'accueil et ont suggéré que les Investissements Directs Étrangers sont un moteur de croissance des exportations des Pays en Développement. En outre, ils ont constaté que les Firmes Multinationales ont joué un rôle important dans la croissance des exportations des pays d'accueil, mais que la nature précise de l'impact varie entre les industries et les pays (M. Blomström & A. Kokko, 1996). Les Investissements Directs Étrangers sont généralement destinés à l'exportation et donc leur impact est susceptible d'augmenter les exportations en provenance des pays d'accueil. Si les Entreprises locales fournissent les intrants aux Firmes Multinationales, le contenu de la valeur ajoutée au niveau local sera plus grand. Dans le cas où les biens intermédiaires seraient importés de l'extérieur du pays d'accueil, cela augmente les exportations en même temps que les importations. Cela pourrait améliorer la balance commerciale.

En transférant la connaissance, les Investissements Directs Étrangers vont augmenter le stock de connaissances existant dans le pays d'accueil grâce à la formation de la main-d'œuvre, le transfert de nouvelles méthodes de gestion et de pratiques organisationnelles. Dans ce cas, il peut y avoir « spin-off ». Les « spin-off » surviennent lorsque le personnel local qui est formé pour occuper des postes de direction, de finances ou techniques dans une filiale des Firmes Multinationales quitte l'Entreprise et contribue à la création d'entreprises locales. Des avantages similaires peuvent intervenir avec les fournisseurs locaux, les distributeurs et les concurrents pour améliorer leur propre gestion.

Il en ressort que les effets ont été certes modestes, mais un peu plus grands dans les Pays en Développement que dans les pays développés et en particulier dans le secteur manufacturier. Il y a création d'emplois directs et indirects. L'offre directe survient lorsqu'une

Multinationale emploie un certain nombre de citoyens du pays d'accueil. L'effet indirect se pose lorsque les emplois sont créés par les fournisseurs locaux en tant que résultats de l'investissement et lorsque les emplois sont créés en raison de l'augmentation des dépenses locales par les employés des Firmes Multinationales.

Il y a plusieurs facteurs qui déclenchent les Investissements Directs Étrangers dans l'agriculture. Certains sont des facteurs d'incitations, tandis que d'autres sont des facteurs d'attractivité. Les partisans des Investissements Directs Étrangers agricoles mettent en évidence les avantages à long terme. Cela pourrait faciliter l'abondance des terres cultivables, l'accès à une meilleure technologie et de l'expertise pour améliorer la productivité et le flux de croissance favorables au développement, à l'emploi et aux effets des revenus. Au-delà des gains standards du commerce, les flux d'Investissements Directs Étrangers peuvent fournir des gains dynamiques de transfert de technologie et de renforcement des compétences dans l'agriculture. Ces avantages sont particulièrement importants dans les Pays en Développement où la technologie étrangère et l'expertise de gestion font défaut dans ce domaine.

Le *Partenariat Décentralisé* est une alternative à l'économie de rente. Il repose sur le dialogue, la transparence et le respect. Il contribue au développement durable en offrant des ressources et en garantissant la reconnaissance des Collectivités Territoriales en tant qu'acteurs économiques mondiaux. L'entrée des Firmes Multinationales dans la sphère économique locale aboutit à une redéfinition des transactions économiques. La valeur de ce processus dépend de la crédibilité des entreprises.

L'*Exploitation Solidaire des Ressources* (*ESR*) est un engagement actif à soutenir le développement, à adhérer à un changement de règles et de pratiques de l'exploitation des ressources. L'objectif de l'*Exploitation Solidaire des Ressources* est :

- de collaborer avec les populations locales afin de les accompagner dans leur processus de Développement Local,
- d'aider la population locale en tant qu'acteurs dans leur propre organisation,
- de jouer un grand rôle dans la redistribution des ressources.

L'*Exploitation Solidaire des Ressources* se présente comme une alternative à l'exclusion des Collectivités Territoriales dans le processus de délivrance des « permis d'exploitation ». Elle propose une autre façon d'opérer en établissant une série d'actions à la base des relations Firmes Multinationales – Collectivités Territoriales. Les Firmes Multinationales ne recherchent plus leur utilité marginale ; elles établissent une véritable relation de « gagnant-gagnant ». Cette relation prend forme à travers un cadre de partenariat en marge des relations avec l'État central qui est établi sur des principes et de nouvelles institutions en parallèle. En ce qui concerne les principes, la Collectivité Territoriale doit garantir la sécurité et l'accueil des Firmes Multinationales. L'*Exploitation Solidaire des Ressources* doit être pensée en termes de proximité avec les Collectivités Territoriales, favorisant l'acceptation de la présence étrangère. Les impacts peuvent être observés à long terme avec le recul de la dépendance des investissements de l'État central.

L'*Exploitation Solidaire des Ressources* pourrait résoudre les contradictions induites par l'économie de rente en Afrique si elle s'accompagnait d'une réflexion sur ses objectifs et la façon dont les partenaires entendent les réaliser. L'*Exploitation Solidaire des Ressources* est la participation au développement des Collectivités Territoriales et à l'éthique des entreprises imposant le cadre de référence d'une collaboration avec l'économie locale. Elle répond aussi à une plus grande équité dans les échanges zone de pauvreté – zone de richesse. C'est un axe essentiel du partenariat Firmes Multinationales – Collectivités Territoriales, impliquant l'accentuation de certaines obligations et responsabilités dans la mise en œuvre du processus de développement local.

On voit avec l'*ESR* que les ressources exploitées sont utilisées pour de larges fins sociales ; et pas seulement pour les intérêts des Firmes Multinationales (T.M. Jones & A.C. Wicks, 1999). Les entreprises qui s'inscrivent dans l'*ESR* ajoutent de la valeur aux Communautés dans lesquelles elles opèrent en augmentant le capital humain des partenaires ainsi que le capital social de la Société.

L'argument économique met l'accent sur le fait que l'*Exploitation Solidaire des Ressources* offre à l'entreprise la possibilité de se différencier de ses concurrents et, par conséquent, de développer un avantage concurrentiel sur le marché. Une autre raison pour laquelle les entreprises s'engagent dans ce schéma est qu'un nouveau courant de pensée les voit comme bénéficiaires des avantages communautaires. Par conséquent, elles ont l'obligation de donner quelque chose de nouveau à la Communauté. Cette approche prend en compte ce qui implique la satisfaction des parties prenantes de l'entreprise. L'*ESR* vise donc à répondre aux besoins de ses multiples parties prenantes. Il serait donc intéressant dans les recherches futures de savoir si les avantages financiers des investissements dans le cadre de l'*ESR* peuvent dépasser les coûts de la contribution au développement.

La paix et la démocratie sont les deux facteurs d'attractivité des Firmes Multinationales en Afrique. Ils sont prioritaires par rapport aux ressources dans la prise de décisions des donneurs d'ordre des Firmes Multinationales. Les conditions politiques et l'état de guerre qui menacent la vie en Afrique contribuent énormément non seulement à provoquer l'exode de populations plus ou moins qualifiées, mais sont aussi un facteur qui dissuade les Firmes Multinationales à s'y installer, même si ce continent regorge de ressources importantes. Même les élections multipartites prennent une dimension violente, menaçant ainsi l'existence de nombreuses Collectivités Territoriales. Dans de tels cas, la plupart des actes de violence sont souvent financés par l'État, en embauchant des groupes informels de défenses.

L'instabilité dans le pays d'accueil est importante pour le choix des emplacements d'investissements. Lorsqu'elles opèrent en Afrique, les Firmes Multinationales industrielles ont une vision à long terme, car elles ne peuvent changer de localité sans engendrer de nouveaux coûts d'installation. Les entreprises opèrent donc en fonction des taux de risques de conflits. Elles vont évaluer la probabilité des violences politico-ethniques qui pourraient induire un changement de destination.

La paix et la sécurité doivent fonctionner dans le cadre du développement. L'insécurité, quelle que soit sa forme, est un obstacle à la croissance et au développement. La guerre et le désordre économique font fuir les Investissements Directs Étrangers. Ainsi, l'instabilité dans une région et/ou dans une Collectivité Territoriale peut être nocive pour l'investissement et pour la performance économique. Les entreprises ont toujours en tête qu'il y a des risques de révocation des contrats et d'expropriation lorsqu'il y a un changement brutal de régime. De même, l'instabilité politique sous forme de guerre civile peut détruire les installations de l'entreprise et le capital humain.

Quelles sont les transactions entre les parties prenantes ?

Lorsque l'entreprise décide d'investir sur un site, elle poursuit l'objectif de l'exploitation des ressources naturelles et minérales, des produits agricoles à de faibles coûts de production et une division plus efficace du travail et de la production. La crainte d'une éventuelle pénurie d'approvisionnement et, plus important encore, la crainte de perdre l'accès privilégié aux matières premières, conduit les entreprises à une série d'analyses pour définir les stratégies d'accès à ces matières essentielles.

Étant donné que la production mondiale de matières premières est fortement concentrée dans quelques pays, il y a des risques d'offres, compte tenu de la stabilité politique et économique dans la plupart des pays producteurs. Le potentiel de substitution et le taux de recyclage de certaines matières premières étant très faibles, les Firmes Multinationales sont donc tributaires de ces apports extérieurs. Il existe ainsi des risques de contraintes d'offres qui pourraient avoir des effets négatifs sur les Firmes Multinationales et entraîner un risque d'approvisionnement pour ses clients.

La dépendance dans les matières premières a excessivement évolué. La demande des pays tels que la Chine, la Corée du Sud, le Brésil, l'Inde et d'autres pays a augmenté, compte tenu du rattrapage économique et cela s'est avéré douloureux pour tous ces pays, notamment pour l'Europe et les États-Unis qui étaient les seuls sur ce segment d'activités. Même si l'on observe un très grand volume de matières premières en raison de l'augmentation de la production, il ne fait aucun doute que la pression est sur les Firmes Multinationales afin d'assurer aux industries des pays d'origine l'accès aux matières premières. Le développement économique des pays émergents et la croissance démographique ont donc contribué à accroître la demande de matières premières en termes quantitatifs. Ce qu'attendent les Collectivités Territoriales, c'est simplement de canaliser le capital physique (migration) et de fournir les capitaux qui leur font défaut. Ainsi, la richesse est créée qui donne de nouveaux emplois directement et par des effets de « crowding-in ».

De plus, de nouveaux revenus fiscaux provenant de ceux générés par les Firmes Multinationales peuvent permettre aux pays hôtes d'améliorer les infrastructures élémentaires et de renforcer leur capital humain. En améliorant l'efficacité des flux de capitaux, les Collectivités Territoriales s'attendent à réduire leur niveau de pauvreté. Le concept de partenariat a été approfondi et les recherches se sont étendues sur les bénéfices de ce processus depuis son émergence. Ainsi, la littérature montre que l'objectif du partenariat est de parvenir à des ressources qui ne peuvent être obtenues par une partie agissante seule. Les avantages quantifiables peuvent être démontrés à partir d'un processus d'évaluation qui peut relever une causalité entre ce phénomène et le résultat obtenu. Les investigations théoriques quantifiables changent la façon dont les économistes pensent la fonction de production globale. À partir des objectifs de chaque type de partenariat, on peut obtenir un chiffrage quantifiable de leur impact. Dans cette approche, l'accent est mis sur le processus de collaboration basé sur les avantages financiers et matériels. On suppose que la façon dont les avantages de collaboration dans le partenariat sont appliqués sera déterminante dans son degré de collaboration. Ceci a un rôle à jouer dans l'augmentation ou le succès du partenariat.

Bien que les ressources soient limitées dans les Collectivités Territoriales, les besoins sont relativement illimités. Elles sont à la recherche de partenaires pour construire, entretenir et gérer des infrastructures servant à des fins publiques, dont le transport, les hôpitaux et dans une moindre mesure tous les secteurs du service public. Le partenariat est donc largement considéré comme une approche pragmatique dans la fourniture d'infrastructures dans les Collectivités Territoriales ou de graves contraintes budgétaires limitent la capacité des gouvernements locaux à assurer cette mission. Or, le rôle clé de l'infrastructure dans la croissance économique ne peut être ignoré.

Les attentes de la population

Les populations locales attendent que la présence des Firmes Multinationales apporte le savoir-faire grâce au transfert de technologie qui affectera leur croissance économique. Les Firmes engagées dans les Investissements Directs Étrangers en Afrique ont des activités industrielles. En tant que telles, elles sont considérées comme des Firmes Multinationales les plus technologiquement développées dans leur domaine. Les nouvelles technologies sont aussi transférées sous forme de formation, d'assistance technique et d'autres formes d'information afin d'améliorer la qualité de la production et la quantité de produits. Les Firmes Multinationales peuvent fournir aussi un soutien à leurs fournisseurs locaux pour l'achat de matières premières et de produits intermédiaires et même dans l'amélioration de l'installation de ces derniers. Même après le départ de la Firme Multinationale, la technologie demeure.

Une autre attente des populations locales est la formation des ressources humaines ou de la main-d'œuvre. Cela augmente la capacité productive en raison de l'amélioration de la main-d'œuvre. Les Investissements Directs Étrangers sont un vecteur d'adoption de nouvelles techniques et de nouvelles technologies des populations d'accueil et, pour cette raison, il est nécessaire que la main-d'œuvre soit en mesure de les utiliser. Les populations locales s'attendent aussi à ce que les Firmes Multinationales contribuent à leur intégration dans l'économie mondiale, générant un développement qui permettra à d'autres entreprises de s'installer sur place. Il est donc important que les entreprises locales tirent des leçons de l'exploitation de ce réseau et apprennent auprès des Firmes Multinationales déjà installées.

Dans la littérature, la recherche relative à la gestion des savoirs se concentre principalement sur les études empiriques de la façon dont les entreprises peuvent créer, conserver et transférer des connaissances et comment elles sont affectées par différents facteurs. Ici, il s'agit de connaissances intégrées ou/et des connaissances que l'entreprise tente d'intégrer afin de faire face à l'incertitude sur le niveau optimal d'investissement dans les ressources basées sur le savoir-faire. La contribution de cette recherche est d'utiliser un modèle théorique informel et donc d'intégrer une perspective économique informelle sur la question de la gestion du savoir-faire local dans le domaine des activités des Firmes Multinationales.

Le recours aux entreprises locales

Comme expliqué dans les externalités positives d'Afrique, la multiplication des Instituts de formations professionnelles a donné l'opportunité aux hommes et aux femmes de se lancer dans l'entrepreneuriat. L'une des causes de la création d'entreprises en Afrique est l'absence d'opportunités d'emplois dans le secteur public. Ce n'est pas que le besoin n'existe pas, mais les contraintes budgétaires font que l'État a du mal à embaucher. Il y a aussi le phénomène de la corruption et le népotisme lors des recrutements à la fonction publique ; toutes ces personnes qui ont l'espoir d'être un jour fonctionnaires déchantent rapidement lorsqu'elles ne possèdent ni argent ni relations pour entrer à la fonction publique. Il y a aussi les bas salaires des fonctionnaires qui découragent certains. Les grandes entreprises étrangères ou nationales offrent de meilleurs salaires, mais embauchent très peu. L'entrepreneuriat reste alors le seul moyen de gagner un revenu ; à moins de tenter la migration dans un autre pays du continent, vers l'Europe ou l'Amérique du Nord, principales destinations.

Les entreprises ainsi créées répondent aux standards puisque les promoteurs sont formés et diplômés. Même sans diplômes, les personnes possédant des métiers appris par l'apprentissage (apprentissage informel) créent aussi leurs entreprises. Souvent, ce sont des ateliers familiaux où est exercé soit un métier unique, soit différents métiers. Dans les ateliers où sont exercés différents métiers, les ouvriers créent des GIE (Groupements d'Intérêt Économique) afin de formaliser leurs activités. Sinon, l'entrepreneuriat dominant est l'entreprise unique, avec un seul employé qui en est le patron et qui a souvent recours à des ouvriers ou à des membres de la famille.

Le recours aux entreprises locales par les entreprises étrangères est très courant. Il permet d'une part à l'entreprise étrangère de faire des économies, mais aussi d'éviter des frais de transaction élevés tels que les frais de douane, les frais de transport des personnes et des biens. L'obstacle qui faisait que les Firmes Multinationales hésitaient à collaborer avec les entreprises locales était l'informel, ce qui ne pose plus de problèmes d'autant que, même informel, la réputation suffit pour obtenir un contrat avec une Firme Multinationale. Il y a aussi le savoir-faire local surtout quand il s'agit d'investissements spécifiques. Mais la population locale n'est pas souvent consciente de la valeur de ces savoir-faire que les entreprises étrangères qui produisent sur place tentent de canaliser et de valoriser dans leurs activités.

La gestion du savoir-faire local par les Firmes Multinationales

Dans les théories modernes de la production, la connaissance est généralement traitée comme un ensemble de technologies donné, limitant ainsi l'étude des changements auxquels les processus de production sont sujets. L'objectif ultime des entreprises demeure la maximisation d'une fonction cible, généralement profitable. La connaissance est donc endogène et la performance dépend directement des connaissances et des innovations qui ne sont pas gratuites.

La conviction que la captation du savoir-faire local dans le domaine des activités des Firmes Multinationales améliore la compétitivité en apportant des ressources et des compétences pousse les Firmes Multinationales à la coopération avec la population locale et avec les autorités publiques. La difficulté actuelle de la recherche réside dans l'incapacité de la théorie à mieux distinguer la fonction de connaissance des entreprises des connaissances exogènes et de ces capacités à intégrer ces connaissances. Cela a été négligé par les théories antérieures de la croissance. La connaissance est donc dévolue aux élites scientifiques et industrielles.

Malgré la modernisation des moyens dans le domaine de l'exploitation des ressources naturelles, l'explication principale de la croissance dans ce domaine semble encore reposer sur le rôle principal de la main-d'œuvre qui est en effet compris comme le vecteur majeur dans la production et dont les connaissances remontent à des traditions. Ces connaissances ont un caractère non marchand et leurs rôles en tant que forces motrices dans le nouveau capitalisme sont d'autant plus importants qu'elles sont déterminantes dans l'installation des Firmes Transnationales. Cela engendre un type de capitalisme nouveau fondé sur la connaissance qui apparaît notamment dans les industries d'exploitation agricole ou minière.

Le capitalisme cognitif brut

Le capitalisme « cognitif brut » met en lumière la valeur du travail de la main-d'œuvre locale, la source des connaissances et les formes de propriété qui soutiennent l'accumulation de ce capital. Le capitalisme cognitif brut place la connaissance au cœur des relations entre les territoires et les Firmes Multinationales et la transformation des relations entre les salariés et les entreprises de façon générale.

Le terme « cognitif » met l'accent sur la nouvelle nature du travail sur laquelle repose la production de valeurs dans le nouveau capitalisme. Le capitalisme cognitif brut est intrinsèquement instable d'où l'effort des Firmes Multinationale de créer un canal de captation. Les ressources principales de la valeur visée résident dans la connaissance mobilisée par les travailleurs et non dans les ressources matérielles. En fait, dans ce nouveau capitalisme, la croissance consiste à engager des relations afin de mettre ce savoir-faire traditionnel à la disposition de l'entreprise. Ici, le travail immatériel, intellectuel et communicationnel fait place à l'importance des activités productives de routine et du travail manuel. Cela exige que les travailleurs s'imposent à la Firme Multinationale en mettant leurs savoir-faire à sa disposition comme s'ils exerçaient une activité indépendante. C'est là que la création de richesses et de valeurs prend toute son importance.

Le savoir-faire traditionnel à capter en tant qu'avantage absolu du territoire

Ses avantages sont fondés sur des principes cognitifs. C'est-à-dire que la compétitivité d'un territoire dépend de plus en plus du stock de savoir-faire de sa population et du fait que ses ressources sont mobilisables. Les ressources humaines sont vues indépendamment des ressources naturelles. Ce savoir-faire peut être compris comme un investissement social collectif du territoire. Cette situation a un effet polarisant sur le territoire ou sur la zone géographique ; ce qui met les territoires en concurrence tout en marginalisant ceux qui sont les moins en mesure de fournir cet apport aux Firmes Multinationales qui vont opérer un arbitrage entre deux territoires ayant les mêmes potentialités de matières premières.

La connaissance est à distinguer de la capacité ou de l'aptitude. Elle se réfère à des idées abstraites ou générales, des principes, des règles et des modèles construits. La connaissance est la capacité des individus de catégoriser et de structurer l'information et les données pour leurs applications.

L'apprentissage ne se fait pas seulement dans une salle de classe, il peut se faire de façon informelle sur plusieurs générations. La notion de collectif dans l'apprentissage informel signifie que plusieurs personnes détiennent les mêmes connaissances, mais n'ont pas reçu leur connaissance de la même personne même si les connaissances sont similaires. Le processus d'apprentissage informel implique des routines et des institutions informelles. Les structures de ces connaissances sont construites dans un processus cumulatif où elles sont transformées en connaissances conceptuelles qui peuvent être codifiées, stockées uniquement dans le cerveau et donc facilement communiquées.

La connaissance informelle a permis de développer des concepts en organisant et en catégorisant des informations dans un modèle mental qui se déploie de façon pratique. Toute la formation se fait à travers des observations et des modèles répétitifs et donc aussi à travers le mélange particulier de connaissances détenues par chaque force de travail et sa capacité à partager l'expérience. Le système de connaissances est basé sur des croyances partagées qui sont essentielles pour déterminer la structure de la connaissance au niveau collectif.

Ce système de connaissance va être intégré au sein des Firmes Multinationales où la main-d'œuvre locale passe d'un système informel à un système formel, technique et où la connaissance passe de traditionnelle à non traditionnelle, car les éléments de la connaissance vont être intégrés dans le système de connaissance existant. Ce processus implique l'adoption des règles et l'imbrication des connaissances en appliquant à plusieurs reprises les règles tout en effectuant des tâches. Les entreprises apprennent à transférer les routines de la main-d'œuvre locale à un nouveau contexte économique et à gérer efficacement ce processus en imposant l'exécution de plusieurs tâches. La nature du savoir-faire traditionnel est la transmission orale de cette connaissance, une nature intergénérationnelle.

La captation de la solidarité collective dans le Partenariat Décentralisé

La solidarité est un concept des sciences sociales pour lequel il existe presque autant de définitions que de théories. L'altruisme est alors évoqué pour expliquer l'activité au sien d'une société et les normes fortes entre les groupes ainsi que les liens denses intragroupes. Comme une catégorie stratégique, la captation de la solidarité est une révolution dans laquelle les actions économiques, politiques et culturelles influencent les modèles économiques hégémoniques et les processus sur lesquels le capitalisme repose. Ainsi est construit un réseau fondé sur la solidarité.

Les ressources matérielles sont des infrastructures ou des équipements qui sont des facteurs fondamentaux de production et qui permettent aussi d'atteindre le bien-être collectif. En tant que telles, les ressources matérielles peuvent être considérées comme des ressources physiques. Les infrastructures sociales cependant ont trait à l'aspect du capital humain.

Selon la littérature, les infrastructures sont essentielles au développement de l'économie et constituent une force motrice importante pour une croissance économique rapide et durable. Les infrastructures sont des moyens de production de biens et de services et constituent un atout essentiel pour toutes les Nations. Elles sont l'un des facteurs clés qui affectent la croissance économique à long terme d'une région. Le lien entre les infrastructures et la croissance économique est multiple et complexe. Non seulement elles affectent directement la production et la consommation, mais elles représentent également des sources directes et indirectes d'externalités. Par ailleurs, les infrastructures jouent un rôle clé dans l'intégration économique d'une région.

Au-delà des infrastructures, il y a le problème d'équipement des petits producteurs agro-pastoraux où les activités de production se déroulent dans un cadre informel. Aussi, il faut remarquer que la force motrice de l'économie des Collectivités Territoriales est l'informel qui affecte tous les secteurs de production de biens et de services. En Afrique, à cause du taux élevé de la croissance démographique en zone rurale, le secteur informel tend à absorber la majeure partie de la main-d'œuvre sans cesse croissante. Le secteur informel est capable d'absorber une grande partie des nouveaux entrants dans la vie active, majoritairement non qualifiés et analphabètes. La croissance des industries et des services n'est pas suffisante pour donner des possibilités d'emplois à tous les actifs. Les activités dans le secteur informel ne sont pas garanties et les travailleurs les mènent avec très peu d'équipements ou des équipements obsolètes et dangereux. Ce manque d'équipements entraîne une incertitude en termes de gains futurs et en termes de stabilité macro-territoriale.

Les ressources non matérielles contribuent de manière décisive à la création d'une double interaction avec le territoire et avec les travailleurs. On parle ici de ressources non monétaires, sans substances physiques, dont des avantages futurs devraient résulter. Les ressources non corporelles sont des ressources invisibles qui participent essentiellement à la valorisation de l'homme et du territoire. Les ressources non corporelles peuvent donc être regroupées en deux catégories : capital humain et capital de réputation. Le capital humain qui peut être intéressant varie d'un territoire à l'autre et en raison de cette différence, il se distingue par la formation et le lieu de formation. Le capital humain formé sur place pour le besoin des Firmes Multinationales est précieux dans différents secteurs pour l'entreprise. Le capital humain formé hors du territoire a des connaissances pour les besoins de l'entreprise et des compétences utiles pour le territoire, voire pour le pays. Ce type de connaissances est nécessaire pour mettre en œuvre le processus de développement et les transformations au niveau macro-économique.

La formation à l'intérieur du territoire est aussi liée à l'accès au stock du capital technologique de la Firme Multinationale, à l'utilisation des innovations techniques de production et à la technologie des produits. Ces connaissances peuvent être relativement faciles à copier. C'est cela qui amène les Firmes Multinationales à fidéliser leurs employés locaux, puisqu'au point de vue du droit, les entreprises font tout pour protéger leurs innovations par diverses formes juridiques telles que des brevets ou des mécanismes contractuels. Or ici, il s'agit de la valorisation des connaissances individuelles ailleurs que dans l'entreprise initiale. La fidélisation de la connaissance, la compétence spécifique des employés et l'organisation des activités de production sont des exemples de ressources qui ne sont pas dissociables du partenariat. De plus, certaines ressources non corporelles, précieuses pour le développement macro-territorial n'existent pas naturellement sur le marché, mais doivent être plutôt créées par des formations à l'étranger par le biais de bourses d'études.

La théorie des capacités contribue à une meilleure compréhension du lien entre l'éducation, la formation et l'apprentissage d'une part et la croissance économique d'autre part. La base du concept de connaissances est liée à la capacité de la transformation productive qui montre que, par la dynamique du rattrapage de l'apprentissage individuel et collectif, elle améliore la diversification et les compétences nécessaires pour gérer des processus rapides de transformation productive.

Les investissements dans les ressources non matérielles peuvent générer des externalités qui influencent positivement les territoires et les Collectivités Territoriales. C'est le cas des investissements dans les activités non productrices de biens qui simultanément sont une publicité pour les Firmes Multinationales et en même temps une vitrine pour le territoire. Cette vitrine bénéficie aussi aux petites entreprises locales et à d'autres secteurs d'activités économiques et sociaux.

Il existe aussi des ressources brutes dans les territoires qui ne demandent qu'à être exploitées. Ces ressources sont les connaissances découlant du savoir-faire sur plusieurs générations. La possession de ce type de ressources génère un potentiel de croissance important pour l'entreprise. Ces ressources sont aussi susceptibles de développer des activités similaires à l'original, aussi longtemps que les possibilités de croissance sur le marché existent. Les performances dans les autres domaines peuvent accroître la réputation d'un territoire auprès des partenaires et des investisseurs. En outre, les territoires ayant une forte réputation semblent améliorer leurs relations, car la réputation est un atout précieux qui marque l'engagement du territoire à répondre aux attentes des partenaires extérieurs.

Comment les parties prenantes à priori inégales peuvent-elles discuter d'égal à égal ?

L'engagement des Collectivités Territoriales et des Firmes Multinationales peut être défini comme un contrat moral implicite entre une entité publique (institutionnelle et/ou non institutionnelle) et une entité privée, qui pour des raisons spécifiques, n'est pas règlementé. Dans une telle situation, les Collectivités Territoriales n'exercent aucun contrôle sur les activités des Firmes Multinationales qui n'ont aucun engagement formel pour aider la population locale. Ces contrats moraux peuvent couvrir un large éventail de questions, y compris ce que les Firmes Multinationales sont susceptibles de faire dans le territoire comme des projets d'infrastructures, la construction de routes, de ports ou de barrages. Des structures qui sont faites pour les Firmes Multinationales, mais qui sont aussi des commodités pour le territoire.

Le but de l'engagement des deux parties est le développement commun. Tout d'abord, la réflexion se concentre principalement sur l'équilibre entre les intérêts et les gains. Il s'agit de prendre en compte l'intérêt des deux acteurs du processus de développement et les principes qui conduisent à la satisfaction maximale de toutes les parties prenantes. Le processus de négociation, caractérisé par une intention coopérative pilotant le contrat incomplet, est de parvenir à l'amélioration de la gouvernance territoriale après l'installation de la Firme Multinationale. La construction collective de ce processus est fondée sur l'établissement d'une relation structurée et durable entre les acteurs disposés à partager un certain nombre de centres d'intérêt, de discuter de problèmes ou de questions spécifiques afin de s'entendre sur des objectifs communs et éventuellement des actions collectives (D. Bourque, 2008). Les acteurs peuvent également avoir recours à un acteur tiers, tel que les Organisations Non Gouvernementales, pour encourager la coordination entre les différentes parties.

Il y a un lien entre les ressources naturelles, les Firmes Multinationales et les conflits, y compris le processus de consolidation de paix qui a été largement ignoré jusqu'à récemment. Dans le monde entier, il existe des conflits dans lesquels les ressources ont joué des rôles importants. Le développement et la paix ont été les deux principales préoccupations de l'économie politique dès la fin du XVe siècle. Pour l'économie libérale et néolibérale, les personnes en meilleures conditions économiques sont moins susceptibles d'engager des conflits violents à la fois parce qu'elles sont plus heureuses et parce qu'elles ont plus à perdre économiquement. Beaucoup d'économistes font le parallèle entre le développement et la croissance. Mais il est important de savoir de quel type de croissance il s'agit. Ce n'est pas ce type de croissance qui n'entraîne pas le bien-être matériel d'une grande partie de la population ou qui n'améliore pas la qualité de vie. Pour Amartya Sen, le développement peut être vu comme un processus de croissance des libertés réelles dont jouissent les individus. Une personne qui ne peut pas faire face aux affaires ordinaires de la vie ne peut pas vivre dans un état de paix. Pour qu'une paix durable et fiable soit atteinte, il faut des systèmes économiques qui peuvent générer une croissance économique, garantissant un minimum d'existence matérielle ou des besoins fondamentaux. Cela élimine les causes de tension qui mènent aux conflits. C'est ce paradigme qui est mis en évidence et qui domine les relations Firmes Multinationales et Communautés locales depuis quelques années en Afrique.

Les conflits et les violences affectent d'une part les opérations des Firmes Multinationales et d'autre part constituent un frein au développement local. La sécurité est un problème majeur pour les Firmes Multinationales et les problèmes prennent plusieurs formes. Les Firmes Multinationales sont affectées, même par les conflits à proximité de leur site d'opération. C'est un problème particulier dans l'industrie extractive et agricole où les entreprises sont directement impliquées du fait de l'activité elle-même. De ce fait, les Firmes Multinationales ont tendance à s'impliquer pour protéger leurs biens et leurs employés. C'est pourquoi beaucoup de ces Firmes Multinationales utilisent des sociétés privées de sécurité, des « mercenaires », soit pour des missions ponctuelles, soit tout au long de l'activité de la Firme. Cela a des coûts.

Ainsi, les projets d'investissement qui déplacent involontairement les personnes peuvent engendrer des conflits parce que les sources de revenus sont perdues ; les structures communautaires et les réseaux sociaux sont affaiblis ; les familles sont dispersées ; l'autorité traditionnelle et le potentiel de coopération mutuelle diminuent. Cela conduit à la création de groupuscules identitaires où un nationalisme au niveau local va avoir pour objectif d'empêcher les Firmes Multinationales de continuer leurs activités.

Les Firmes Multinationales jouent un rôle indirect dans la logique de la violence locale étant donné que les taxes et les rentes payées ne sont pas correctement redistribuées. Les industries extractives reconnaissent qu'un partage de revenus insuffisant avec les Communautés locales peut poser des problèmes importants pour elles. De ce fait, elles ont cherché à influencer les gouvernements sur le partage des revenus, souvent en menaçant de partir ou en menaçant de ne pas verser de rentes.

Malgré l'attention accordée à la fragmentation ethnique et religieuse en tant que source de conflits, ces variables n'ont pas d'effets statistiquement significatifs, une fois que les variables économiques sont prises en compte. En d'autres termes, la présence de division ethnique ou religieuse dans un pays n'est pas un facteur de conflits, mais peut augmenter la probabilité de troubles si une partie de la population est privilégiée dans la redistribution des revenus. En revanche, la méfiance vis-à-vis des étrangers varie en fonction des régions. Cette situation n'implique pas que les tensions ethniques, tribales ou religieuses ne soient pas pertinentes pour les conflits internes, mais elles soulignent l'importance du rôle des forces économiques dans l'augmentation des risques de conflits.

Les conflits sont révélateurs d'une panne dans les relations interpersonnelles, intergroupes et interétatiques. En outre, les parties en conflit ont des objectifs définis qu'elles cherchent à atteindre. Les objectifs qu'une partie cherche à atteindre peuvent être tangibles tels que les ressources naturelles et/ou intangibles qui correspondent tout simplement à la volonté de domination.

Il faut reconnaître que ces éléments sont importants pour maintenir la paix et l'équilibre. Ils sont cruciaux pour construire la paix dans les sociétés déchirées ou des sociétés post-conflits. Atténuer les conflits locaux diminue les coûts de sécurité et permet aux Firmes d'éviter le sabotage des infrastructures et des installations. Le défi pour les Firmes Multinationales et les pays d'accueil est donc de définir des principes et des concepts pour une gestion appropriée de la sécurité.

Cela permet d'éviter de nuire à leur réputation et de réduire les risques juridiques dans les pays d'origine. Certaines Firmes ont essayé de contribuer à la recherche de solutions aux graves problèmes de gouvernance publique qui existent dans certains pays d'Afrique. Le partenariat aide ainsi à améliorer la performance dans ce domaine.

Les Firmes Multinationales sont présentes dans plusieurs domaines. Mais les *investissements territorialisés* dont il est question concernent les Firmes d'extraction et de production de matières premières industrielles. Le caractère industriel des Firmes Multinationales peut donc avoir une incidence sur les entreprises locales à qui elles transfèrent des technologies et des connaissances par le biais des clusters. Ces liens conduisent à faire émerger une vaste interaction dans l'économie locale en créant des industries qui fournissent les Firmes Multinationales et les incitent à utiliser la production locale comme intrants. Les liens sont plus intenses lorsque les biens produits par les Firmes Multinationales exigent des intrants dont les coûts de transport peuvent être plus élevés. Les coûts de ces produits peuvent dissuader les Firmes Multinationales à se fournir dans le pays d'origine et à se tourner vers les pays d'accueil si les produits similaires sont produits sur place ou peuvent être produits sur place par une industrie intermédiaire locale. Dans ces conditions, la présence des Firmes Multinationales va engendrer une grappe de petites entreprises locales qui gravitent autour d'elles. Ces petites entreprises à leur tour produisent des micro-entreprises auprès desquelles elles se fournissent en intrants. Ce sont des externalités indirectes des Firmes Multinationales dans les territoires.

Lorsque les Firmes Multinationales choisissent d'entrer en interaction avec les entreprises locales, cela les oblige à produire en qualité et en quantité. La qualité est liée au transfert des ressources, car les Firmes Multinationales vont exiger une qualité de produits qui poussent les entreprises locales à améliorer et à innover leurs productions. La durée des relations est importante, car il y a un effet d'apprentissage lorsque la Multinationale laisse le temps à l'entreprise locale d'améliorer sa production. La confiance joue un rôle dans la durée, car c'est elle qui détermine la relation de longue durée entre Firmes Multinationales et entreprises locales. La quantité désigne le nombre de commandes. Elle détermine la valeur ajoutée par l'entreprise locale dans la production de la Firme Multinationale. Elle apporte aussi une valeur globale où le plus grand impact sur le développement est attendu.

Certaines entreprises peuvent faire partie du cluster. Même si elles ne sont pas en mesure de créer des liens directs, elles bénéficient tout de même des externalités positives des Firmes Multinationales installées dans la localité voisine. La présence d'entreprises locales en grappes autour de la Multinationale les valorise, mais ne garantit pas que toutes les petites entreprises locales bénéficient des activités des Firmes Multinationales. De façon générale, les politiques relatives aux Firmes Multinationales industrielles doivent être considérées en termes de retombées potentielles, ce qui signifie une augmentation de la capacité d'absorption des entreprises locales, facteur de développement économique local.

Le partenariat entre les Firmes Multinationales et les entreprises industrielles locales offre de nouvelles opportunités pour l'intégration des économies locales dans l'économie mondiale. Les entreprises en sous-traitance découvrent de nouveaux produits, de nouvelles commandes et créent des spécialisations dans la fourniture de tel ou tel produit. Ces spécialisations conduisent certaines entreprises locales à faire des offres sur des produits similaires à d'autres entreprises de la région ou à l'échelon mondial. Ces petites entreprises participent souvent à des appels d'offres ou font des propositions directes si la production locale revient moins chère pour les entreprises demandeuses.

Dans les secteurs à forte intensité technologique, la présence des Firmes Multinationales industrielles est considérée comme un facteur de productivité des entreprises locales, ce qui laisse penser que plus ce type d'investissement augmente, plus les entreprises nationales bénéficieront de retombées suffisantes au point de faire concurrence aux entreprises étrangères. L'intensité technologique est un facteur qui augmente l'influence des Firmes Multinationales sur les territoires.

Le transfert de technologie entre les Firmes Multinationales et les entreprises locales est donc considéré comme un déterminant des retombées du partenariat au niveau local. Les retombées dépendent aussi de l'investissement des entreprises locales dans le développement de l'apprentissage et de l'innovation pour répondre aux nouveaux besoins. Si les entreprises locales sont incapables d'aller vers les nouvelles technologies et le savoir-faire, cela dissuade les Firmes Multinationales à interagir avec elles. La technologie est transférée probablement par le canal de la sous-traitance et contribue au développement des petites et moyennes entreprises locales. Mais ce transfert concerne un nombre limité d'entreprises locales, car seules celles qui ont acquis une certaine capacité technologique deviennent les partenaires des Firmes Multinationales.

De plus, les effets dépendent du profil de la localité d'accueil. Certaines localités ont une plus grande capacité d'absorption des effets des activités des Firmes Multinationales que d'autres. La présence des Firmes Multinationales va, à long terme, permettre de créer et/ou de développer des industries d'approvisionnement dans les territoires. Il s'agit de la création d'une grappe d'industries connexes et de soutien aux entreprises existantes. Cela va accroître leurs chances de bénéficier de la présence de Firmes Multinationales industrielles et des compétences professionnelles spécialisées.

Le principe est que, c'est celui qui a l'argent, la technologie et le réseau qui est le plus fort. En apparence, les relations entre une Firme Multinationale et une Collectivité Territoire ressemblent à une bataille entre David et Goliath comme dans la légende. Sauf qu'ici il s'agit de partenariat où le plus puissant a plus à perdre en cas de conflits. D'abord, il faut remarquer qu'il y a deux types d'investissements : les investissements dont le retrait engendre d'énormes coûts et les investissements dont le retrait engendre très peu de coûts. En général, les investissements dans les services engendrent très peu de coûts lors de leurs retraits, alors que les investissements industriels vont engendrer d'énormes coûts liés au départ. C'est pourquoi les Firmes Multinationales industrielles s'entourent de toutes les garanties avant de s'installer sur un territoire.

Ainsi l'installation d'une Firme Multinationale lui fait courir d'énormes risques financiers à cause des coûts élevés de cette installation ; alors que le risque financier est presque nul pour les Collectivités Territoriales qui accueillent cet investissement. Par contre, comme les ressources naturelles n'ont de valeur que pour la Firme Multinationale qui l'exploite et que les rentes versées sont liées à cette exploitation, alors le risque pour les Collectivités Territoriales est de perdre cette rente qui n'est déjà pas assez élevée. Comme vu précédemment, il existe des risques symboliques à la fois pour les Firmes Multinationales et pour les Collectivités Territoriales. Mais là encore, les risques sont pour les Firmes Multinationales qui doivent sécuriser les risques symboliques des Collectivités Territoriales. Par contre, les Collectivités Territoriales peuvent sécuriser les risques symboliques des *Investissements Territorialisés* des Firmes Multinationales.

Ainsi, la variable risque est partagée ; pire, elle est défavorable aux Firmes Multinationales qui s'installent dans les Collectivités Territoriales. C'est pourquoi un partenariat « gagnant-gagnant » est possible. D'un côté, les Firmes parviennent à préserver leur investissement et leur image et de l'autre côté, les Collectivités Territoriales reçoivent des rentes en contrepartie des externalités positives qu'elles offrent. Il est important de considérer l'image comme une variable importante parce que, à l'instar des Firmes Multinationales, les Collectivités Territoriales ont aussi besoin d'avoir une bonne image afin d'attirer d'autres investisseurs. Le premier partenariat doit préparer les Collectivités de sorte qu'elles puissent attirer d'autres Investissements Directs Étrangers. C'est pourquoi elles aussi ont besoin d'avoir une bonne image. Le *Partenariat Décentralisé* est donc un mode de gouvernance particulier qui permet de sécuriser les risques symboliques des *Investissements Territorialisés* des Firmes Multinationales et en même temps un canal de transfert des ressources économiques vers les Collectivités Territoriales.

******

Le Partenariat Décentralisé et ses particularités

Bien que tous les objectifs du partenariat semblent être les mêmes, il est intéressant d'examiner les particularités de ce partenariat particulier et le dissocie des autres formes d'interaction. Pourquoi les territoires ont-ils recours à ce type de partenariat ? La réponse à cette question oblige à se démarquer des notions de rationalité existante en posant une frontière avec le Partenariat Public Privé, d'évaluer la caractéristique informelle de la relation des Firmes Multinationales et des Communautés et de spécifier l'engagement des parties. C'est le caractère organisationnel du partenariat avec sa dimension intrinsèquement relationnelle qui est au cœur de cette relation.

Cette analyse n'est pas nouvelle, mais elle a été mal évaluée jusqu'ici. La complexité du *Partenariat Décentralisé* est encore accrue par les facteurs qui influencent sa formation réelle lorsqu'ils ne sont pas bien compris ou mal gérés. Cette mauvaise compréhension de la complexité de la formation de ce partenariat est renforcée par le fait que la recherche scientifique en a largement ignoré les préalables. La recherche se concentre sur l'aspect formel, ignorant d'autres types d'efficacité.

Une relation non conventionnelle

Malgré le standard formel qui régit les Firmes Multinationales ; les règles informelles structurant les relations entre ces dernières et les Communautés locales ont leur importance dans la réussite de cette interaction. À ce sujet, G. Helmke et S. Levitsk (2003) considèrent que des objectifs compatibles peuvent être établis entre les institutions formelles et informelles.

L'établissement des accords informels offre une alternative aux contrats formels, auxquels les Firmes Multinationales s'adaptent lentement. Les échanges informels prennent plusieurs formes : de la communication orale à la déclaration conjointe qui est axée sur des promesses. Dans sa forme la plus complexe, les accords informels sont des normes sociales qui ont évolué au fil du temps et qui induisent certains types de comportements : ce sont des normes non écrites. Ces accords ont rarement un effet contraignant, mais faute de perdre leur crédibilité, les parties tiennent à honorer leurs promesses.

Les accords informels ont comme avantage par rapport aux accords formels d'être plus facilement créés et renégociés, et donc moins coûteux à abandonner que les accords plus formels. Cette flexibilité est utile s'il existe une variable ou une incertitude quant aux avantages futurs. C'est le cas des ressources naturelles dont la quantité est incertaine. Toutefois, les accords informels ne sont pas des mécanismes gratuits. Ils ont leurs propres coûts de transactions, tels que les coûts associés au manque d'application intégrale des promesses qui font courir des risques aux Firmes Multinationales.

Les relations mêmes informelles peuvent respecter les objectifs de l'organisation formelle même si ces relations n'ont, ni chaîne de commandement formel, ni ne subissent des contrôles. Les échanges entre les Communautés locales et les Firmes Multinationales présentent un aspect différent des activités informelles, en ce sens que les modes d'échange informel dans ce partenariat se passent entre un secteur formel et un secteur non formel. Les échanges comprennent diverses formes d'influence traditionnelle et des faveurs bureaucratiques qui s'équilibrent sous certaines conditions.

Selon ces conditions, certaines formes d'échange informel peuvent être tolérées alors qu'elles sont considérées dans l'économie moderne comme des activités illicites, donc sévèrement réprimées. C'est le cas où des particuliers vendent des diamants aux entreprises installées sur place alors qu'ils n'ont pas de licences d'exploitation. Ces échanges sont exécutés en parallèle avec des échanges formels. L'échange informel dans ce système se développe en réponse à la politique d'exclusion de l'État des Communautés locales car ces dernières ne profitent pas de leurs propres ressources. Ainsi, la conformité aux règles non écrites de l'échange réciproque est importante pour les Communautés locales, car c'est l'atout des sociétés traditionnelles.

Les ressources naturelles sont contrôlées par le Gouvernement central et les Firmes Multinationales, donc le système d'échange réciproque avec les Communautés équivaut à un système de solidarité réciproque essentiel à la survie du réseau informel. Ce réseau informel illustre le genre de structure socioculturelle qui a généré des systèmes modernes d'échanges informels dans le secteur formel. Les règles, même si elles ne sont pas écrites, sont plutôt strictes.

Les échanges informels complètent les lacunes laissées par les règles formelles qui ne peuvent pas faire face à un certain nombre de problèmes ou d'éventualités. Les règles formelles ne sont pas violées, mais le fonctionnement des règles informelles facilite et rend efficace les interactions. L'accommodation des institutions formelles aux règles informelles résulte de la combinaison efficace des institutions informelles et formelles et des objectifs des acteurs. Cela ne change pas l'existence d'une norme juridique, mais viole l'esprit des règles écrites en atténuant leurs effets. Ce faisant, les intérêts des acteurs clés sont conciliés avec les arrangements institutionnels formels existants. Les arrangements informels structurent les incitations des acteurs de manière à ce qu'ils soient incompatibles avec les règles formelles.

L'impact des règles informelles en termes de fonctionnement, en particulier dans les Communautés locales, force les institutions à un changement complet. Dans le cadre du fonctionnement des institutions informelles, il est important de souligner le rôle de l'histoire, de l'idéologie et du leadership comme facteurs exogènes qui contribuent à l'établissement des normes morales. En outre, les normes morales sont importantes, car elles appuient la valeur du système sociétal, tout en influençant l'établissement et l'application de la loi des institutions formelles. Le développement du système des valeurs traditionnelles établit des conditions plus favorables à la création de la confiance entre les acteurs économiques, ce qui facilite l'échange dans les conditions d'une information imparfaite.

D.C. North (1990) note que les règles économiques et politiques formelles ne sont pas une garantie du succès économique. Pour lui, l'introduction des règles formelles seules ne peut conduire à des résultats, puisque le succès d'une économie est le résultat d'un ensemble complexe de règles formelles et de normes informelles et de leur mise en œuvre. Surtout, les règles qui s'appliquent sont celles qui sont acceptées et qui sont compatibles avec la culture et les valeurs.

Une régulation interne

L'interaction entre les Firmes Multinationales et les Communautés locales favorise les retombées dans l'économie d'accueil dont la coordination est un facteur décisif pour leur diffusion. Le nombre de connexions des Firmes Multinationales et des Communautés locales ainsi que la valeur ajoutée produite est également décisive. Aussi, la collaboration entre les Firmes Multinationales et les Institutions locales (formelle et informelle) augmente l'impact sur le développement dans le territoire d'accueil et ses environs. C'est pourquoi il est important d'analyser les mécanismes de mise en œuvre du *Partenariat Décentralisé*, les particularités de la coordination et les défis à relever. En d'autres termes, comment s'organise ce partenariat et comment s'établissent les réseaux ?

Tout d'abord, il s'agit de mécanismes de négociations au niveau local. Il ne s'agit pas de rechercher un hypothétique équilibre de pouvoirs entre les Firmes Multinationales et les Communautés locales, mais d'arriver à une approche participative afin de réussir à convaincre les deux parties à négocier pour un intérêt commun. Le dialogue encourage l'action conjointe et la prise de décision et peut être utilisé pour parvenir à une décision acceptable entre les Territoires et les Firmes Multinationales. Néanmoins, il faut admettre que, dans l'ensemble, ce processus ne semble pas être pleinement stabilisé. Il y a souvent des mésententes alors que la coordination joue un rôle essentiel.

Les conflits et les ententes sont essentiels dans la gestion de la coopération entre le territoire et les Firmes Multinationales. Les conflits se présentent sous la forme de litiges, d'évènements médiatiques ou de protestations. Dans la plupart des cas, les conflits ne sont pas des oppositions aveugles ou d'origine purement égoïste, mais constituent un moyen d'engager des discussions sur les questions et les voies du développement territorial.

Ainsi, les conflits deviennent une partie essentielle du processus de coopération au niveau local en permettant l'expression de la démocratie locale et la réintégration des participants qui ont été oubliés ou délibérément exclus au cours d'un projet de développement antérieur. L'essentiel des conflits dans ce domaine est relatif au problème de la terre qui soit est utilisée par les entreprises minières pour des routes ou des forages, soit par des Firmes Multinationales agricoles pour la production de matières premières industrielles. Certaines innovations organisationnelles donnent lieu à une résistance qui peut se transformer en conflits générés par des changements majeurs nécessitant une réorganisation de l'utilisation de l'espace et dont l'étendue spatiale et sociale peut se développer rapidement et perdurer.

Les conflits sont des signaux du changement économique et des indicateurs de nouveauté. Ils démontrent l'opposition suscitée par ce changement qui conduit à sa non-acceptation ou à sa dynamique. Tous les changements rencontrent des oppositions ou des résistances. Mais il serait simpliste de considérer cette résistance comme une opposition réactionnaire au changement parce que, dans un certain nombre de cas, les conflits reflètent plus les nouvelles orientations qui sont imposées au reste de la population locale par une minorité obstinée à maintenir le statu quo.

Au cours de ces phases de conflit, les groupes ont tendance à se reconstituer et peuvent même subir des changements. Les conflits sont donc à la fois le résultat et la cause des changements territoriaux. La gouvernance territoriale ne se limite pas à une vision idéaliste des relations, c'est-à-dire des formes de coopération et de constructions communes. Loin de ressembler à un parcours fluide, le partenariat est constitué non seulement de processus de négociation, de collaboration ou d'apaisement, et aussi de phases plus vives ou plus conflictuelles au cours desquelles certains acteurs se heurtent, parfois de manière violente, afin de définir la voie à suivre et les choix à opérer.

Aussi, la pauvreté est un problème multidimensionnel qui va au-delà de l'économie. Elle va recouvrir les questions sociales, politiques et culturelles. Le problème est que, le plus souvent, malgré d'énormes ressources naturelles disponibles dans certains pays, la pauvreté persiste. La pauvreté est une situation dont aucun être humain ne saurait se satisfaire, en raison de l'angoisse qui suit l'absence des besoins fondamentaux. Par conséquent, les hommes dans la plupart des cas réagissent négativement à toutes les activités d'exploitation industrielle à grande échelle puisqu'ils n'en voient aucun bénéfice a priori. Ils réagissent souvent violemment pour montrer leurs griefs et leurs mécontentements, notamment lorsqu'ils se sentent abandonnés par l'État central. Les conflits entre Firmes Multinationales et population locale sont donc causés par une tentative de revendication de la satisfaction des besoins fondamentaux, ce que J. Burton (1990) appelle les « besoins non négociables ».

Cependant, les conflits laissent derrière eux de nouveaux accords locaux, de nouveaux modes de gouvernance, de nouvelles configurations. Les Firmes Multinationales et les Communautés locales ont un code de conduite différent. Les deux se retrouvent dans une situation où chacune a besoin d'élever son niveau de comportement pour atteindre la norme minimale. Ces normes sont le socle d'entente entre les Communautés locales et les Firmes Multinationales et concernent le financement, l'emploi, les relations, l'environnement et la technologie utilisée.

D'autre part, les Firmes Multinationales et les Communautés locales sont engagées dans un dialogue direct. Les Communautés attendent d'abord que les Firmes Multinationales respectent les conventions internationales et veulent bénéficier directement d'une part des rentes de matières premières soit sous forme pécuniaire, soit par le financement de projets. Les dispositions qui font consensus dans ce sens visent à introduire une différence de conduite entre l'aspect étatique et l'aspect local, même si certaines dispositions sont pertinentes pour les deux. Elles reflètent les bonnes pratiques et une reconnaissance du niveau local.

Les Firmes Multinationales s'engagent à respecter les institutions locales (formelles ou informelles) et les traditions dans les localités où elles opèrent. Il s'agit des valeurs et des traditions sociales et culturelles de la localité et le plus souvent de la région. Une base bilatérale s'établit entre le territoire et l'entreprise. Les Firmes Multinationales sont engagées dans une coopération avec la population établissant ainsi une relation mutuellement bénéfique avec tout le pays. En outre, beaucoup de discussions tournent autour du respect des droits de l'homme et des libertés fondamentales dans la localité. Dans leurs relations avec le territoire, les Firmes Multinationales ne font pas de discrimination en fonction des croyances, des ethnies, de l'opinion politique et autres. C'est-à-dire qu'elles refusent d'être influencées dans leur décision parce que le président souhaite affaiblir les autorités locales ou maintenir la population dans la misère. Elles vont au-delà de ces considérations qui relèvent d'une culture propre aux pays d'accueil.

Un contrat implicite

Les mécanismes informels de la gestion des interactions entre les Communautés locales et les Firmes Multinationales reposent sur la confiance dans les personnes plutôt que sur un ensemble de règles formelles. Mais cette confiance ne naît pas en un seul jour et c'est cette confiance qui induit aussi un engagement implicite des deux parties. La confiance en la population pousse les Firmes Multinationales à aller en profondeur au sein des Communautés. De l'autre côté, dès que la confiance s'installe, les populations vont prendre conscience de la place des Firmes Multinationales en tant qu'acteur et donc profiteront de leur présence pour améliorer leur quotidien. D'ailleurs, à un tel niveau de confiance, les populations ne souhaitent pas le départ des Firmes Multinationales et donc feront tout pour les garder. Ainsi, il y a un engagement implicite dès lors qu'il y a confiance.

La notion de confiance reste encore subtile et insaisissable. La confiance peut concerner la capacité d'un partenaire à se conformer aux intentions et aux attentes. Il s'agit du type de confiance qui doit exister pour une personne dont l'une est sur le point de demander une faveur ou un service donné. Cela conduit à la prolifération des réseaux de réciprocité.

La confiance a un rôle central dans les différentes dimensions du partenariat. L'Afrique possède une culture de tradition orale ou la parole équivaut à un engagement fort et toujours respecté. La confiance explique les progrès décisifs et importants de l'interaction entre les Communautés locales et les Firmes Multinationales. Le développement empirique à partir d'enquêtes permet de mieux cerner les mécanismes par lesquels la confiance influence le partenariat et distingue les différents canaux. La confiance exige la familiarité et la compréhension mutuelle et dépend donc du temps et du contexte.

La dynamique de la confiance évolue d'un territoire à l'autre et de façon lente. Cette évolution peut être perturbée par des évènements historiques tels que les conflits qui peuvent influencer pendant longtemps le niveau individuel ou le niveau macro-territorial. La confiance interagit avec l'environnement socio-économique et peut émerger comme un équilibre. Fondamentalement, elle découle du fait qu'elle favorise la coopération et facilite ainsi des échanges mutuellement avantageux. Il est donc nécessaire d'inclure la confiance comme une caractéristique supplémentaire pour rationaliser le partenariat.

Il y a une certaine hétérogénéité de la confiance. Les Sahéliens font plus facilement confiance, alors que les Forestiers font rarement confiance aux étrangers. Ainsi, on observe d'énormes différences de niveaux de confiance qui peuvent exister entre les pays dits Forestiers et les pays sahéliens. Le niveau de confiance varie d'un territoire à un autre. Le niveau de confiance peut aussi évoluer d'une Communauté à l'autre. En ce sens, l'exposition à différents territoires et la diversité culturelle forment des attitudes et des comportements de groupes, y compris la confiance.

Toujours dans un contexte ethniquement diversifié, il y a des prédictions qui supposent que les croyances négatives sur les membres des autres groupes ne sont pas motivées par la concurrence réelle ou perçue, mais par l'ignorance et le manque d'exposition à d'autres groupes. Par conséquent, les stéréotypes négatifs qu'ils ont des autres augmentent leurs antipathies rendant ainsi les individus moins disposés à faire face à ce qui vient d'ailleurs.

La confiance se construit par l'amélioration des contacts comme un apprentissage, comme une évolution du comportement. Le degré de confiance est déterminé par l'ethnie. Mais il peut être plus important de relever les degrés de confiance ethnique que ceux de la confiance communautaire qui peut souvent présenter des incohérences.

Il n'est pas surprenant que les sciences sociales considèrent la confiance et le capital social en général comme un atout précieux pour la société. La confiance aide les Communautés à éviter des résultats négatifs en forgeant une réciprocité relationnelle et, par conséquent, une facilitation des comportements coopératifs entre les citoyens. Tout en engendrant la coopération, la confiance produit des avantages collectifs qui se révèlent être un défi difficile dans les sociétés multicommunautaires et multi-ethniques, même si les actions collectives ne sont pas contraignantes en Afrique.

Une fois que chaque partie a rassemblé suffisamment d'informations au sujet de son partenaire potentiel, il y a une sorte de raccourci vers la prise de décision future. Dans des environnements différents, l'identité ethnique sert de source d'informations importante pour les Firmes Multinationales qui augmentent leur confiance envers les Communautés locales et elle aide à résoudre les dilemmes d'actions collectives. L'identité fonctionne comme un moyen d'interpréter les possibilités et les contraintes dans l'interaction sociale.

La confiance entre les Firmes Multinationales et les Communautés locales diminue les coûts de mise en relation qui entravent les comportements coopératifs. Les Firmes Multinationales trouvent leur intérêt à maintenir activement ces identités et à promouvoir l'intérêt coopératif du groupe afin d'accéder à l'État et à la valeur des ressources qu'elles fournissent.

L'Afrique contemporaine est devenue très organisée autour des groupes ethniques. L'ethnicité a façonné la dynamique macro-institutionnelle de la politique, car les clivages se sont manifestés dans la structure des systèmes de partis. Elle a également défini la dynamique micro-institutionnelle de la répartition des ressources. Les réseaux ethniques fournissent des formes de capital social qui contribuent à atténuer les risques dans le contexte des territoires sous-développés et mal exploités. Les promesses tenues devant les Chefs communautaires sont vraiment respectées à cause de la peur de la malédiction des anciens et du pouvoir maléfique que détiennent certains Chefs de tribu. Comme on peut le voir, les réseaux ethniques organisent les interactions au quotidien entre les Firmes Multinationales et les Communautés locales. Compte tenu de sa pertinence, on peut affirmer que l'appartenance ethnique appartient ostensiblement au mécanisme de la confiance dans le continent africain. Parce que l'identité ethnique structure les relations sociales dans beaucoup de régions d'Afrique, elle sert de puissante source de confiance. Cette confiance se construit sur des dizaines d'années.

L'établissement d'un réseau local

Le réseau signifie une forme d'interactions entre individus ou groupes d'organisation et/ou d'entreprises ayant un intérêt commun pour établir des relations mutuellement bénéfiques. L'approche du réseau local se réfère au processus par lequel les Firmes Multinationales et les Communautés locales établissent des relations et des liens mutuellement avantageux les uns envers les autres tels que l'amélioration de l'accès aux ressources, la position sur le secteur au niveau local. L'objectif du réseau pour les Communautés locales est d'améliorer la part des Firmes Multinationales dans le développement local. Les Firmes pour réduire les risques potentiels (sabotages, enlèvements, etc.) entrent dans un réseau local afin d'éviter les échecs et d'augmenter leurs chances de survie. Le réseau et les contacts sont des moyens d'obtenir des renseignements stratégiques dans l'internationalisation des activités d'une entreprise et un canal pour les Communautés locales afin de connaître les entreprises étrangères.

Le rôle des réseaux devient plus important dans ce type de relations en raison de leurs caractères transitoires. Les réseaux fournissent aux Firmes Multinationales et aux Communautés locales l'accès aux connaissances et aux ressources qu'il aurait été difficile d'obtenir à cause des contraintes institutionnelles. En outre, ils préparent les Firmes Multinationales à fonctionner de manière favorable aux environnements sous-développés. La construction de réseaux a contribué à accélérer l'entrée des Investissements Directs Étrangers et le démarrage des activités dans la plupart des pays d'Afrique.

*****

Le Partenariat Décentralisé comme outil de développement en Afrique

La dynamique des Firmes Multinationales et les rentes versées sont des leviers de croissance pour les États, mais ne sont pas forcément génératrices de développement pour les Collectivités Territoriales. Le lien entre la croissance et le développement donne lieu à de multiples interprétations et renferme une ambiguïté substantielle. Nul ne peut remettre en question le fait que les Firmes Multinationales apportent des ressources au pays hôtes dont les Collectivités Territoriales ne profitent pas.

L'exploitation des ressources naturelles engendre des dommages environnementaux qui privent les Collectivités Territoriales de ressources de subsistances et cause des dommages sanitaires. La croissance générée par l'exploitation des ressources naturelles peut freiner le développement local. Même si l'implantation des Firmes Multinationales crée des emplois ou entraîne des transferts de technologie, elle peut toutefois provoquer une dégradation des conditions de vie avec la rupture des équilibres sociaux traditionnels, consécutifs aux déplacements de tout un peuple et à l'arrivée de nouveaux migrants.

La littérature montre que les rentes sont difficilement recyclables dans le développement économique local. Mais cela est-il dû à une mauvaise compréhension du concept de développement où la redistribution des rentes vers le bas ne suffit pas pour assurer le développement, si toutefois cette redistribution est effective ? Le développement économique local est une stratégie de développement orientée vers l'action qui valorise les potentiels locaux, mise sur les acteurs locaux et la dynamique qui les anime, ainsi que sur l'aide extérieure à travers des partenariats. C'est cet éclaircissement qui semble faire défaut dans le lien entre croissance et développement de façon générale. Le partenariat est issu de la confrontation des intérêts individuels et collectifs, qui elle-même, est commandée par la réputation.

L'une des tendances les plus marquantes des récentes augmentations des Investissements Directs Étrangers dans les ressources naturelles est l'émergence d'une demande de dialogue direct aussi bien de la part des Firmes Multinationales que des Collectivités Territoriales. Le rôle de plus en plus important des Collectivités Territoriales comme principaux acteurs de la politique nationale grâce à la Décentralisation influence énormément les stratégies des Firmes Multinationales en tant que nouvelles formes organisationnelles chargées de la réduction de la pauvreté et de la protection de l'environnement. Les Collectivités Territoriales influencent la stratégie des Firmes Multinationales en les incitants à rechercher des avantages dans un dialogue direct.

Les Collectivités Territoriales influencent aussi le contexte institutionnel dans lequel les Firmes Multinationales opèrent ; ce même contexte qui ne prend en compte que l'État central, qui définit l'ensemble des choix opérationnels des entreprises. Les Collectivités Territoriales veulent changer la façon dont les États et les Firmes Multinationales font des affaires en intégrant une nouvelle logique institutionnelle. Les avantages potentiels de ce dialogue direct sont nombreux pour les parties prenantes. Il permet d'amortir les incertitudes, d'éviter les conflits et d'améliorer la mobilisation des ressources.

L'échec de la Coopération Internationale

La Coopération Internationale inclut l'intégration dans des secteurs essentiels tels que l'agriculture, les transports, l'énergie et l'éducation et vise l'établissement du libre-échange. De façon générale, les programmes d'intégration ont été un échec, car les objectifs n'ont pas toujours été atteints. Les programmes sont sans cesse modifiés par les Chefs d'État d'Afrique qui tentent à chaque sommet d'apporter un nouveau dynamisme. Mais il est peu probable que le succès viendra si les ressources ne sont pas attelées à l'effort.

L'éradication de la pauvreté est une composante essentielle des Institutions régionales ou sous-régionales. Il est évident que si les instruments qui prévoyaient une assistance aux zones défavorisées ne sont pas effectifs, les objectifs ne seront jamais réalisés. Le succès des Institutions africaines dépendra donc de la mesure dans laquelle la question équitable des avantages est abordée. Il n'existe pas de cadre légal pour assurer un partage équitable des avantages et une base conceptuelle et interprétative claire pour l'équité.

Par ailleurs, quand on parle des Institutions régionales et sous-régionales en Afrique, il n'y a rien de concret. Ces organisations se résument à des questions techniques et politiques. Il y a donc une prédominance des organes politiques dans les Institutions africaines. Un problème systémique est que leur cadre institutionnel dans l'ensemble n'a pas été conçu pour répondre aux difficultés économiques, y compris dans les institutions assignées aux organes communautaires. C'est vraiment un problème, car elles pourraient être conçues pour traiter efficacement des principaux obstacles au développement.

Ces Institutions devraient plutôt résulter d'un consensus sur les opportunités de développement comme moyen de tirer profit des ressources disponibles, ce qui nécessite une compréhension de leur nature de ces institutions, des avantages, des coûts et des garanties pour le développement des pays impliqués. Les mauvaises priorités ont entravé leurs succès.

Le néo-libéralisme entrave aussi le succès des Institutions régionales et sous-régionales. La privatisation, la disparition de l'État providence constitue l'orthodoxie des politiques africaines dictée par les Institutions Financières Internationales qui soutiennent les gouvernements africains. Les États, plutôt que d'investir dans le développement local, dépensent de fortes sommes d'argent dans la prévention, la gestion, la résolution des conflits internes et interétatiques entre les États membres.

Il y a aussi la coopération bilatérale ou multilatérale avec les pays développés qui permet d'obtenir de l'Aide Publique au Développement. C'est de l'argent public destiné à aider les pays pour lutter contre la pauvreté. Là encore, il y a un véritable problème de coordination pour que l'Aide Publique au Développement soit efficace. D'une part, lorsqu'elle est directement versée aux États, l'argent est soit détourné, soit affecté à d'autres objectifs, comme par exemple payer des salaires pour un décaissement qui à l'origine était destiné à la rénovation d'un hôpital.

L'argent de l'Aide Publique au Développement se perd aussi dans la bureaucratie lorsqu'il est géré directement par le donateur. Ainsi, à cause de la lenteur ou de la complexité des décaissements, pour une période donnée soit 12 mois par exemple, le montant du fonctionnement dépasse celui des investissements. En d'autres termes, pour mettre en œuvre un projet, avec les salaires des fonctionnaires locaux et internationaux, ceux des experts occidentaux, les frais de fonctionnement du projet, il ne reste plus grand-chose à investir du montant de départ. Souvent, les donateurs demandent aux fonctionnaires locaux d'élaborer des projets de développement qui seront financés sur des fonds disponibles. Or les pays en développement sont confrontés à des déficits de capacité administrative ou les fonctionnaires n'ont pas assez d'expertises pour élaborer des projets qui répondent aux attentes des donateurs. Comme les crédits sont disponibles pour une période bien précise ; à la fin de cette période, souvent l'argent n'est pas dépensé et donc perdu, alors que les besoins restent immenses. Ces montants sont soit récupérés par le donateur au titre des reliquats, soit réaffectés sur d'autres projets. Ce nouveau projet va encore générer des reliquats.

Ainsi, l'Aide Publique au Développement est un échec parce que l'argent ne va pas là où l'on en a besoin. Cet échec est donc dû à la corruption ou aux détournements de fonds, à l'absence de capacité administrative de gérer cet argent par des marchés publics (contrôle comptable) et à l'incapacité des Collectivités Territoriales à formuler des projets de Développement Économique Local finançables qui soient efficaces et soutenus par la population.

Le Partenariat Décentralisé plus performant que le marché

L'économie de l'Afrique Subsaharienne est dominée par les capitaux étrangers, une forte exportation de certaines ressources et une concurrence des importations. Les limites de l'économie africaine sont la quasi-absence des industries, notamment les industries de transformation des produits de base avant exportation. Le problème avec les Investissements Directs Étrangers basés essentiellement sur les ressources naturelles est d'une part le primat de la rente et la faiblesse de la valeur ajoutée et d'autre part le rapatriement des recettes et des bénéfices par les investisseurs étrangers. On ne peut pas parler de véritable marché d'autant plus que les pays sont confrontés à une économie communautaire de subsistance et informelle qui est dominante. Le marché tel que considéré par les économistes libéraux n'est rentré ni par la concurrence, ni par l'offre, mais par la privatisation et l'ouverture des pays aux Investissements Directs Étrangers. Ainsi, il n'y a toujours pas de marché en Afrique. C'est-à-dire que les conditions permettant le développement du marché ne sont pas réunies. La concurrence n'existe toujours pas parce que les secteurs sont tenus par de grandes familles qui se partagent le gros des activités économiques. Ce sont elles qui sous-traitent avec les petits entrepreneurs. Dans les années 80, lorsque le marché a été imposé à l'Afrique, le continent n'était pas prêt. Les Institutions Financières Internationales voulaient simplement obliger certains pays à réduire leurs dépenses. D'ailleurs, au cours de cette période on ne parlait pas de marché, mais de Programme d'Ajustement Structurel qui n'a pas produit de résultat parce que le marché ne s'est pas développé spontanément. L'espoir était fondé sur de nouvelles entités économiques après le retrait des États des affaires économiques, mais il y a eu des obstacles à la création d'entreprises ; la faute à la corruption, à la bureaucratie, au népotisme, à l'absence d'infrastructure et au financement. Les entreprises ne se sont pas créées par générations spontanées. Ceux qui réussissent à créer de nouvelles entités économiques ne paient pas pour la plupart ni impôts ni taxes. C'est d'ailleurs la carence en relation marchande et son impact non positif sur les entrées d'argent dans les caisses des trésors publics qui entraînent une faiblesse des montants à redistribuer. C'est pourquoi la plupart des gouvernements cherchent toujours à attirer de plus en plus d'Investissements Directs Étrangers.

Parce que chaque pays cherche à attirer les investisseurs étrangers ; diverses mesures sont prises dans ce sens. La plupart des mesures des politiques d'investissement restent orientées vers la privatisation et la libéralisation. Pour cette raison, la privatisation au sens large est considérée comme un processus de transfert de propriétés de l'État au secteur privé, un transfert des opérations d'actifs appartenant à l'État à des entreprises privées, la libéralisation des prix et des échanges afin d'encourager la concurrence. L'État peut vendre ses fonds propres d'une entreprise totalement ou partiellement privée, comme l'établissement d'une joint-venture. La privatisation est généralement accompagnée par des politiques règlementaires visant à privatiser l'économie, en d'autres termes, les contrôles à l'entrée et à la sortie, les prix, les produits et les services fournis.

La privatisation peut entraîner des gains nets pour les investisseurs étrangers, alors qu'elle peut diverger avec les intérêts de la population. L'un des objectifs de la politique de privatisation est la participation étrangère souvent utilisée comme une nécessité des privatisations. Il est un critère pour mesurer le degré de confiance que les investisseurs ont dans l'environnement des affaires des pays concernés. Les avantages de la privatisation dépendent non seulement du montant de la vente des entreprises, mais également de la méthode utilisée pour les privatisations. La première nécessité pour encourager la participation des investisseurs étrangers est un ensemble de règles claires en ce qui concerne les procédures de privatisation.

L'impact de la privatisation n'a pas encore été évalué globalement dans bon nombre de Pays en Développement, en particulier en Afrique. Empiriquement, la connaissance de l'impact de la privatisation en Afrique est très limitée contrairement à d'autres régions en développement et à des pays industrialisés. En outre, peu de preuves ont encore été présentées sur les effets plus larges de la privatisation sur les performances macro-économiques. Les investisseurs sont plutôt intéressés par la part de marché ou par les ressources plutôt que par l'acquisition des moyens de production. La privatisation est devenue un élément central des réformes économiques dans la plupart des pays sous-développés.

Ceux qui s'opposent à la privatisation soulèvent la crainte de prix exorbitants pouvant empêcher les citoyens d'avoir accès aux biens. La privatisation aggrave l'inflation générale des prix parce que les entreprises privatisées ne bénéficient pas de subventions après la transaction et le fardeau de cette inflation affecte la population. Cet argument est que les décideurs politiques ne semblent pas voir cela comme un conflit, mais considèrent le processus de privatisation comme étant la nécessité d'exploiter la dynamique et l'efficacité du secteur privé pour faire fonctionner le bien public. Par ailleurs, l'une des principales causes de la résistance à la privatisation a été la préoccupation de la perte d'emplois. L'expérience montre que les pertes d'emploi sont aiguës au niveau intermédiaire et pour le personnel qualifié, car les Firmes Multinationales préfèrent le personnel expatrié dans ces domaines. En outre, les travailleurs à faibles revenus trouvent plus difficilement un nouvel emploi et souvent se reconvertissent dans le secteur informel.

Les principales conclusions sur l'impact de la privatisation sont donc les suivantes : d'abord, la privatisation a eu un impact ponctuel minimal sur les budgets ; deuxièmement, le roulement des entreprises et la rentabilité ont généralement augmenté immédiatement après la privatisation ; troisièmement, l'emploi a été affecté par la privatisation, bien que ce dernier n'ait pas donné lieu à des licenciements passifs en termes absolus ; quatrièmement, les Investissements Directs Étrangers et les marchés boursiers ont joué un rôle limité dans les opérations de privatisation en dépit de quelques opérations de séduction ; cinquièmement, la règlementation et la concurrence ont souvent été négligées dans le processus de privatisation ; sixièmement, la privatisation a donné de nouvelles possibilités de favoritisme politique, conduisant à de nombreux scandales de corruption qui ont terni la crédibilité du processus de privatisation.

Le mécontentement du public et l'opposition aux programmes de privatisation ont gagné du terrain dans différentes régions, notamment en Afrique. Les grandes critiques formulées par la presse locale, mais aussi par les Organisations Non Gouvernementales et les universitaires, reposent sur les allégations des effets néfastes de la privatisation sur le chômage et les pauvres et une persistance généralisée de la perception de la corruption généralisée dans le processus de privatisation. Compte tenu de cela, les questions du droit de l'homme deviennent extrêmement importantes parce que le pouvoir de l'État semble s'affaiblir et que des acteurs non étatiques influents font leur apparition. Ainsi, il est pertinent de parler de la faiblesse des États, ce qui signifie qu'il existe un espace entre la portée et l'impact des forces économiques et la capacité des Firmes Multinationales à en gérer les effets néfastes.

À court terme, la privatisation a eu un impact minime sur le budget. L'impact de la privatisation sur les recettes fiscales a été mitigé au plan macro-économique. Compte tenu de la situation financière de certaines entreprises à privatiser, les recettes des privatisations ont été souvent anéanties par le règlement du passif de ces entreprises privatisées ou par des indemnités de départ sans aucune transparence. Cette conclusion doit être nuancée à bien des égards, car il est en fait difficile d'isoler l'effet de la privatisation sur les recettes fiscales provenant des changements fondamentaux dans les régions fiscales où des facteurs exogènes affectent la perception de ces recettes.

Le Partenariat Décentralisé plus performant que l'organisation

La structure de l'organisation fait référence à toutes les caractéristiques qui peuvent affecter le comportement et la performance des entreprises opérant dans un secteur. Il s'agit surtout de la collaboration entre banques et entreprises. En Afrique, le secteur bancaire est très faible. Les banques préfèrent prêter de l'argent aux fonctionnaires qui présentent plus de garanties avec la régularité et la progressivité des salaires que des entrepreneurs qui n'offrent pas souvent de garanties solides. De plus, l'échange interbancaire est très faible. Les banques elles-mêmes n'offrent pas suffisamment de garanties de paiement. C'est pourquoi de nombreux entrepreneurs préfèrent des transactions en espèces plutôt que de passer par les banques. L'État non plus ne garantit pas les dépôts bancaires ; d'où le manque de confiance dans les banques.

L'Afrique Subsaharienne n'a pas la réputation d'un marché concurrentiel. Dans une structure de marché parfaitement concurrentielle, il existe de nombreuses entreprises qui sont amenées à interagir dans une structure organisationnelle afin de peser sur le marché, or la plupart des opérateurs fonctionnent de façon informelle, du moins, même s'ils sont légalement installés, la majeure partie de leurs activités se déroule sous forme informelle. C'est pourquoi les banques ont du mal à apporter leur concours. Les activités sont dans ce cas limitées aux petites opérations où il n'existe pas de concurrence puisqu'il s'agit souvent de relations rigides entre le vendeur et l'acheteur. En conséquence, chaque vendeur doit accepter le prix proposé par les forces de la demande et non de l'offre du marché.

Le contrat aussi est une caractéristique de l'organisation, mais il est un instrument très faiblement utilisé. Deux raisons expliquent cela : la parole a plus de sens en Afrique Subsaharienne que le papier. Dans cette culture, demander à quelqu'un de signer un contrat est un manque de respect. Cela signifie que vous n'avez pas confiance en la personne. Établir un contrat signifie que les services fiscaux sont mis au courant du montant des transactions ; or dans la plupart des transactions, les parties conviennent d'une somme globale qui ne prévoit pas de versement à l'État : c'est comme si l'État n'existait pas. Les opérateurs légalement installés mènent ainsi des activités informelles.

L'échec de l'organisation en Afrique Subsaharienne est dû à la volonté des entrepreneurs d'échapper aux taxes et impôts. Ainsi, les entreprises en Afrique tentent par tous les moyens de réduire leurs coûts de transaction. Les frais de douanes ne sont pas versés au compte du Trésor Public parce que les agents de douane s'arrangent avec les opérateurs économiques pour récupérer cet argent pour leur propre compte.

Il y a aussi des facteurs liés à la bureaucratie qui rendent l'organisation inefficace. On a donc pensé depuis les indépendances, écarter la concurrence en créant des entreprises publiques qui seraient plus performantes et susciteraient plutôt la création de petits secteurs d'activités sous forme de clusters. La gestion de ces entreprises publiques a entraîné des conflits d'objectifs ; et surtout une source d'inefficacité à cause des déficits générés. Ces entreprises se sont retrouvées avec des effectifs pléthoriques où tous les bénéfices étaient engloutis dans les salaires et les traitements. En plus, il y a peu de relations entre l'objectif ou la quantité de travail à effectuer et le renforcement du personnel. Les managers ne sont pas autonomes. Ils travaillent pour les responsables politiques grâce auxquels ils sont en poste. Les donneurs d'ordre ne sont pas dans les entreprises et sont loin des réalités. Ils ne sont pas non plus intéressés par la bonne santé de l'entreprise, mais mus par le pouvoir. Les dirigeants politiques sont demandeurs de rentes aux entreprises publiques. Ce qui fait des entreprises publiques l'une des causes du déficit public en Afrique Subsaharienne.

Les États n'étant pas en bonne santé financière font appel à l'Aide Publique au Développement pour redresser les entreprises publiques. L'argument du financement est simple : les entreprises d'État sont pourvoyeuses d'emploi, donc facteurs de stabilité. Mais en réalité, ce qui se dessine avec les entreprises publiques déficitaires, c'est que l'Aide Publique au Développement est détournée de ses objectifs : ceux du développement. L'Aide Publique au Développement est engloutie dans la bureaucratie des entreprises publiques sans que l'impact soit visible par la population.

C'est pourquoi l'option du partenariat est plus performante puisqu'elle permet à l'argent d'arriver directement aux populations qui en ont besoin. La bureaucratie est un facteur important qui détache le partenariat de l'organisation. Elle le détache aussi du marché par les coûts de transaction, même si en apparence les trois concepts ne sont pas éloignés.

Ainsi, il y a quelques différences entre le partenariat, les marchés et des similitudes ; mais il existe aussi des similitudes dans les critères. La grosse différence se trouve dans leurs contributions au développement des Collectivités Territoriales. Pour cela, il a fallu montrer que les marchés et les organisations ont été moins performants afin de conforter l'option du partenariat.

II

Les investissements territorialisés en Afrique Subsaharienne

L'Afrique Subsaharienne du 21e siècle se caractérise par un certain nombre de réalités. Les Communautés, la place des individus, les groupes et le poids de la tradition sont au centre des questions de société. L'Afrique Subsaharienne est une diversité de cultures et chaque culture a ses avantages et ses inconvénients.

Il y a aussi le phénomène du sous-développement. Le sous-développement en Afrique persiste malgré la croissance élevée que connaissent la plupart de ses pays. Pour cela, quelques éclaircissements sont bien nécessaires en faisant la différence entre la croissance et le développement. En effet, l'Afrique est une particularité dans l'analyse économique. Quel mécanisme conduit à une croissance forte sans développement ?

Entrer dans l'économie de l'Afrique Subsaharienne conduit à se recentrer sur la problématique du développement des Pays les Moins Avancés différente des Pays en Développement. Le sous-développement, voire la misère, persiste au niveau local en Afrique malgré l'accroissement des Investissements Directs Étrangers dans les Collectivités Territoriales. Les Firmes Multinationales sont présentes en Afrique Subsaharienne en raison de l'abondance des ressources, mais cette dynamique n'est pas forcément un levier de développement. Or les Collectivités Territoriales ont besoin de ressources pour assurer le Développement Économique Local. C'est cela qui amène à donner les raisons conduisant vers un nouveau type de relation dans lequel les Firmes Multinationales peuvent aider les Communautés à s'épanouir.

Il est également important de mettre en évidence les échecs de la présence de ces Firmes Multinationales si l'on veut comprendre les raisons de la réticence de certaines Communautés à accepter sur leur sol des opérations d'exploitation de matières premières. Aussi les questions portant sur la faiblesse des Investissements Directs Étrangers en Afrique Subsaharienne conduisent naturellement à celles de l'attractivité des pays et de l'impact de la présence des Firmes Multinationales sur le développement. Pourquoi l'Afrique

Subsaharienne n'attire-t-elle pas autant d'investissements productifs ? Quelles sont les conditions pour qu'un pays attire les Investissements Directs Étrangers, notamment l'implantation de Firmes Multinationales ? L'Afrique Subsaharienne bénéficie de deux types d'instruments de développement : le premier repose sur la politique publique qui amène à faire des arbitrages entre fonctionnement et investissement ; le deuxième est l'Aide Publique au Développement exogène au territoire dont l'utilisation répond à des conditions qui souvent ne sont pas respectées par les États. En apparence, l'Aide Publique au Développement est un échec d'autant plus qu'elle est régulièrement critiquée pour la faiblesse de ses montants et parce que l'argent ne va pas là où il faut, c'est-à-dire reconvertir en actifs. Elle est aussi dépassée par les rémittences envoyées par les diasporas.

En outre, les budgets sont dépendants des rentes de matières premières, mais cet argent n'est pas aussi investi de manière efficiente, c'est-à-dire en actifs et surtout, le budget de l'État est consacré au fonctionnement et non à l'investissement. En Afrique Subsaharienne, il y a un grand décalage entre les capitales et les zones rurales. Les premières concentrent toute la richesse du pays alors que les zones rurales vivent dans la misère. Même riches en ressources naturelles, les zones rurales restent pauvres malgré leurs exploitations. C'est pourquoi il est important d'expliquer les échecs des Firmes Multinationales en Afrique et les raisons de ces échecs.

*****

Les Communautés africaines

L'individu et le groupe en Afrique Subsaharienne, les autorités traditionnelles et le droit de propriété en Afrique Subsaharienne, la typologie des Communautés et des ethnies : tels sont les sujets abordés. Ces sujets sont développés en fournissant des exemples permettant de mieux cerner l'ensemble du comportement des Africains subsahariens en posant un certain nombre de questions. L'individu en Afrique Subsaharienne peut-il exister en dehors du groupe ? Quel est le poids de la tradition ? Quel rôle joue la Chefferie traditionnelle en Afrique Subsaharienne ? Quels sont les droits de propriété dans la sous-région ? L'espace géographique a-t-il une incidence sur le comportement du groupe ?

L'individu et le groupe en Afrique

La particularité de l'Afrique Subsaharienne est la place de l'individu dans la société. Quelle place occupe l'individu ? En d'autres termes, l'objectif est de sortir de la perception de l'individu tel que conçu et accepté dans le monde occidental. L'après-guerre en Europe a généré un type de comportement basé sur l'égoïsme et l'individualisme. Quand est-il de la société traditionnelle africaine subsaharienne ? La Communauté étant un regroupement de ces individus amène à montrer la valeur de cette Communauté et la valeur des traditions dans les Communautés de l'Afrique Subsaharienne.

C'est l'inexistence de décisions individuelles qui remet en cause l'individualisme en Afrique Subsaharienne. L'homme devient dans ce cas un nœud, parmi tant d'autres, d'un ensemble de nœuds formant la famille qui est elle-même un sous ensemble de la Communauté. Un sociologue ghanéen, K.O. Opoku (1978 : 92) cite cet adage africain : « l'homme est homme à cause des autres. Seul, vous êtes un animal ». La question de l'individu n'est pas un trait marquant des sociétés de l'Afrique Subsaharienne. Dans les Communautés africaines, les décisions individuelles n'ont de sens que par rapport au groupe social auquel appartient l'individu. En ce sens, l'individu manque d'autonomie. L'individualisme est donc synonyme d'autonomie. C'est pourquoi l'individualisme n'a fait son apparition dans les sociétés occidentales que pendant la période post-industrielle, parce que les individus qui constituaient la période pré-industrielle manquaient d'autonomie, donc subordonnés à la solidarité collective. Ainsi, les sociétés occidentales ont aussi connu leurs périodes traditionnelles où les individus étaient assez égalitaires, ce qui, selon D. Westen (1985), ne laissait aucune place à l'individualité et à la vie privée.

Dans les sociétés africaines, l'individu est subordonné aux croyances, aux valeurs et aux normes. Les comportements individuels sont prescrits par la société, et chaque personne est assignée à une place : ce que L. Dumont (1980) appelle la hiérarchie sociale rigide. C'est pourquoi il est impossible de passer d'une caste à un autre. Les classes sont des classes sociales qui cantonnent les individus dans un rôle. L'individu est valorisé dans ce rôle par la société. Cela ne crée aucune tension entre l'individu et la société d'autant plus que cette situation est acceptée par tous depuis longtemps.

Ainsi la notion d'individu n'existe pas en Afrique. L'individualisme suppose dans l'entendement local que vous êtes venu au monde tout seul et que vous repartirez tout seul. Or personne ne peut se prévaloir de cette situation. La famille africaine est très élargie, donc une décision individuelle implique toute la famille voire toute la Communauté. Ainsi, lorsqu'une personne décide d'émigrer dans une autre ville ou un autre pays, il fait part de sa décision à la famille et au notable de la Communauté en recherchant leurs bénédictions. La bénédiction est un ensemble de bonnes choses que l'on peut souhaiter à quelqu'un. Le contraire est la malédiction. Ce qui devait relever d'une décision individuelle devient alors une affaire collective.

C'est aussi le cas du processus conduisant au mariage de deux personnes en Afrique. Le mariage incombe à deux personnes qui envisagent de se mettre en couple. Mais la décision finale relève de la famille, surtout pas forcément du père et de la mère. Les tantes, les oncles, les cousins et les cousines doivent donner leur accord. À défaut, le mariage n'a pas lieu à moins de quitter la Communauté à laquelle vous appartenez.

Les Communautés africaines ne doivent pas être prises dans le sens anglo-saxon « community » qui regroupe des personnes autour d'un intérêt particulier tel que l'église ou le sport. Les Communautés africaines sont plus élargies. Elles sont formées de familles, d'ethnies et de religions. Chaque partie forme une entité particulière, mais intègre un ensemble qu'on appelle Communauté. Comme déjà indiqué, les familles africaines sont très élargies. Il ne s'agit pas seulement du père, de la mère et des enfants. Les familles s'élargissent par le biais des mariages qui créent de nouvelles filiations. Les ethnies sont caractérisées par une communauté linguistique. Ceux qui parlent la même langue sont regroupés en ethnies. C'est un lien non artificiel parce que même si vous apprenez une langue et la parlez correctement, vous n'appartenez pas à cette ethnie. Certains liens vont au-delà de la famille et des ethnies, ce sont les religions. Ce terme est utilisé au pluriel parce qu'en Afrique il existe beaucoup plus de religions que partout dans le monde. Toutes les religions sont pratiquées en Afrique parce que ce continent est sensible au fait spirituel.

La Communauté ne doit pas être perçue dans sa dimension spatiale, mais comme la totalité des peuples appartenant à chacune des trois entités que sont la famille, l'ethnie et la religion, quel que soit l'endroit où chaque personne se trouve. Par exemple, la diaspora, même en étant hors du territoire, appartient à la Communauté. Comme l'indique G.F. Kneller (1971 : 49), la Communauté est une sous-société dont les membres sont en contact personnel ; ils s'inquiètent mutuellement de leur bien-être ; ils sont engagés dans des buts et des processus communs ; ils partagent les responsabilités des actions communes et ils valorisent l'appartenance à la Communauté.

En Afrique, c'est dans la Communauté que la vie des individus prend un véritable sens. C'est dans l'interaction mutuelle avec d'autres membres de la Communauté que les individus peuvent espérer réaliser leurs desseins sociaux. Le bon fonctionnement des Communautés contribue à créer un sentiment d'amitié et de sécurité parmi les populations qui les constituent. Il s'agit d'un fonctionnement à l'intérieur des sous-groupes et entre les sous-groupes.

La question qui revient le plus souvent est de savoir si l'appartenance à un sous-groupe ethnique est plus forte que l'appartenance communautaire. Dans une société parfaite, c'est l'appartenance communautaire qui est pertinente. Mais des conflits religieux ou ethniques peuvent faire que la Communauté perd de son pouvoir sur une partie de la population. C'est le cas du Nigeria où l'appartenance religieuse et ethnique est très forte. Par exemple, au Nord du Nigeria, dans l'État de Kano, les populations se regroupent non pas par ethnie, mais par religion ou courant religieux. Étant donné que les membres de ces courants religieux se font la guerre dans le monde (sunnites contre chiites), cela s'est reproduit au Nord du Nigeria où les religions ont plus de poids que les ethnies. C'est aussi le cas quand l'une des ethnies essaie de dominer l'autre, donc de rompre l'équilibre installé depuis des décennies. Cette rupture d'équilibre a pour conséquence le massacre des autres ethnies hostiles.

Les traditions africaines sont un avantage pour la cohésion sociale, mais peuvent être aussi un facteur d'accroissement de la pauvreté dans la plupart des Communautés d'Afrique Subsaharienne. Par exemple, comme facteur d'accroissement de la pauvreté, il y a le mariage des enfants qui constitue un facteur très important de la pauvreté. En effet, malgré les dispositions législatives et règlementaires, le mariage des enfants et les mariages forcés persistent encore en Afrique Subsaharienne. La tradition en Afrique est plus forte que toutes les règles imposées par les politiques publiques ; d'autant plus que, même ceux qui votent ces lois, sont tributaires des traditions. Les enfants sont mariés tôt, donc n'ont pas le temps d'aller à l'école ou du moins obtenir une qualification. Les garçons mariés prématurément deviennent des Chefs de famille et sont donc obligés d'accepter toutes sortes de travail, s'ils ne possèdent ni terres cultivables ni richesses souterraines. Quant aux filles, elles sont obligées d'aider leurs maris afin de faire face aux besoins de la famille, en étant soit des « bonnes à tout faire » soit en exerçant de petites activités pas très valorisantes.

À côté des mariages forcés, il y a la polygamie, un autre facteur de pauvreté. Les hommes qui épousent plusieurs femmes n'ont pas forcément les moyens de subvenir à leurs besoins. Cette pratique a la vie dure en Afrique, d'autant plus que la polygamie est instituée de façon officielle dans plusieurs pays tels que le Mali et la Guinée. Les femmes vivant sous le régime de la polygamie, notamment celles qui vivent dans les foyers à 4 épouses, sont souvent livrées à elles-mêmes : le mari se contentant de faire des enfants. Si certaines femmes arrivent à s'occuper de leurs enfants grâce à de petits commerces, ce n'est pas le cas de toutes. Les enfants sont obligés de travailler très tôt pour aider les pères et mères afin de s'occuper des plus jeunes.

À cause de la polygamie, certaines parties de l'Afrique sont très peuplées alors que les ressources ne sont pas conséquentes. Cette situation accentue la misère et un important exode vers les centres d'affaires. Or, ces centres d'affaires ne peuvent absorber toute cette main-d'œuvre non qualifiée qui non seulement fait baisser les salaires, mais crée de l'insécurité. C'est le cas des grandes métropoles telles qu'Abidjan ou Lagos où les jeunes hommes et les jeunes filles sont prêts à faire n'importe quel travail tel que le portage, la coupe du bois de cuisine, le « pousse-pousse », etc. juste pour avoir un repas.

Un autre poids de la tradition est lié aux pratiques religieuses. Les interdictions ne s'expliquent pas, mais leur respect ne permet pas l'épanouissement de la population. Par exemple l'interdiction de manger du porc, du gibier, du cheval, etc. alors que les pays n'ont pas suffisamment de bœufs ou de moutons à des prix abordables pour la population. Ainsi la famine est plus criante dans les pays musulmans d'Afrique Subsaharienne que dans les pays non musulmans. Dans un même pays, il y a des Communautés qui sont bien nourries alors que d'autres connaissent des carences à cause des différences alimentaires. En comparant 4 pays d'Afrique Subsaharienne : la Côte d'Ivoire, le Nigeria, le Niger et le Mali, on constate que le manque de nourriture est plus important, voire même la famine, au Niger et au Mali qu'au Nigeria et en Côte d'Ivoire. Dans un pays comme le Nigeria, la population a plus faim dans le Nord musulman que dans les autres zones de ce pays. On remarquera la même chose en Côte d'Ivoire : plus on monte vers le Nord à la frontière du Mali, plus les offres de nourriture se raréfient. Or, la nourriture est primordiale dans le développement moteur et intellectuel des enfants qui constitueront la main-d'œuvre future ou les cadres. Cette réduction de l'offre alimentaire n'est rien d'autre que des interdictions qui ne sont pas forcément expliquées. Il y a aussi le fait que la tradition interdit souvent certaines activités qui pourraient être des sources de revenus importantes dans un pays où la plupart des personnes n'ont pas la chance d'aller à l'école. Par exemple, l'élevage du porc est interdit par bon nombre de personnes dans les pays ou zones réputés être musulmans. C'est la même chose pour l'ouverture de bars ou autres débits de boissons.

En Afrique, il y a beaucoup de tabous qui constituent de véritables sources de tensions et de retards économiques. Il y a par exemple le problème des forêts sacrées. Souvent, ces forêts sacrées regorgent d'énormes richesses du sol et du sous-sol. Cela est un problème parce que si les populations elles-mêmes ne peuvent violer ces forêts, elles laissent souvent les étrangers l'exploiter en se disant que si ce sont les étrangers qui l'exploitent, la malédiction ne pourrait être réalisée. Souvent, cela met en conflit une partie de la population concernée contre l'autre. Mais seuls les étrangers qui violent ces forêts sacrées en tirent bénéfice, alors que la population locale pourrait le faire. Le problème n'est pas le fait que la forêt soit sacrée, mais pourquoi est-elle réputée inviolable ? Dans la plupart des cas, aucune explication n'est fournie.

C'est aussi le cas des problèmes liés aux castes dont aucune explication n'est donnée, ou du moins des explications qui n'acceptent pas d'être remises en cause. La plupart des sociétés africaines sont divisées en castes. Cela signifie une répartition de la société où la destinée de chaque individu dépend de la caste à laquelle il appartient. Par exemple au Mali, les personnes appartenant à la caste des Griots ont pour destinée la transmission de la parole. Cela doit se faire par la musique, par des interventions publiques, en étant le porte-parole d'une autre caste. En Côte d'Ivoire, il y a la caste des Forgerons, essentiellement dans le nord. Le problème de caste constitue un retard pour les individus, même si dans la plupart des États, les dirigeants politiques tentent d'inverser cette situation. Les castes restent encore un phénomène très dominant en Afrique Subsaharienne. Cela empêche les personnes de changer de métier ou de prendre une autre voie professionnelle et crée un sentiment de stagnation sociale où chacun reste dans son domaine sans tenir compte de besoins futurs du pays. Longtemps, ce phénomène a été dénoncé par l'écrivain Seydou Badian Kouyaté (1972) qui lui-même appartenait à la Caste des Griots du Mali.

Les autorités traditionnelles et le droit de propriété en Afrique Subsaharienne

Les autorités traditionnelles et le droit de propriété sont le fondement des Communautés de l'Afrique Subsaharienne. Les modes d'administration des Communautés sont différents selon les sources du pouvoir des Chefs traditionnels qui sont des Chefs ethniques et des Chefs de Communautés. Si l'on veut connaître le cadre de l'implication de la Chefferie traditionnelle dans l'intérêt de la population, il faut connaître l'étendue de son pouvoir. Ensuite, il y a l'aspect des droits de propriété qui est spécifique à l'Afrique. Ce droit de propriété a une contrepartie qui est l'obligation de contribuer à l'effort collectif. Chaque individu dans ce cas, n'est plus un homme égoïste, mais un homme généreux et reconnaissant envers son ethnie ou sa Communauté.

La Chefferie traditionnelle en Afrique Subsaharienne est garante du droit coutumier, notamment dans le règlement des différends, la gestion des ressources naturelles et le développement local. Les Chefs traditionnels par leur pouvoir sur la population influencent souvent les jeux politiques. Ils sont capables de donner des consignes de votes suivies par la plupart des membres de la Communauté, soit pour des élections locales, soit pour les élections au niveau national.

La Chefferie traditionnelle en Afrique est extrêmement hiérarchisée. Il y a une différence de structure non seulement entre les Communautés, mais aussi dans l'ensemble des Collectivités qui forment le groupe des personnes vivant dans un même endroit. La Chefferie traditionnelle a toujours existé en Afrique, mais elle a connu une autre approche durant la période coloniale. Cela a engendré quatre modes d'accession à la Chefferie : une Chefferie imposée par les colonisateurs, une Chefferie par le sang, une Chefferie par décision populaire et une Chefferie du fait de la guerre.

Durant la colonisation, un certain nombre de Chefs traditionnels ont spontanément collaboré avec les administrateurs coloniaux alors que d'autres se sont opposés à eux. Des administrateurs coloniaux ont donc imposé des Chefs traditionnels à certaines populations afin de les placer entre la population et eux. Cela a été pratiqué plus par les administrateurs français que britanniques. C'est pourquoi l'enracinement de la Chefferie traditionnelle est plus fort dans les communautés anglophones que dans les francophones et les lusophones.

La Chefferie par le sang est la succession par la lignée. Ce type de Chefferie est accepté depuis des décennies. Elle est patriarcale, sauf dans certaines cultures telles que la culture Akan (Côte d'Ivoire et Ghana) où la succession est plutôt matriarcale. C'est plutôt la descendance de la mère qui est couronnée Cheffe. Le choix pour le sang de la mère est une assurance de la pureté du nouveau Chef.

La Chefferie par le choix populaire se fait lorsqu'un Chef meurt. Les notables se réunissent pour choisir le remplaçant parmi ceux qui ont entouré le Chef de son vivant. Ce n'est pas un vote à main levée comme dans une assemblée nationale, ni un vote à bulletin secret. C'est un processus qui vise à se convaincre mutuellement. Tant que le consensus n'est pas trouvé, les pourparlers continuent des jours et des jours, voire des mois. Dès qu'un successeur est trouvé, le tambour sacré résonne et une grande fête est organisée à la mesure de l'évènement.

Quelquefois, le Chef est imposé par la force. Même si ce cas semble être rare de nos jours, certains Chefs le sont parce qu'ils ont vaincu le village ou toute la Communauté. C'est le cas en général dans les Communautés touarègues dans le Nord du Mali, du Niger et au Sud-Ouest de la Mauritanie.

Mais, tout comme dans un État moderne, la Chefferie traditionnelle possède elle aussi son cadre organique bien hiérarchisé. Il y a d'abord des rois. Les Rois en Afrique sont des Chefs divins notamment dans les zones forestières. Dans la zone sahélo-saharienne, ce type d'autorité n'existe pas. La royauté est très fréquente dans les pays tels que le Ghana, le Nigeria, le Liberia, etc. Ces rois sont entourés de princes sensés les succéder. Ils ont le droit de vie et de « mort » sur les membres de la Communauté. Ici, on entend par« mort » le fait de ne plus exister pour la Communauté, d'être banni et de ne plus jamais revenir dans la localité.

Il y a les Chefs des Communautés et les Chefs des groupes ethniques. Les premiers ont souvent sous leur subordination les Chefs ethniques qui eux-mêmes représentent un groupe parlant la même langue. Les Chefs de famille, contrairement à l'approche occidentale, sont de véritables Chefs. Ils ne sont pas seulement les Chefs d'une fratrie, mais des familles élargies qui souvent constituent un seul campement. En effet, dans certaines Communautés d'Afrique, un hameau peut être constitué par une seule grande famille. Le Chef de cette famille est en même temps le Chef du hameau. C'est pourquoi ils sont intégrés dans la hiérarchie de la Chefferie traditionnelle.

Il est reconnu que les Africains continuent de pratiquer les religions traditionnelles à côté des religions importées. Les religions opèrent à tous les niveaux de la société en Afrique Subsaharienne. Deux religions cohabitent donc en Afrique Subsaharienne : les religions monothéistes et les religions polythéistes. Il faut remarquer que le judaïsme est quasiment inexistant sur l'ensemble du continent, sauf en Éthiopie où les Falachas, une Communauté particulière descendant de la Reine de Saba, pratiquent ce culte. Les protestants, les catholiques et les musulmans sont les plus nombreux. La religion chrétienne est plus pratiquée dans les zones forestières alors que les zones sahélo-sahariennes sont en grande partie musulmanes. Cette répartition des religions selon les zones géographiques est due au fait que l'Islam est entré en Afrique par le Nord, à partir du Maghreb. Mais les Arabo-Berbères ont été stoppés par les Forestiers qui connaissaient mieux le terrain que les guerriers islamiques. C'est pourquoi l'Islam a eu du mal à traverser les forêts africaines. Sa propagation est due aux migrations internes à l'Afrique et dans un même pays. En réalité, l'Islam est rentré en Afrique par la force et le Christianisme par la ruse.

Il reste qu'une grande partie de la population africaine est animiste ou communément appelée polythéiste. Ces religions polythéistes sont très répandues et sont couvertes de secret. La peur du fétiche est encore présente. Cela donne de très grands pouvoirs aux tenants des forces mystiques.

Tout comme en Occident, les églises catholiques sont dirigées par les prêtres. En général, les prêtres en Afrique Subsaharienne n'ont pas beaucoup de pouvoirs. Ils célèbrent les messes et les baptêmes. Les seuls pouvoirs que détiennent les églises catholiques en Afrique Subsaharienne s'exercent au travers des écoles catholiques qui ont une très grande réputation à cause de la qualité de leur enseignement et l'encadrement des élèves. La branche du Christianisme qui progresse en Afrique Subsaharienne est la religion protestante à travers les églises du réveil venues des États-Unis. Les pasteurs ont du pouvoir en Afrique Subsaharienne : tantôt prêcheurs, tantôt guérisseurs et souvent voyants, ils attirent plus de fidèles que l'Église catholique. Les pasteurs ont su s'adapter aux besoins en spiritualité des Africains subsahariens. Ils interviennent même dans les familles lorsqu'il y a un différend familial ou lorsque certains se disent possédés par le diable.

Tout comme les pasteurs, les Chefs musulmans qui sont représentés par les Imams et les Marabouts ont une grande influence sur la population locale. Mais il y a une confusion entre l'Imam et le Marabout pour un grand nombre de personnes. L'Imam dirige la prière dans les mosquées ou fait des prêches publics ; l'audience enregistre même ses paroles afin de les réécouter régulièrement. C'est un mode de vie, il y a même des supports audio qui sont vendus sur les marchés. À l'inverse, le Marabout ne dirige pas la prière et ne fait pas non plus de prêches, mais il fait partie des personnes à qui l'on attribue le pouvoir d'utiliser la parole du Prophète pour guérir ou pour lancer des « mauvais sorts ». C'est pourquoi il y a un véritable sentiment de peur à l'égard de ces Marabouts que l'on n'ose même pas critiquer en leur absence de peur qu'ils l'entendent par télépathie. Dans certains pays tels que le Sénégal, la Guinée Bissau ou la Gambie, les Marabouts sont au début et à la fin de tout ce que les gens entreprennent et même les élites se prêtent à ce système.

Néanmoins, en Afrique Subsaharienne, les plus grands pouvoirs sont attribués aux Chefs des religions polythéistes qui sont dotés de pouvoirs surnaturels. Ils peuvent communiquer, semble-t-il, avec les morts ; ils sont capables de guérir les malades et d'éloigner les mauvais sorts. Tout cela est reconnu par presque l'ensemble des populations des pays d'Afrique Subsaharienne. En plus, il y a un paradoxe : les pratiquants des religions monothéistes ont le plus souvent recours aux Chefs des religions polythéistes. Cela signifie qu'il y a une dualité dans les pratiques religieuses en Afrique Subsaharienne, contrairement à l'Afrique du Nord. Néanmoins, les pays d'Afrique Subsaharienne ont du mal à valoriser ces religions. La plupart des gens se cachent aujourd'hui pour pratiquer ces religions à côté du Christianisme et de l'Islam, car l'influence extérieure a été très forte.

Le droit de propriété est aussi régi par la coutume. Ce qui signifie qu'en Afrique, en cas de conflit, soit les requérants vont vers les juridictions, soit ils vont vers les Chefs coutumiers. Selon les pays, le Droit coutumier peut être marginal ou occuper une place très importante (E.R. Mbaya, 1990). Dans la plupart des coutumes africaines, les ressources appartiennent aux autochtones. C'est d'ailleurs l'origine de nombreux conflits tels que dans l'Est de la République Démocratique du Congo où la population pense que l'État et les Firmes Multinationales volent leurs ressources. Pour ces populations, tout ce qui est sur le territoire appartient seulement aux populations autochtones.

Cela signifie aussi une reconnaissance des droits non écrits résultant des pratiques et entretenus par la société traditionnelle qui considère ce droit comme une émanation des ancêtres. Le droit moderne passe, dans ces conditions, au second plan. Le droit coutumier a existé bien avant l'arrivée de la colonisation. C'est pourquoi les conservateurs africains sont très réfractaires au droit moderne parce qu'il projette l'image du colon. Le droit de propriété occidental est individualiste, alors que le droit de propriété coutumier est communautaire. Le droit de propriété coutumier ne reconnaît pas l'individu, par exemple la terre appartient à telle ou telle Communauté et cette terre est réattribuée à un individu sans lui conférer le droit d'en être le véritable propriétaire. La Communauté prête la terre à l'agriculteur. Il n'y a pas de primauté du droit de propriété écrit sur le droit de propriété coutumier parce que ce dernier régit encore les rapports quotidiens dans les Collectivités Territoriales.

C'est pourquoi la notion de bien commun est particulière. Cela signifie que toute la population est propriétaire de ce qui se trouve sur le périmètre d'occupation. Tous les biens peuvent être intégrés dans le droit de propriété commun. Cela commence par les terres qui souvent appartiennent à une ethnie ou à une Communauté. Ainsi, ces terres ne sont pas à vendre, mais elles sont attribuées à un membre de l'ethnie ou de la Communauté pour la cultiver ou y habiter. Lorsqu'un garçon arrive à l'âge adulte, après son mariage, il lui est attribué un bout de terre. La terre est attribuée et réattribuée par les Chefs à l'issue d'un Conseil avec les notables.

Il y a le cas des Peulhs, éleveurs nomades vivant au Mali, au Niger ou au Cameroun qui n'ont pas de terre. Pour mettre en pâturage leurs animaux sur les terres des agriculteurs, les Peulhs doivent payer tribut aux propriétaires des terres. C'est-à-dire que les Peulhs donnent des animaux à la population. Ces animaux sont tués et la viande est partagée entre tous les habitants. Cette Communauté de propriété s'applique aussi aux investissements. Lorsqu'une Communauté construit un puit, ce dernier est la propriété de la population, seulement les étrangers sont obligés de payer tribut pour faire boire leurs animaux. Ainsi, la notion de bien privé n'existe que dans les grandes métropoles d'Afrique Subsaharienne.

L'essentiel des ethnies et des Communautés d'Afrique Subsaharienne repose sur l'effort collectif parce que les pouvoirs publics ont disparu dans la plupart de ces pays. Lorsque les forces de l'ordre sont envoyées dans une zone urbaine, les agents trouvent toujours le moyen de soutirer de l'argent aux populations locales et non de les protéger. Il n'est pas rare de voir les forces de l'ordre mettre une contravention imaginaire à une personne sans en contrepartie lui fournir des preuves du paiement de sa contravention.

L'argent reçu va directement dans les poches du gendarme, du policier ou de l'agent des eaux et forêts. Les forces de l'ordre en Afrique sont plutôt des problèmes pour les populations rurales ; leur rencontre n'inspire pas confiance. Cela signifie que ces populations ne peuvent pas compter sur l'État. Tout le fonctionnement des ethnies et des Communautés repose donc sur la solidarité qui est une obligation, d'une part morale, d'autre part une condition du maintien dans la Communauté.

La solidarité est une forme d'organisation créée autour des valeurs morales et aussi la peur d'être rejeté par la société si l'on ne participe pas l'effort collectif. Cette solidarité s'exprime à travers la coopération, la famille, l'altruisme et le sacrifice individuel au profit du groupe. La solidarité est envisagée comme une solution à la paupérisation croissante des populations et particulièrement aux problèmes de redistribution intégrale des richesses, d'où sa généralisation dans toutes les localités en Afrique Subsaharienne en tant que réseau constitutif institutionnalisé et comme fondement d'un système social qui a toujours existé. Cependant, loin d'être la panacée pour le problème du sous-développement, la solidarité dans les Communautés africaines devient une pratique culturelle, un réflexe inscrit dans les mœurs. Pour chaque habitant, qu'il soit à l'intérieur ou dans la diaspora, la solidarité semble être le seul moyen indiqué pour sortir les ménages pauvres de leur état de misère. C'est cela le côté moral dont il est question. Une autre question se pose alors : peut-on se réclamer d'une Communauté sans participer à cette solidarité ? Cette solidarité est à la fois morale et aussi obligatoire parce que les conséquences de son non-respect sont l'exclusion pour l'individu et la marginalisation pour sa famille. Par exemple, dans la région de Kayes (Est de la République du Mali) les immigrés qui refusent de participer aux envois d'argent sont pour la plupart marginalisés dans les foyers d'immigrés en France. En outre, ils ne peuvent participer à aucun évènement sur place : baptême, mariage, levée de corps lors d'un décès. Ils ne peuvent bénéficier d'aucune aide financière lorsqu'ils repartent au pays. En effet, pour chaque immigré de la Région de Kayes qui part en vacances au Mali, les ressortissants de la région cotisent pour lui venir en aide sachant qu'il aura beaucoup de dépenses à effectuer dans sa famille d'origine et de l'argent à distribuer à certains membres de la Communauté comme les anciens. Cette solidarité est transmise aussi aux enfants nés à l'étranger par leurs parents immigrés. En France, notamment en région parisienne, il existe de nombreuses associations ethniques et communautaires qui transmettent cet état d'esprit à la première, voire la deuxième génération d'enfants nés sur le sol français.

Donc, comment concilier les soucis d'accès au réseau de solidarité traditionnelle d'une part et le désir légitime de modernité d'autre part ? La solidarité dans les Communautés d'Afrique Subsaharienne telle qu'elle est connue de la plupart des personnes n'est pas un phénomène nouveau. Mais il ne s'agit pas de se mettre ensemble pour cultiver le champ d'une personne seule ou une personne dont la famille est peu nombreuse, il ne s'agit pas non plus de cotiser pour aider une personne à se nourrir. Les populations rurales ont adopté une solidarité qui bénéficie à tous à la fois : ce sont les nouvelles formes de tontine qui vont directement au développement local ou aussi une partie des rémittences qui sont destinées au bien-être de toute la population locale à travers les associations des immigrés dans les pays d'accueil. Ce sont aussi des mutuelles payées aux médecins de campagne qui s'occupent systématiquement des habitants et dont les ressources proviennent des immigrés. Ce système de mutuelles à distance est entrain de gagner du terrain dans les grandes villes africaines. Le médecin devient le collecteur des fonds de la mutuelle et en même temps le prestataire de service. Pour les grandes villes, les immigrés envoient de l'argent tous les mois à un médecin ou à un cabinet médical. Dès qu'un membre de la famille tombe malade, il est pris en charge par ce médecin. Dans les campagnes, outre les médecins de campagne, les Associations de Santé Communautaire se multiplient grâce aux financements des immigrés.

Ainsi, la solidarité en Afrique Subsaharienne qui a pris forme dans les sociétés traditionnelles se propage à travers les sociétés modernes et plus particulièrement dans la périphérie des grandes villes. Elle a pris de l'ampleur sous différentes formes ces dernières décennies. L'engagement des populations locales et leur participation active deviennent un élément important de l'efficacité de cette organisation. Le concept d'implication à la réciprocité, qui permet de rendre compte du lien particulier que les individus entretiennent à l'intérieur de l'organisation, constitue un cadre adapté à la compréhension de la persistance de ce phénomène. L'implication dans une organisation de Solidarité apparaît de plus en plus actuellement comme une notion fédératrice où des liens particuliers sont tissés dans différents cadres financiers ou non financiers.

La typologie des Communautés et des ethnies

La culture et la société africaine subsaharienne ne sont pas uniformes. L'étude des Communautés et des ethnies en Afrique Subsaharienne est très complexe. Il y a beaucoup de Communautés et chaque Communauté a sa spécificité. Néanmoins, les Communautés partagent souvent les mêmes particularités. Ce qui laisse la possibilité d'établir une typologie. À partir du même raisonnement, on obtient une classification des groupes ethniques en attribuant à chacun d'eux des éléments de caractères à partir des comportements collectifs. Ensuite en se référant aux comportements collectifs, on peut affirmer que les Sahéliens sont différents des Forestiers et que les liens sont différents selon les Communautés.

En Afrique, il y a une différence de comportement selon les zones géographiques. Cette différence mérite d'être soulevée, car elle participe aux échanges entre ces zones et l'extérieur. En d'autres termes, la perception des étrangers est différente selon le lieu où l'on se trouve. En fonction des endroits, la population est plus ou moins méfiante à leur égard. Cela est lié à l'histoire des Communautés. La plupart des chercheurs lient cette méfiance à plus de 400 ans de commerce des esclaves en Afrique (N. Nunn, 2008). Les normes de méfiance dominent les normes de confiance, et donc il est plus fréquent que les négociations soient difficiles. Dans certaines Communautés et zones géographiques, les Chefs coutumiers ont été accusés d'avoir souvent été des marchands d'esclaves, ou d'avoir été forcés de vendre leur propre peuple comme esclaves. La population est méfiante envers la gouvernance traditionnelle, la politique et en particulier les dirigeants locaux. Cette méfiance s'est érigée en culture.

La notion de la culture est tirée ici de la recherche en anthropologie évolutive qui considère la culture comme une règle de prise de décision employée dans un contexte incertain ou dans un environnement complexe. Différentes règles comportementales évoluent à travers un processus naturel de sélection déterminé par différentes règles de base (R. Boyd & R.J. Peter, 2005). Dans ce cadre, il faut dire que l'environnement passé (traite négrière, colonisation) a augmenté la culture de la méfiance, provoquant une culture plus grande du repli sur soi. Ainsi, plus on s'éloigne des côtes et du désert, plus on rencontre une grande méfiance. Les effets en sont des mouvements de fuite vers les zones forestières afin d'être en sécurité.

Une autre explication de la persistance de la méfiance est ancrée dans l'existence d'un conservatisme culturel. Les individus héritiers d'une culture ancestrale font le choix de la sauvegarde de cette culture. À travers ce choix, les relations avec l'extérieur seront vues comme un choc négatif entraînant un faible niveau de confiance, surtout à l'égard des individus qui s'engagent dans un cadre relationnel avec l'étranger. Ces sociétés restent piégées dans un équilibre non coopératif.

Bien que l'Afrique ait connu une évolution politique et culturelle depuis la décolonisation ; les sociétés africaines restent piégées dans des équilibres de confiance faible à mesure que l'on avance dans le continent parce que cette peur ne s'est pas complètement dissipée. Cette explication est conforme à la présomption dominante selon laquelle des changements culturels se produisent lentement (A. Bisin & V. Thierry, 2000 ; 2001 ; 2008). Ainsi, les Saheliens sont moins méfiants que les Forestiers en Afrique et cela est dû à l'histoire de la lutte contre la pénétration étrangère. Par conséquent, la culture dans le Sahel ou sur les Côtes est plus ouverte au partenariat que dans la culture forestière. Les évènements historiques peuvent avoir des effets importants sur le développement économique à long terme (D. Acemoglu & al., 2001 ; A. Banerjee & I. Lakshmi, 2005 ; James D. Feyrer & S. Bruce, 2009 ; E. Huillery, 2008).

Une autre explication est que certains groupes ethniques forestiers ont aidé à la conquête du territoire des autres groupes ethniques qui avaient initialement des niveaux de méfiance forte et continuent à persister aujourd'hui. Il est important de comprendre que l'accent est mis sur les déterminants historiques à long terme de la culture et que les normes de comportements ne signifient pas que les déterminants à court terme ne sont pas importants. En outre, les Communautés sahéliennes ont la réputation d'être un peuple accueillant, car il a une tradition de mobilité. La notion de mobilité a toujours façonné les sociétés sahéliennes. Ces mobilités englobent tous les types de mouvement, y compris les voyages, les explorations, les migrations, le pastoralisme, le nomadisme et le commerce. Dans ses formes, la mobilité est essentielle à beaucoup de personnes et est même un moyen de survie pour certains. Elle est culturellement et socialement intégrée dans la société et dans les actions de chaque individu.

Donc, être mobile ou vivre dans une culture où beaucoup d'individus sont mobiles donne une énorme flexibilité culturelle, sociale et économique (M. De Bruijn & al., 2001). C'est une notion importante quand on pense à la mobilité comme une caractéristique inhérente des sociétés sahéliennes. Ces zones comme connectées des autres régions et non marginales en termes économiques ; ce qui conduit à un autre regard sur la relation entre les personnes et les ressources dans ces zones. Considérer la mobilité comme un facteur important d'extraversion est important si l'on considère le développement récent des investissements en Afrique de l'Ouest, créant de nouveaux espaces sociaux ou économiques, une culture et une socialisation négociées en dehors du système formel constituant un circuit économique.

Les espaces sociaux sont au centre des économies sahéliennes. Les ressources ne sont plus définies comme étant fixées en une place, mais sont considérées comme partie d'une chaîne de relations. Le commerce en zone sahélienne a toujours signifié beaucoup plus que le transport de marchandises d'un endroit à l'autre, cela implique l'échange d'idées et de personnes. La mobilité et la spatialité sont si importantes qu'elles influencent les relations entre la société et les ressources, ce qui amène à un espace accueillant.

La Communauté est constituée d'un ensemble d'ethnies liées par un intérêt matériel ou moral. Il y a des cas aussi où une Communauté est formée d'une ethnie seule. La Communauté ne doit pas être prise dans un cadre spatial. Par exemple, la diaspora est une extension des Communautés alors que les membres composant cette diaspora vivent à des milliers de kilomètres de leur espace d'origine. Le lien entre les Communautés peut être fort ou faible selon la composition de la Communauté et son histoire. La force des liens signifie que les individus construisent des relations, et que toutes ces relations par définition indiquent le degré de lien entre les personnes et les groupes et entre les groupes eux-mêmes. Cette relation implique un degré de force ou de faiblesse, qui constitue lui-même, une garantie et une confiance au sein des ethnies et des Communautés.

Dans certaines Communautés, le lien est tellement fort qu'on peut s'attendre à ce que les réseaux soient denses, parce que cette densité de réseau facilite le partage des normes même à l'extérieur de la localité. Les Communautés ayant un lien fort sont caractérisées par la reconnaissance et la légitimité d'un seul leader qui peut être un Roi, un Prince, un Chef traditionnel ou un Chef religieux. Les leaders peuvent également être appréciés parce qu'ils fournissent un sentiment de continuité et de stabilité. Ils peuvent servir d'intermédiaires pour veiller à ce que le changement se produise d'une manière ordonnée (M.J. Williams, 2004 : 121).

Un fait frappant dans les Communautés ayant un lien fort est que les sphères géographiques de l'autorité des règles traditionnelles ne sont pas essentiellement localisées à la localité d'origine, mais que le leader traditionnel a une compétence sur l'ensemble des ressortissants, quel que soit l'endroit où ils vivent. Il faut souligner ici l'importance de l'expansion du réseau dans ce type de Communautés. La distance géographique n'affecte donc pas le maintien du réseau. En Afrique, les leaders dans les Communautés mono-ethniques sont de véritables représentants de l'intérêt commun. C'est le cas du Royaume du Sanwi au Sud-Est de la Côte d'Ivoire où l'État ivoirien avait un seul interlocuteur pour négocier afin de construire les deux barrages hydroélectriques dans le village d'Ayamé. Or à Ayamé, il y a un Chef de village, mais ce Chef de village a considéré que le Roi du Sanwi était la personne indiquée pour défendre les intérêts de la Communauté.

La solidité des liens peut servir de variable pour les Communautés. Les liens solides se construisent autour d'une seule personne (un Roi, un Chef traditionnel, un seul Chef religieux). Ces leaders sont le plus souvent utilisés en tant qu'outils pour atténuer les risques et soutenir les investissements. La culture collective est la base de la force de ces liens, elle permet d'équilibrer les liens solides entre les membres (à l'intérieur et à l'extérieur). Il y a donc un lien entre la culture et les réseaux. P. Bourdieu (2001), K.M. Carley (1991) et N.P. Mark (2003) élaborent un modèle, en expliquant comment le capital culturel peut être traduit en capital social (réseau). Selon ce modèle, la probabilité de formation d'un lien social augmente avec la similitude culturelle des personnes impliquées. Réciproquement, le lien social, grâce à une interaction accrue, renforce cette similitude.

Or dans certaines Communautés où le lien est distendu, les autorités traditionnelles sont incapables de fédérer tous les ressortissants autour d'une seule institution, parce qu'influencée par la diversité ethnique, tribale et la diversité des croyances. On voit ici la Communauté, pas comme une entité monolithique, mais comme un mélange d'interactions de ses membres ainsi qu'entre les membres et les non-membres. Elle offre des incitations (comme la sécurité, la prospérité, le statut) ou menace les autres (violence, contestation, opposition armée, guerre tribale). Les incitations ne sont pas seulement de nature matérielle, mais symbolique à travers des mythes, des traditions, des religions. Les différentes organisations dans un même espace peuvent également donner leur sens à la vie de leurs membres. Comme chaque personne est généralement membre d'une seule ethnie, elle ne répond qu'aux seules règles du leader de cette ethnie.

Dans ce type de Communautés, aucune ethnie ni groupe ne peut établir une hégémonie claire de l'élaboration des règles ; les stratégies peuvent être problématiques. Les individus ont alors des stratégies de survie. Lorsqu'une personne quitte un groupe, elle a du mal à se faire accepter par un autre, ce que J. Migdal (1988) qualifie de « contrôle social du comportement ». En général, le rapport entre les groupes n'est pas caractérisé par la domination de l'un sur l'autre, bien que cela puisse se produire dans certaines circonstances. En fait, les entités s'influencent entre elles. La fragmentation du tissu social rend impossible une force convergente. Une telle société entrave la mise en œuvre efficace des politiques au niveau local et entraîne une situation où la lutte pour le contrôle devient un conflit très complexe qui se déroule sur de nombreux fronts. Un groupe social peut s'allier à des forces extérieures au territoire contre d'autres groupes sociaux. Des groupes à l'intérieur peuvent s'unir pour résister.

Dans les Communautés ayant un lien faible, le réseau est fort à l'intérieur des ethnies, mais faible au niveau communautaire, c'est-à-dire hors du lien ethnique. Les conflits détruisent aussi les réseaux et transforment les liens forts en liens faibles. C'est le cas au Nord du Mali où le lien communautaire était très fort entre les Touarègues et les Sonrhaïs. Du fait de l'arrivée des Djihadistes dans le Nord du Mali, ce lien s'est distendu. Les Sonrhaïs accusent les Touaregs d'avoir soutenu l'arrivée des Djihadistes et d'avoir collaboré pour prendre le contrôle de Gao, la capitale régionale, en juin 2012. La guerre remet même en cause la légitimité de la gouvernance traditionnelle. En général, après les conflits, les Communautés tentent de mettre en place une autorité provisoire afin d'organiser leur vie. Les Communautés seront, dans ce cas, en proie à une méfiance réciproque et des divisions entre les fractions ethniques et religieuses se feront sentir.

******

Les caractéristiques de l'économie en Afrique Subsaharienne

Une attention particulière est accordée aux questions permettant de comprendre l'état actuel de l'économie d'Afrique Subsaharienne. Le débat se concentre sur la faiblesse de cette économie alors que le continent est riche en matières premières et en même temps, la demande dans ce domaine est très forte à cause de l'arrivée des pays émergents sur le marché des produits finis. Un certain nombre de problématiques qui contribuent à freiner l'économie de cette région est passé en revue, ce que D. Rodrik (2002) et D. Acemoglu & al. (2001b) appellent les « obstacles institutionnels ».

En outre, pour justifier la faiblesse des États de l'Afrique Subsaharienne, on montre aussi que l'économie de la zone est basée sur les rentes des matières premières et que la production locale est encore de type subsistance. Enfin, il y a aussi la problématique de la non-intégration des économies de la région qui est un facteur important qui fait que les capitaux étrangers y sont dominants. Évidemment, cette question est connue d'avance, mais si l'on veut comprendre les caractéristiques de l'économie en Afrique Subsaharienne, elle devient incontournable.

Les économies semblent donc être de type traditionnel, même si ces dernières années il y a eu des progrès ; progrès qui se sont illustrés par des créations ou des transformations d'activités économiques en véritables entreprises. Mais cela reste encore très timide compte tenu de ces « obstacles institutionnels » évoqués en amont. L'indépendance dans les années 60 n'a pas permis à l'Afrique Subsaharienne de réorganiser au mieux son économie. D'ailleurs, certaines personnes sur le continent se demandent à quoi a servi l'indépendance d'autant plus que l'objectif était de mieux se structurer après le départ du colonisateur. On a plutôt opté pour l'argent facile.

La faiblesse des États en Afrique Subsaharienne

La question de la fiscalité et du budget des pays d'Afrique Subsaharienne est abordée ici. Cette question a toujours été la préoccupation des institutions de Bretton Woods qui sont les partenaires privilégiés de l'Afrique. La fragilité de la fiscalité et des budgets de ces pays est un indice essentiel aux difficultés d'honorer un certain nombre d'engagements financiers. À cela s'ajoute le faible état de droit, la corruption, la faible légitimité, l'instabilité politique et les guerres.

L'Afrique Subsaharienne souffre de sa faible capacité à améliorer la perception des impôts et des taxes ou encore à élargir les bases de l'imposition qui restent encore étroites. Les pays d'Afrique perçoivent des recettes fiscales bien inférieures à leurs revenus nationaux totaux, contrairement aux pays occidentaux. Ainsi, en l'absence de revenus fiscaux conséquents, les États d'Afrique Subsaharienne sont limités dans leurs dépenses publiques et ne peuvent donc pas satisfaire aux besoins fondamentaux de la population et remédier aux facteurs du sous-développement. Le problème de l'Afrique Subsaharienne est sa gouvernance. Si le continent veut augmenter ses recettes fiscales, il doit faire des efforts dans son mode d'organisation.

La fragilité fiscale en Afrique Subsaharienne affecte l'équilibre budgétaire accordant la priorité aux salaires, laissant de côté les dépenses essentielles telles que l'éducation ou la santé. La plupart du temps, les recettes fiscales ne sont pas totalement intégrées dans le processus budgétaire, d'autant plus que les États ne sont pas sûrs de leur collecte. En conséquence, les États font une prévision à la baisse dans leurs budgets afin de demander des appuis budgétaires à des pays partenaires ou à des Institutions Internationales. En réduisant les recettes fiscales dans les budgets, les États de l'Afrique Subsaharienne obtiennent des financements, mais en même temps creusent leurs déficits budgétaires ; ce qui rend leurs dettes moins attractives. C'est-à-dire que les pays ou les institutions non-partenaires vont prêter de l'argent à un État d'Afrique Subsaharienne afin de boucler son budget et de faire face aux dépenses sociales. Sauf que cet apport financier s'inscrit dans les dettes devant être payées sur le budget suivant. Ces pays vont s'enfermer dans un endettement exponentiel qui fait que leurs dettes n'intéresseront pas les marchés financiers à cause du risque de cessation de paiement à long terme. Intégrer les recettes fiscales dans leur totalité dans le processus et soumettre les fonctionnaires aux obligations de recettes pour améliorer l'efficacité fiscale et atténuer les déficits budgétaires est une solution si les pays d'Afrique Subsaharienne veulent faire face à un endettement exponentiel. Mais cela peut aussi provoquer un soulèvement populaire, surtout pour des démocraties jeunes où les coups d'État militaire ne sont pas totalement à écarter comme c'était le cas au Mali le 21 mars 2012, alors que le pays est démocratique depuis 1992.

L'un des problèmes des pays de l'Afrique Subsaharienne est le fonctionnement de sa justice, en l'occurrence l'état d'impunité et l'absence de responsabilité. Tout d'abord, les magistrats ne sont pas recrutés par une procédure claire et la plupart des Conseils de Magistrature sont acquis au pouvoir en place ou aux grandes familles. Donc, l'indépendance de la justice est très limitée en Afrique Subsaharienne. Les magistrats sont ainsi choisis en fonction de leur affiliation politique ; ce qui fait qu'en cas de violation des droits de l'homme par le pouvoir en place, la justice ne peut lire le droit. Malgré l'avènement de la démocratie dans les années 90, la performance judiciaire reste encore un problème.

Il y a aussi beaucoup de guerres en Afrique et cela affaiblit les institutions et l'état de droit. Les guerres provoquent les violences, l'insécurité et les déplacements des populations. Ce cocktail réuni a pour conséquences des abus sexuels et des abus des droits de l'homme.

En plus de la corruption, l'Afrique Subsaharienne fait partie des pays où les élites politiques et les cadres de l'Administration Publique détournent beaucoup d'argent. Ces pays sont considérés comme les pays les plus corrompus au monde. La corruption est tellement pratiquée en Afrique Subsaharienne qu'elle fait partie des habitudes.

Quand on parle de corruption sur le continent, les fonctionnaires corrompus vous répondent que cela sert à fluidifier une procédure, en d'autres termes à faire avancer plus facilement un dossier ou une procédure. Les corrupteurs vous répondent que c'est pour gagner du temps. En réalité, c'est une situation acceptée par presque tous, d'autant plus que chacun peut être corrupteur un jour et corrompu un autre jour.

En réalité, tous les secteurs sont gagnés par la corruption ; de sorte que personne ne s'en cache. Dans les administrations publiques, les fonctionnaires ont instauré une bureaucratie lourde afin d'obliger les usagers à payer pour faire avancer les dossiers. Même dans les procédures les plus simples comme l'enregistrement d'un acte ou la demande de copie d'un dossier, sans un billet dans les mains du fonctionnaire, l'attente peut devenir interminable.

Dans la plupart des écrits sur l'Afrique, il y a une confusion entre la corruption et le détournement de fonds publics. Les deux phénomènes cohabitent sans être les mêmes. Le détournement de fonds, c'est le fait de s'emparer d'une quantité d'argent acquis par l'État. C'est l'argent payé par le citoyen, octroyé par un organisme bancaire ou un pays donateur. Cela commence par le sommet de l'État où les dirigeants politiques puisent dans les caisses du pays et placent les fonds dans des banques à l'étranger pour leur propre compte. Il y a aussi des rentrées d'argent public qui sont détournées par les cadres qui ne sont pas sanctionnés d'autant qu'ils font beaucoup de cadeaux aux dirigeants politiques afin d'assurer leurs postes.

L'Afrique Subsaharienne est connue pour son instabilité politique. C'est une partie du monde où il y a eu le plus de coups d'État militaires qui sont des changements brutaux à la tête des États. Certains de ces coups d'État se sont passés sans effusion de sang comme en Haute-Volta lorsque le Capitaine Thomas Sankara renverse le Président Jean-Baptiste Ouédraogo le 5 août 1983 et donne un nouveau nom au pays : Burkina Faso. Il y a eu deux coups d'État au Mali sans effusion de sang : le lieutenant-colonel Amadou Toumani Touré renverse le général Moussa Traoré le 26 mars 1991 et le capitaine Amadou Sanogo renverse Amadou Toumani Touré le 21 mars 2012. Derrière ce type de coups d'État, il y a des règlements de compte. Durant ce laps de temps, les forces de l'ordre ne protègent que les nouveaux dirigeants. C'est aussi le moment où certaines entreprises ou commerces sont pillés et/ou brulés, notamment ceux dont les dirigeants étaient proches de l'ancien régime.

Il y a aussi des coups d'État sanglants où l'objectif n'est pas seulement de renverser le régime, mais aussi d'éliminer les dirigeants politiques en place. Toutes les arrivées au pouvoir par la force donnent une faible légitimité aux différents régimes qui sont obligés d'asseoir leur pouvoir par la force de peur d'un autre coup d'État. De plus, la démocratie dans les années 90 avait suscité l'espoir d'un pouvoir légitime. Or, dans la plupart des pays, les élections sont entachées d'irrégularités. Si ce ne sont pas les bourrages d'urnes, ce sont des intimidations qui permettent à certaines personnes de devenir président. Ce sont souvent aussi des présidents qui modifient la constitution contre l'avis de la population pour se maintenir au pouvoir.

Une économie de rente et de subsistance

L'Afrique Subsaharienne est riche en ressources naturelles. L'exploitation de ces richesses constitue une manne financière, mais n'est pas forcément source de développement. Le fait d'asseoir son économie essentiellement sur l'exportation de ces matières premières rend cette économie fragile. Mais ce n'est pas le seul problème en Afrique Subsaharienne : l'économie n'est pas aussi moderne et souffre non seulement du secteur informel, mais aussi de l'absence du marché, du salariat et du poids de la famille qui rendent les activités elles-mêmes aléatoires. Cela se ressent aussi sur le système bancaire.

Le problème de l'Économie Subsaharienne est la quasi-absence des industries, notamment l'industrie de transformation des produits de base avant exportation. Seuls quelques pays tentent de rebondir dans ce domaine. Il s'agit, entre autres, de la Côte d'Ivoire, du Nigeria, du Ghana et de l'Afrique du Sud. L'absence d'usines de transformation signifie un manque à gagner pour les trésors publics d'autant plus que cette absence ne permet pas d'élargir la perception des impôts et des taxes.

Les pays d'Afrique Subsaharienne se contentent de rentes provenant de l'exportation des matières premières. Pour en tirer parti, les pays se sont fait connaître dans leurs domaines respectifs afin d'attirer les Firmes Multinationales. Par exemple, la Côte d'Ivoire et le Ghana pour le café et cacao, le Nigeria pour le pétrole, le Mali et le Burkina Faso pour le coton et l'or, le Sénégal pour l'arachide, la République du Congo pour le coltan, etc. Or ces pays avaient tout à gagner en misant sur la première étape de la transformation de ces produits avant l'exportation.

Les pays producteurs n'ont aucune maîtrise sur les prix. Ce ne sont pas eux qui fixent les prix, ils les subissent plutôt. C'est le seul domaine où les prix sont fixés indépendamment du producteur dont la seule solution est de réguler l'exploitation. Or souvent sur place, les contrats sont tellement verrouillés que ce sont les Firmes Multinationales qui exploitent les ressources, qui sont les seuls Maîtres à bord. Les prix sont fonction de la loi de l'offre et de la demande et les pays reçoivent ce qui leur revient.

Si ces pays d'Afrique se chargeaient de la première étape de la transformation, cela pourrait créer une valeur ajoutée non négligeable dans l'augmentation du Produit Intérieur Brut. L'Afrique Subsaharienne n'est donc pas en capacité de transformer ses matières premières mêmes pour ses propres besoins.

L'Afrique Subsaharienne est dominée par l'économie informelle. Les Africains subsahariens sont très dynamiques en matière de commerce et de petites industries de transformation. Mais ces activités ne sont pas comptabilisées dans le Produit Intérieur Brut, car non enregistrées dans les statistiques nationales. Cela ne signifie pas que ces personnes ne paient pas de taxes.

Les Africains subsahariens sont englués dans l'économie informelle parce que la population n'a pas le choix. La plupart des personnes suivent cette voie pour subvenir à leurs besoins d'autant plus qu'il n'y a pas de système de protection sociale ; les États ne fournissant pas de service dans ce domaine. Lorsqu'une personne a l'occasion d'avoir un petit fonds monétaire, elle se lance dans une activité afin de faire fructifier cet argent. Les bénéfices sont difficilement réinjectés dans cette activité, mais consommés. Les fonds initiaux continuent d'alimenter les activités.

Malgré tout, il existe des Petites et Moyennes Entreprises (PME) et Petites et Moyennes Industries (PMI) dont les activités sont menées dans des conditions particulières qui sont que l'Afrique Subsaharienne baigne encore dans une économie de type communautaire. Il n'existe pas de marché. Les secteurs économiques sont partagés entre les familles, les Ethnies et les Clans. Ce fait est accepté et souvent subi parce qu'il y a des barrières à l'entrée.

Aussi, les commandes publiques sont octroyées au gré à gré la plupart du temps. Il n'y a appel d'offres que lorsque la commande est financée par des Institutions Internationales ou dans le cadre d'un accord bilatéral. Les marchés publics restent une source d'enrichissement illicite des fonctionnaires et l'occasion de surfacturer les produits. La plupart des hommes d'affaires en Afrique Subsaharienne s'enrichissent le plus souvent grâce aux commandes publiques. C'est pourquoi chacun d'eux a tout intérêt à se rapprocher des élites politiques qui sont en même temps les cadres dans les différents services publics. La manière de mener les activités ne permet pas aux banques d'être au côté des hommes d'affaire des pays d'Afrique Subsaharienne. Les banques ne soutiennent pas beaucoup l'économie locale et leur place dans le Produit Intérieur Brut reste relativement faible.

D'une part, en Afrique Subsaharienne, les activités économiques ne sont pas stabilisées. Les lois dans le domaine des faillites ne sont pas assez sévères. D'ailleurs, comment peut-on dire qu'une entreprise est en faillite si elle n'a pas de comptabilité loyale et fidèle ? Le problème est que les hommes d'affaires confondent les fonds de l'entreprise et leurs deniers personnels. Dans ce cas, il est difficile de tenir une comptabilité. Or les banques ont besoin d'un bilan comptable pour collaborer avec les entreprises.

De plus, les activités économiques déclarées sont le plus souvent unipersonnelles. Souvent, ces personnes ne présentent pas de garantie nécessaire pour obtenir des prêts bancaires. La plupart du temps, certains hypothèquent leurs biens pour accéder au financement des banques. Mais compte tenu du pouvoir de falsification de certains hommes d'affaires, les banques demandent beaucoup plus que de simples papiers ; c'est-à-dire, souvent des garanties sur fonds bancaires disponibles immédiatement sur le compte de quelqu'un d'autre ou d'une entreprise. Ces fonds doivent être saisissables immédiatement en cas de non-remboursement.

Aujourd'hui, ce sont les fonctionnaires qui bénéficient plus des prêts bancaires que les opérateurs économiques, car ils offrent plus de garanties que les hommes d'affaires parce que presque tous les salaires se font par virement bancaire, donc facilement saisissables. Alors que la plupart des transactions des opérateurs économiques se font en liquide, même si les montants sont très élevés.

Le problème des banques en Afrique Subsaharienne est donc aussi lié à cette abondance de liquidité en circulation que personne ne contrôle. On n'est même pas sûr que toutes ces liquidités soient de vrais billets. L'ampleur de ces faux billets est telle que les billets ne sont plus contrôlés de peur de déstabiliser l'économie locale. Comme ces billets ne sont pas censés sortir du pays, alors la population ne cherche pas plus loin.

En Afrique Subsaharienne, la population depuis les années 90 se tourne vers les caisses de micro-crédit après la disparition des coopératives de producteurs et de commerçants. Le micro-crédit est ainsi devenu une aide pour les personnes sans ressources voulant exercer une activité économique. Mais l'esprit même du micro-crédit tel qu'inventé par Muhammad Yunus en 1977 (prix Nobel d'Économie en 2005) est en train de changer en Afrique Subsaharienne. La prise en main de cette activité par certains opérateurs économiques locaux a fait perdre la substance de solidarité. En effet, un certain nombre d'hommes d'affaires sous couvert d'autorisation d'activités de micro-crédits applique des taux d'intérêt allant jusqu'à 50%. Mais étant donné que les agences qui appliquent ces petits taux ne sont pas nombreuses, la plupart des gens se tournent alors du côté de ces opérateurs déguisés.

À côté du micro-crédit existent les usuriers. Ce sont souvent de grands commerçants qui ont des relations dans les banques. Les banques leur fournissent de l'argent liquide au quotidien qu'ils prêtent aux personnes qui en ont besoin en toute urgence. Les taux d'intérêt dans ce cas sont très élevés, entre 50 et 100%, souvent pour quelques semaines, voire quelques jours.

Par ailleurs, il y a aussi des « Collecteurs d'épargne ». Ce type de service financier intéresse les hommes et les femmes qui exercent de petites activités informelles sur les places des marchés d'Afrique Subsaharienne. Cette initiative a commencé au Nigeria où, tous les matins, une personne appelée « Collecteur » passe récupérer une somme d'argent versée individuellement et volontairement. C'est un montant fixe et convenu d'un commun accord sans changement possible durant le mois. À la fin du mois, le « Collecteur » remet la totalité des sommes collectées, mais garde un jour de cotisation pour se faire payer. Ce mode d'épargne est devenu très populaire, notamment auprès des femmes qui ont peur de dépenser la totalité de leur bénéfice quotidien. Cette forme d'épargne permet aussi de rembourser les prêts des agences de micro-crédit.

Une économie faiblement intégrée

L'objectif ici est de montrer la faible intégration de l'économie d'Afrique Subsaharienne. Ainsi l'Afrique Subsaharienne a une économie dominée et extravertie, c'est-à-dire que la plupart des capitaux circulant dans chaque pays d'Afrique Subsaharienne proviennent des Investissements Directs Étrangers, avec une exportation forte de certaines ressources, et une concurrence des importations. Les infrastructures de transport sont encore insuffisantes et l'agriculture n'est pas orientée vers les marchés urbains, mais sert à satisfaire les demandes des autres membres de la Collectivité. En zone urbaine même, les villes sont à entassement horizontal avec des bidonvilles. Il y a aussi le phénomène de la diaspora et de l'ubiquité.

Les investissements intra-régionaux sont très peu nombreux à cause de l'indisponibilité des capitaux et d'un marché financier restreint. En Afrique Subsaharienne les différentes places financières que sont : Johannesburg Stock-Exchanges (Afrique du Sud), Nigerian Stock-Exchanges (Nigeria), Bourse de Lagos (Nigeria), Nairobi Stock-Exchanges (Kenya), Bourse Régionale des Valeurs Mobilières de l'Afrique de l'Ouest, Stock-Exchanges of Mauritius (ile Maurice), Ghana Stock-Exchanges (Ghana), Zimbabwe Stock-Exchanges (Zimbabwe) peuvent fournir des capitaux frais. Mais l'accès à ces bourses est très limité.

Les banques ont du mal à trouver leur place ou ce sont les hommes d'affaires qui ont du mal à trouver leur place au sein des banques. Quoi qu'il en soit, même si les Investissements Directs Etrangers en provenance de l'extérieur sont peu nombreux en Afrique Subsaharienne, leur montant dépasse largement les investissements intra-régionaux.

Les matières premières sont les principales sources d'intérêt pour ces investisseurs. Certaines ressources telles que le pétrole en Angola, au Nigeria, au Gabon, au Congo ou en Guinée Équatoriale sont surexploitées. D'ailleurs, la surexploitation du bois en Côte d'Ivoire et au Gabon a transformé l'écosystème dans ces deux pays. Les pays n'ont pas les moyens de réparer ces dégâts, car les rentes de matières premières sont dépensées ou détournées aussitôt que les Firmes Multinationales les versent au pays concerné.

En revanche, si l'Afrique Subsaharienne ne produit pas beaucoup de produits manufacturiers, il y a une forte demande intérieure. Certains pays restent encore sous-développés, mais il y a une augmentation des classes moyennes. Cela est dû à l'augmentation du niveau d'étude, donc d'un meilleur travail. Face à cette demande, il y a une véritable concurrence des importations, notamment des pays nouvellement arrivés sur le marché des produits manufacturiers tels que la Chine, la Corée du Sud ou l'Inde. À côté de cela, il y a le secteur des services ou les groupes se bousculent souvent au détriment des opérateurs locaux.

En ce qui concerne le parc de véhicules, l'Afrique Subsaharienne ne fabrique pas d'automobiles en série. Après les indépendances, les automobiles venaient essentiellement des anciennes métropoles. C'est ainsi qu'on retrouvait dans les pays francophones les marques Renault et Peugeot. Chaque métropole ayant gardé la main sur son ancienne colonie. Aujourd'hui, toutes les marques sont représentées, même les marques chinoises alors que ce pays ne s'est lancé dans l'automobile que ces dernières années.

L'Afrique souffre encore de l'État de ses infrastructures de transport. Les besoins dans ce domaine sont énormes. Certes, il y a quelques pays qui sont mieux que d'autres. À part l'Afrique du Sud, les infrastructures de transport ont été construites principalement pour l'exploitation coloniale des ressources minérales et agricoles. C'est l'exemple du tronçon ferroviaire Bamako - Dakar ; Abidjan – Ouagadougou - Niamey qui n'est jamais arrivé à Niamey ; du tronçon Brazzaville - Pointe-Noire (Congo), etc. L'objectif principal des réseaux routiers et ferroviaires était de relier des mines, des plantations et d'autres sites pour l'exploitation et la transformation des ressources naturelles vers les ports, plutôt que de fournir une connectivité générale dans la région. Sa densité spatiale moyenne est très faible par rapport aux normes mondiales. Le manque de moyens des États d'Afrique Subsaharienne fait que les réseaux sont très abîmés. L'entretien est sous-financé et que les conditions routières sont médiocres, tandis que le taux d'accidents de la route est très élevé. Le transport routier de marchandises est fragmenté avec très peu d'interconnexions. Certains pays ont tenté de mettre en place des concessions. Cela a réussi pour certains pays comme la Côte d'Ivoire dans le domaine des rails pour le trajet Abidjan-Ouagadougou-Tambao ou l'Aéroport d'Abidjan.

L'agriculture reste au stade de la subsistance alors que la demande en produits agricoles est grande dans les principales villes. Face à l'accroissement de la population dans les grandes villes, la demande en nourriture est très forte. Cela pourrait être compensé si l'agriculture commerciale était dynamique en zones rurales et péri-urbaines. Aujourd'hui, on ne parle plus de métropole, mais de mégalopole avec de grandes villes telles qu'Abidjan ; Lagos ; Nairobi ou encore Johannesburg. Ces villes constituent un véritable marché urbain. Les populations de ces grandes villes se tournent vers les produits d'importation, notamment les boîtes de conserve ou les produits congelés. Certes, on pourrait reconnaître aux agriculteurs africains d'avoir contribué à cette pénurie alimentaire en cultivant pour les besoins locaux, mais l'absence de routes et de disponibilité des moyens de transport fiables et peu chers sont des facteurs qui nuisent à la transformation de l'agriculture de subsistance en véritable activité commerciale.

Il suffit de voir les reportages tels que « Kenya : bidonville de Kibera à Nairobi » et des films tels que « Mon nom est Tsotsi » réalisé par Gavin Hood avec Presley Chweneyagae, Mothusi Magano pour comprendre que les grandes villes africaines s'élargissent de façon illimitée, avec ses saletés, ses violences et sa grande misère. Depuis les années 80, l'exode rural vers les zones urbaines devient de plus en plus massif. Le problème en Afrique est la très grande disparité entre les villes et les campagnes. Au niveau de l'emploi, toutes les entreprises sont installées dans les grandes villes. Les seuls emplois que l'on peut trouver dans les campagnes restent les emplois agricoles, la pêche, l'élevage et les mines, qui sont mal payés et dégradants au vu des jeunes ruraux.

Par ailleurs, ce sont les jeunes filles et les hommes qui viennent dans les grandes villes à la recherche d'un nouveau travail ou pour faire des affaires. Mais en Afrique Subsaharienne, l'État n'investit pas dans les logements sociaux. Toutes les grandes villes se ressemblent en la matière, même si un pays comme la Guinée Équatoriale investit une partie des rentes pétrolières dans ces logements sociaux modernes. Dans le reste des pays, les constructions se ressemblent. Il y a ce qu'on appelle les « cours communes » et les « individualités ». Tous ces logements appartiennent à des particuliers qui les louent au prix fort alors que la population est pauvre. Les logements appelés « individualités » sont des habitations où une personne seule ou une famille peut loger. Il s'agit d'une seule maison avec une cour de type occidental. Les « cours communes » sont un ensemble de maisonnettes de deux ou trois pièces ou des studios se faisant face. Il y a une seule cour pour tous les locataires. Il y a un local commun qui sert de cuisine à tous les locataires. Les douches et les toilettes sont aussi communes. Il n'y a pas d'intimité. Souvent, les mésententes conduisent à la violence.

Face à ces problèmes de logements, les personnes cherchent des terrains pour construire des logements de fortune, soit pour y habiter avec des locataires, soit pour y habiter seules. En réalité, le problème est que même dans les grandes villes, le droit de propriété foncière n'est pas très bien défini. Le Préfet, le Maire, le Chef de village et le Chef de quartier peuvent tous les quatre attribuer des terrains à bâtir. Ainsi, dans un même quartier, l'origine des terrains n'est pas la même. Si le prix des permis d'occuper et du titre foncier est connu, car fixé par l'État, le prix d'achat varie en fonction du client et en fonction des besoins financiers du vendeur. De plus, comme l'État ne gagne pas grand-chose dans la transaction, il laisse le soin au propriétaire de faire la viabilisation. Or, ceux qui habitent dans ces endroits n'ont pas les moyens de construire des caniveaux et des collecteurs d'eaux usées, de faire venir l'eau et l'électricité. Ce sont des endroits où toutes les misères s'y rencontrent.

En Afrique Subsaharienne, le prix de la construction aux normes indiquées par les administrations est très coûteux. Mais il est possible de construire des maisons en banco, c'est-à-dire en terre rouge, qui, bien utilisé, est résistant pour longtemps. Outre le bois et les taules, c'est ce type de matériaux qui est utilisé dans les bidonvilles et dans certaines constructions des centres-villes. Ainsi, il n'est pas possible de construire les maisons à la verticale. Le prix des matériaux dissuade beaucoup de personnes de construire plus du rez-de-chaussée. Les logements sont donc construits à l'horizontale. Les plans de masse globale ne sont pas établis en avance avant la vente puisque les vendeurs sont différents ; se pose également le problème de la circulation dans ces quartiers. Souvent, les gens creusent des puits pour leur besoin quotidien en eau, mais comme juste à côté le voisin a creusé sa fosse septique, alors l'eau des puits est contaminée, provoquant des maladies telles que la fièvre typhoïde. Il y a aussi le phénomène des « zones d'appel » comme la décharge à ciel ouvert de Dandora, dans la banlieue de Naïrobi au Kenya.

C'est autour de cette décharge que le bidonville de Dandora a été créé. La décharge est devenue un véritable lieu de travail où les personnes arrivent à gagner au quotidien de quoi se nourrir et nourrir leur famille. C'est une Communauté qui a été créée avec comme Chefs les premiers arrivants dans le quartier. Ce sont eux qui vendent souvent les terrains aux nouveaux arrivants. Ce phénomène se reproduit aussi autour des gares routières et ferroviaires, où tout autre endroit où les personnes peuvent exercer des activités informelles.

La migration est à la fois un problème et une solution au problème de la pauvreté. Beaucoup de personnes émigrent vers les pays développés recherchant une meilleure vie ou à la recherche d'argent pour réaliser un projet ou aider la famille. Dans les zones rurales d'Afrique Subsaharienne, la plupart des Communautés voient dans l'émigration un remède aux durs travaux agricoles. Les populations d'Afrique Subsaharienne sont très dispersées et la région reçoit aussi beaucoup d'étrangers en provenance de tous les continents.

Le lieu de destination est fonction des attaches. Les Subsahariens, contrairement à ce que l'on pourrait penser, ne vont pas à l'aventure aveuglément. À moins d'être chassés de leur pays d'origine du fait de la guerre ou pour des raisons politiques et donc à la recherche de n'importe quel pays pour se réfugier, ceux qui décident de partir choisissent volontairement leur lieu de destination. Pour cela, ils ont déjà des contacts sur place pour les accueillir et les aider dès leur arrivée. Plus les ressortissants d'un pays ou d'une Communauté sont nombreux à un endroit, plus cet endroit sera la destination préférée des autres membres de la Communauté souhaitant émigrer. C'est ainsi que se forment les diasporas africaines. L'immigration dans les pays développés se fait essentiellement dans les anciennes colonies ou le pays ayant une présence active en Afrique Subsaharienne. Ainsi, les Congolais sont nombreux en Belgique, car c'était l'une des colonies de ce pays en Afrique. Les ressortissants des autres pays francophones vont privilégier comme destination la France alors que les anglophones seront nombreux au Royaume-Uni. Il y a aussi la langue qui va être un facteur important dans le choix des destinations. Par exemple, il y a un attrait des pays anglophones pour les États-Unis alors que le pays n'a jamais eu de colonie en Afrique.

La diaspora est une source d'assurance pour l'émigration, non seulement vers les pays occidentaux, mais aussi les migrations intra-régionales. La plus grosse partie des mouvements de personnes se passe à l'intérieur de la région subsaharienne. Il peut s'agir d'une migration sous-régionale. Par exemple en Afrique de l'Ouest, les Maliens, les Nigériens, les Burkinabés sont nombreux en Côte d'Ivoire. Il y a une forte colonie ivoirienne au Mali, au Libéria et au Ghana. Les Bissau-Guinéens sont nombreux au Sénégal, etc. En Afrique centrale, les Camerounais et les Congolais sont nombreux au Gabon alors que les Gabonais vont essentiellement en Guinée Équatoriale et vice versa. Les Centrafricains vont au Congo, etc. Il y a aussi une forte migration entre les sous-régions comme les Maliens qui vont vers le Congo alors que les Congolais vont en Afrique du Sud.

En Afrique Subsaharienne, les effets positifs et négatifs de l'émigration sont perceptibles. En ce qui concerne les effets positifs, en plus de ce qui est souligné en amont, les rémittences permettent aux familles de mieux vivre en achetant de la nourriture et en investissant dans les soins de santé. Mais le côté novateur des rémittences est qu'aujourd'hui, elles participent au développement de toute la Communauté, voire de toute la Collectivité. Les rémittences ne sont donc plus destinées essentiellement aux familles, et même si c'est le cas, ces familles participent aux différentes tontines dont l'argent servira à construire des pistes rurales, des écoles, des hôpitaux, etc.

Mais il reste que la dispersion d'une population n'est pas toujours une bonne chose. Cela remet en question l'existence de ces Communautés, car une grande partie de la population est installée en dehors du champ géographique de ces Communautés. C'est pourquoi certaines zones sont vides du fait de l'émigration. C'est le cas de la préfecture de Yélimané, pays Soninké au Mali où les 2/3 de la population masculine ont émigré soit en Occident, soit dans d'autres pays d'Afrique. C'est aussi dans cette zone où les rémittences semblent être les plus élevées au Mali. Malgré tout, c'est une des préfectures où la pénurie alimentaire est la plus visible et où la vie est la plus chère de la Région de Kayes (Mali). Cela montre toute la problématique engendrée par l'ubiquité. Lorsque les villages se vident, il n'y a personne pour s'occuper de l'agriculture, de la pêche et de l'élevage. Les commerçants arrivent donc sur les marchés avec des produits ruraux alors que les villages sont en zones rurales. Ils fixent les prix forts parce qu'ils savent que les habitants reçoivent beaucoup d'argent en provenance des pays occidentaux de la part de la diaspora.

De plus, lorsque l'État se rend compte que les Communautés reçoivent beaucoup de rémittences, alors il est tenté de se désengager. Dans la plupart des zones à forte émigration, l'État n'est présent que pour prélever des taxes et les impôts. Les investissements communautaires sont réalisés par les émigrés eux-mêmes. Mais lorsque cette Communauté construit des écoles et des dispensaires ; l'État voudrait aussi que les émigrés se chargent du salaire des enseignants et des médecins. Or, dans les autres endroits du pays, c'est l'État qui prend tout en charge de la construction au fonctionnement.

******

L'image controversée des Firmes Multinationales et des Investissements Directs Étrangers en Afrique Subsaharienne

Il y a deux arguments qui s'opposent : l'un est en faveur des Investissements Directs Étrangers et l'autre contre les Investissements Directs Étrangers dans les Pays en Développement. La réflexion sur l'image controversée des Firmes Multinationales en Afrique Subsaharienne relève donc des débats actuels concernant l'impact des Firmes Multinationales sur le développement des pays hôtes d'Afrique. Malgré une présence faible en Afrique, la dynamique des Firmes Multinationales est un levier de croissance pour les États, mais n'est pas forcément génératrice de développement. De plus, les Firmes Multinationales véhiculent des images négatives à travers les médias, par l'opinion publique dans les pays industrialisés, mais aussi par les gouvernementaux locaux qui souhaitent une relation d'un type nouveau.

La controverse sur les Investissements Directs Étrangers dans les Pays en Développement

Les arguments en faveur ou en défaveur des Investissements Directs Étrangers pour le pays en développement sont très variés. Chaque argument s'appuie sur des faits établis ou des théories, ce qui ne laisse pas de place à une prise de position. Un certain nombre de faits et d'approches théoriques sont développés en quatre parties. La théorie de la croissance est mieux outillée pour expliquer que les Investissements Directs Étrangers sont un facteur de croissance pour les pays d'accueil. Dans une approche plus pratique, les investissements productifs peuvent être comparés à la stratégie du développement par la dette. Il s'agit aussi de déterminer la spécificité des Investissements Directs Étrangers en matière de renforcement des capacités des pays d'accueil. En ce sens, le succès du modèle asiatique est un très bon exemple. Même si les Firmes Multinationales cherchent à optimiser l'accumulation capitalistique, elles contribuent à la croissance économique des pays hôtes par le bien des transferts (Rapport CNUCED, 2000).

Les arguments théoriques pour la croissance et le développement sont d'obédience néoclassique. Les théories néoclassiques ne font pas de distinction entre croissance et développement. Selon T. Addison

(2002), la théorie néoclassique de la croissance est directement liée au libre-échange, à la déréglementation et à la privatisation, afin de parvenir à la croissance économique. Il va plus loin en affirmant que le sous-développement est le résultat d'une intervention gouvernementale excessive et d'une mauvaise répartition des ressources en raison de politiques de prix non fondées. Ainsi, l'accès aux financements externes influence fortement le processus de développement des États. C'est une ressource importante nécessaire pour soutenir une croissance durable. La formation des capitaux nationaux étant insuffisante à cause des besoins en biens d'équipements et de certaines matières premières, la dette extérieure est nécessaire pour couvrir ces besoins.

L'investissement productif est un soutien qui accélère le rythme du développement en fournissant non seulement des capitaux étrangers, mais en même temps mobilise les ressources humaines et matérielles d'un pays à des fins de développement. L'économie internationale définit la dette extérieure comme une obligation qui lie un débiteur à un pays. En général, la dette est contractée en devises, c'est-à-dire remboursée avec une monnaie autre que celle du débiteur. Cela pose d'emblée des problèmes lorsqu'il s'agit de monnaies flottantes.

Le lourd endettement d'un pays a de graves conséquences sur l'économie et le bien-être de la population. Le « service de la dette » porte atteinte au développement socio-économique et parfois accélère la pauvreté parce qu'il peut atteindre 30 % des recettes des Pays les Moins Avancés. Un fort endettement peut entraîner un faible niveau de confiance et rendre difficile l'obtention de nouveaux prêts en raison de perspectives négatives de remboursement. La dette ne va souvent pas là où elle aurait dû aller, c'est-à-dire dans les dépenses publiques productives. Les Investissements Directs Étrangers sont la forme de flux de capitaux la plus recherchée, ils permettent aux Firmes Multinationales et aux pays d'accueil de se porter mieux en ce sens où le pays d'accueil permet de recycler son surplus de main d'œuvre rurale et où une imposition permet la formation d'un capital pour les investissements intérieurs. Tous les risques sont supportés par les Firmes. En cas d'échec, le pays d'accueil n'a aucune obligation de restitution des investissements effectués par les Firmes commerciales.

À l'instar des capitaux apportés par les Firmes, les transferts de nouvelles technologies, en management et en formation des ressources humaines, sont aussi importants que les capitaux. Ainsi W.W. Rostow (1960) affirme que le décollage économique nécessite une évolution de la science et de la technologie. D'autres théoriciens de la croissance (P.M. Romer, 1986 ; R.E. Lucas, 1988 ; P. Aghion & P. Howitt, 1992) soulignent que l'origine de la croissance doit être recherchée dans le rendement croissant de l'utilisation de la connaissance et non pas seulement dans le facteur travail et le facteur capital. Ils présentent le savoir comme un bien économique. Toutefois, ces théoriciens distinguent le savoir des autres types de biens parce qu'il est amené à croître de façon infinie. Le transfert de connaissances peut donc entraîner une croissance soutenue.

Ainsi, si dans les cas du développement de la Chine, des études ont montré que la capacité technologique locale du pays a été positivement influencée par des importations de technologies. La Chine est parvenue à une croissance de sa production et de ses exportations des produits manufacturiers (L. Zhao, 1995 : 24). Une étude précédente avait déjà montré que le développement de la Chine n'est pas uniquement dû au simple transfert de technologie, mais à des ressources humaines capables d'absorber les connaissances, augmentant ainsi la croissance du pays (J.-Y. Wang, 1990).

Le modèle asiatique est un exemple à même d'inspirer les Pays les Moins Avancés. Quand on parle des quatre dragons, il s'agit de la Corée du Sud, de Taïwan, de Singapour et de Hong-Kong qui ont mis en œuvre une stratégie d'industrialisation fondée sur l'exportation. Les quatre dragons ont réussi un décollage économique rapide au point qu'ils n'ont rien à envier à la plupart des pays occidentaux. Les quatre gouvernements (les 4 dragons) ont su mettre en place une politique d'attractivité des Investissements Directs Étrangers en préparant le terrain par des ressources endogènes. Ainsi, entre 1961 et 1997, le Produit Intérieur Brut de Hong-Kong a été multiplié par 180, ce qui en fait l'un des territoires les plus riches au monde avec un gouvernement stable et un contrôle renforcé. Hong-Kong, réputé pour ses activités portuaires (position géographique stratégique en Asie du Sud-Est), est devenu un centre d'échanges, l'un des plus importants marchés monétaires au monde et le plus riche des 4 dragons. Taïwan est devenu un État-usine avec des ateliers de montage de hautes technologies. La Corée du Sud, essentiellement rurale dans les années 60 est l'un des pays qui a le plus progressé en Asie. Les différentes Institutions Internationales ont montré que de 1962 à 1995, la Corée du Sud a fait une croissance annuelle de plus de 10 %. Ce sont les activités manufacturières qui ont permis cette croissance plutôt que les activités agro-pastorales.

Il est largement admis que la contribution de l'éducation au développement économique et ses effets internes et externes ont été très importants en Asie de l'Est (H.W. Singer, 1983 ; R.A. Easternlin, 1981). La planification de l'éducation est toujours considérée comme extrêmement importante dans la région et l'accent est mis sur l'éducation morale (A. Green, 1997). La planification est restée absolument essentielle au développement, c'est d'ailleurs une stratégie commune aux quatre dragons. Cela ne concerne pas seulement l'école, mais aussi la formation de la main-d'œuvre dont le plan est établi sur une base de prévision des demandes futures. Cette planification vise à réduire les disparités entre les résultats du système éducatif et les exigences du marché du travail.

Mais, les Firmes Multinationales souffrent fréquemment d'accusations de violation des droits de l'homme, de corruption, de pollution de l'environnement et de dégradations (J. Ruggie, 2006, 2009 ; J. Banfield & al., 2003 ; J. Cohen, 2008). J. Ruggie (2006), Représentant Spécial des Nations Unies pour les droits de l'homme a lui-même affirmé que les Firmes Multinationales profitent de l'asymétrie de pouvoir dont elles jouissent. En raison des avantages qui leur sont associés, les décisions politiques et économiques des pays hôtes sont de plus en plus faites pour fournir un environnement favorable aux besoins des Firmes Multinationales. Par conséquent, elles influencent parfois les politiques des Pays en Développement en menaçant de se relocaliser ailleurs. Ce sont, entre autres, les griefs faits aux Investissements Directs Étrangers, notamment aux Firmes Multinationales qui exploitent les matières premières dans les Pays les Moins Avancés.

K. Deininger & al. (2011a) expliquent qu'il y a des personnes moins favorables aux Investissements Directs Étrangers dans l'agriculture, notamment lorsque la règlementation et les règles de propriété des terres et de l'eau sont mal définies. Ces dernières font valoir que ces types d'Investissements Directs Étrangers pourraient donner lieu à des projets qui sont socialement, techniquement, financièrement non viables sur le plan local et créeraient des dommages à l'environnement. En outre, il y a eu ces dernières années des préoccupations en ce qui concerne les grandes acquisitions de terres. Ces préoccupations concernent la négligence des questions liées au droit foncier des agriculteurs, notamment les effets sur la réduction de la pauvreté et le développement durable. Certaines préoccupations sont dues aux insuffisances institutionnelles, notamment celles des documents officiels des droits de propriété de l'agriculteur et le manque d'expertise technique dans l'évaluation économique, sociale et la viabilité environnementale (K. Deininger & al., 2011a). De plus, le business model des Investissements Directs Étrangers est fondé sur une large appropriation de terres exploitables. De nombreux petits producteurs doivent coexister avec de nombreuses petites parcelles qui sont appelées à disparaître, car souvent rachetées par les investisseurs.

Certains auteurs (C. Hill, 2000) notent que les emplois créés par les Investissements Directs Étrangers représentent des ajouts nets de pertes d'emploi causées par la présence des Investissements Directs Étrangers. Comme conséquence de ces effets de substitution, le nombre net de nouveaux emplois créés par les Investissements Directs Étrangers peut ne pas être aussi grand qu'initialement revendiqué par les Firmes Multinationales (C. Hill, 2000). Les Firmes Multinationales consacrent la plus grande partie de leur masse salariale aux secteurs les plus rentables qui demandent une main-d'œuvre spécialisée qu'elles font venir de leurs pays d'origine. Autre reproche, les conditions des travailleurs dans les Firmes Multinationales sont une préoccupation majeure. La présence de « Sweatshops » dans certains pays, dont les employés, parfois des enfants, travaillant dans des conditions dangereuses, souvent en violation de la règlementation locale, est un problème grave.

Même si E. M. Graham et P. R. Krugman (1995) ont montré que la plupart des allégations d'inconvénients économiques des Investissements Directs Étrangers ont peu de valeur, les pays confrontés à une augmentation d'entrée des Investissements Directs Étrangers ont souvent éprouvé des difficultés. Beaucoup de Pays en Développement ont jusqu'à récemment été méfiants à l'égard des

Investissements Directs Étrangers, mais pas uniquement les Pays en Développement. Même aux États-Unis, la hausse des investissements japonais dans les années 1980 a conduit à des préoccupations relatives au contrôle de l'économie par des étrangers qui aurait des effets néfastes sur la sécurité nationale et aurait poussé le Sénat américain à légiférer. Les effets économiques présumés comprennent le déficit des paiements, la réduction de la recherche nationale et de la concurrence, l'éviction des Entreprises nationales et un impact environnemental en particulier pour les industries lourdes.

Selon C. Hill (2000), les bénéfices nets des Investissements Directs Étrangers ne profitent pas automatiquement aux pays d'accueil et leur importance diffère selon les pays. Il y a des effets négatifs sur la balance des paiements. Tout d'abord, la société mère exige de rapatrier les bénéfices afin de couvrir les investissements. Les sorties de capitaux apparaissent comme un débit sur le compte de la filiale à l'étranger. J. Banfield & al., (2003) affirment que les Firmes Multinationales sont capables d'influencer la sécurité humaine quand elles engagent les forces de sécurité locales pour protéger leurs opérations dans les pays hôtes ou lorsqu'elles n'embauchent que la main-d'œuvre locale. Par conséquent, elles créent le communautarisme. Dans ces circonstances, les Firmes Multinationales ont la responsabilité de veiller à ce que les activités des forces de sécurité locales ne violent pas les droits fondamentaux et que les normes fondamentales du travail telles que définies par l'Organisation Internationale du Travail (BIT) soient respectées.

Plutôt que d'être directement responsables, les Firmes Multinationales sont plus souvent complices des États dans les violations des droits humains (J. Ruggie, 2008a). United Nations Global Compact dans son rapport de 2000 explique qu'il existe 3 catégories de complicités reconnues : 1) la complicité directe se produit lorsqu'une Multinationale aide activement à des violations des droits de l'homme, telles que l'aide forcée à la relocalisation des individus ; 2) la complicité bénéfique se produit lorsque les Firmes Multinationales bénéficient directement d'un acte commis par un autre, comme mettre fin à des manifestations par les forces de l'ordre ; 3) la complicité silencieuse se produit lorsque les Firmes Multinationales ne parviennent pas à agir, comme pas remettre en question des actes systématiques de torture, à cause de leurs relations avec les autorités hôtes.

Une autre préoccupation majeure des Investissements Directs Étrangers est leur impact environnemental. L'application de la législation de la protection de l'environnement n'est pas suffisamment sévère à l'égard des Firmes Multinationales dans bon nombre de pays ; ce qui a conduit à des conséquences désastreuses. Cependant, la concurrence entre les États conduit les pays à offrir des règlementations plus souples pour attirer les Investissements Directs Étrangers.

Les Firmes Multinationales ont la réputation de rapatrier leurs bénéfices dans le pays du siège de l'Entreprise sans investissements concrets dans le pays d'exploitation. R. Gilpin (1987) expliquait que les critiques contre les politiques favorables aux Firmes Multinationales et leurs conséquences sur le bien-être humain et l'économie du pays hôte sont justifiées par le fait que la plupart des profits financiers ne sont pas investis sur place, mais donc rapatriés au siège de l'entreprise. C'est le cas par exemple de la ville minière de Blywooruitzicht à une centaine de kilomètres de Johannesburg en Afrique du Sud. Les mines de Blywooruitzicht étaient l'une des plus riches en or du pays dans les années 60. Mais en 2013, la ville fut abandonnée par les sociétés minières parce que devenant moins rentable. La ville est devenue une cité fantôme ; les 6 000 habitants de la ville perdent l'accès à l'eau et à l'électricité parce qu'aucun investissement pérenne n'a été effectué au profit de la population. Les habitants se servaient sur le réseau des Entreprises. Les Firmes ont laissé derrière elles une décharge importante de déchets industriels. Par ailleurs, la ville est devenue une plaque tournante de la drogue, de la prostitution où les gangs se livrent à une guerre de territoires pour exploiter les puits qui n'ont pas été réhabilités.

Au Cameroun, entreprises minières qui exploitaient les mines d'or dans le village de Ngoengue, département de Lom-et-Djerem, après deux décennies, sont parties en décembre 2017 abandonnant le village et ses habitants, sans même fermer les différentes cavités ouvertes pour l'exploitation. Aucun investissement n'a été fait dans le village concerné. Ces entreprises n'ont pas non plus dépollué les sols. Ainsi, les villageois, sans-travail après leur départ, se sont rués vers les anciennes cavités pour trouver un peu d'or pour leur survie. Beaucoup de personnes perdent leur vie dans ces trous non rebouchés, mais ne peuvent pas faire autrement.

Toujours au Cameroun, cette fois dans l'Est du pays, dans le village de Long Mali, commune de Betaré Oya, le village a accueilli de nombreuses Firmes minières venant de Chine, de Corée du Sud, du Canada, des États-Unis, d'Afrique du Sud, etc. pour exploiter la grosse réserve en or. On estime qu'entre 2011 et 2014, pas moins de 100 compagnies, petites et grandes, ont pris part aux activités d'extraction selon l'Organisation Non Gouvernementale « Forêt et développement rural (FODER) ». Toutes ces compagnies rapatriaient leurs bénéfices. Il n'y a pas eu d'entente entre les compagnies afin de faire des investissements en faveur du village et de la commune. Par conséquent, lorsque toutes les compagnies ont abandonné la zone, elles ont laissé derrière elles un lac très pollué appelé maintenant le « lac de la mort » par la population et les Organisations Non Gouvernementales. Les cavités d'exploitation se trouvent à l'intérieur du lac, c'est-à-dire un risque potentiel de noyade où des trous de plus de 60 mètres ont été creusés. En plus de ne plus trouver de poisson, l'eau du lac ne peut plus servir à irriguer les exploitations agricoles, ni faire boire le bétail. Contrairement aux autres anciennes exploitations d'or, les habitants n'ont pas les moyens d'aller chercher de l'or dans les anciennes cavités qui se trouvent à une grande profondeur au-dessous du lac.

Autre fait, la ville de Jerada au Maroc, après l'exploitation des mines de charbon depuis 1927, a été abandonnée en 1998. Jerada est une ville où presque aucun investissement n'a été fait, alors que la demande internationale du charbon rapportait d'énormes bénéfices aux Firmes Multinationales et au Royaume du Maroc après les indépendances. La population survit aujourd'hui grâce à l'exploitation clandestine du charbon dans les anciens puits. Ce sont les jeunes qui paient le plus fort tribut, car ils sont obligés de descendre dans les puits afin de nourrir leurs parents vieillissants. La ville de Jerada est devenue l'une des villes les plus pauvres du Royaume du Maroc où l'eau et l'électricité sont rationnées et où les prix sont très élevés pour cette population pauvre.

Enfin, il y a l'exemple de la ville de Lusanga, en République Démocratique du Congo, tout aussi abandonnée. La Firme Multinationale qui s'était installée en RDC depuis 1911 a continué ses activités après les indépendances, mais n'a consenti à aucun investissement d'avenir pour la population. En 2009, la Firme Multinationale se désengage de la RDC et rapatrie tous ses actifs. La ville de Lusanga située à environ 570 kilomètres de Kinshasa la capitale est une ville en ruines. Presque plus personne n'y met les pieds. Les usines sont en ruine, les grosses villas construites pour les expatriés et les quelques cadres sont envahies par les herbes. Tout ce qui pouvait être pillé l'a été et donc plus rien ne retient la population.

Les limites des Investissements Directs Étrangers reposant essentiellement sur les ressources naturelles

Comme expliqué précédemment, l'Afrique Subsaharienne ne reçoit pas suffisamment d'Investissements Directs Étrangers productifs. La région n'investit pas assez dans les infrastructures et dans les ressources humaines pour attirer des usines. Les investissements sont essentiellement orientés en direction des ressources naturelles. Cela semble ne pas être une solution à l'épanouissement des Collectivités ; pire, la présence d'une telle richesse peut aggraver les conditions de vie. C'est pourquoi sont montrés dans cet ouvrage, des cas d'échecs des Firmes Multinationales de Matières Premières en Afrique et des cas de conflits que cela peut engendrer.

Les effets pervers des ressources naturelles sur les résultats économiques et la politique des Collectivités Territoriales donnent lieu à un large éventail de questions pour les gouvernements des Pays en Développement et pour la Communauté internationale. L'impact des Firmes Multinationales sur toutes les sphères de ces économies est tout à fait significatif, et digne d'enquêtes. Pour comprendre le paradoxe des ressources naturelles, il faut d'abord avoir une idée de ces ressources qui diffèrent des autres types de richesse.

La production de ressources naturelles est susceptible de donner lieu à divers types de frustrations politiques au sein d'un pays et en particulier dans les régions productrices. Le processus d'extraction lui-même peut entraîner une émigration forcée, une nouvelle immigration, et, avec les pressions démographiques auxiliaires, une pollution de l'environnement ou des dégradations. Même si de tels changements sont parfois minimes sur le plan national, les régions riches en ressources peuvent considérer qu'elles ont une demande particulière et peuvent être lésées si elles voient la richesse quitter leur région et servir aux autres.

La colère des populations des régions contre les Firmes Multinationales fait suite à la dégradation de l'environnement et à la perte des moyens de subsistance que leurs opérations ont engendrée (L. Ovwasa, 1999). Les activités des Firmes Multinationales Pétrolières contribuent immensément à l'augmentation des niveaux de dégradation de l'environnement et par extension, à l'augmentation de la pauvreté dans les régions d'exploitation. La dévastation de l'habitat naturel de ces régions a accéléré la détérioration de la situation socio-économique de la population. Les menaces sur la sécurité humaine englobent les violations flagrantes des droits de propriété, la dégradation de l'environnement, le terrorisme, la criminalité transnationale, les violences sexuelles, les maladies infectieuses et les catastrophes naturelles (D. Hubert, 2001).

De toute évidence, une grande majorité des ruraux pauvres en Afrique gagnent leur vie directement grâce aux riches ressources naturelles - terres et forêts - grâce à l'agriculture, la chasse et les activités connexes. Les mines, à petite ou à grande échelle, dégradent les terres et les forêts et détruisent la végétation, y compris les espèces de bois précieux et la capacité de la forêt naturelle à se régénérer. Elles rendent aussi les terres improductives en enlevant la couche fertile. Presque toutes les activités minières entraînent la destruction et la dégradation des ressources forestières. L'extraction minière est également associée à diverses substances toxiques qui sont nocives pour la santé et contaminent l'eau et le sol, comme l'arsenic, le cadmium, le plomb et l'acide sulfurique. En outre, les métaux lourds constituent des menaces graves, en particulier pour les nouveau-nés et les personnes âgées. La destruction des forêts entières à la suite de l'exploitation minière de surface et l'utilisation du bois comme support dans certaines mines ont provoqué une réduction substantielle du bois et du charbon de bois, dont beaucoup de populations rurales dépendent pour leurs exigences énergétiques (T. Sinkala, 2009).

La pire des catastrophes est le tragique incendie qui a éclaté dans les champs de pétrole à Jesse en 1998, où plus de 1 000 personnes ont été tuées, et la plus récente est le foyer d'incendie en 2007 qui a coûté la vie à plus de 500 personnes. L'école de pensée néo-malthusienne soutient que la combinaison dégradation de l'environnement, épuisement des ressources et accès inégal aux ressources exacerbent la pauvreté et l'inégalité des revenus dans beaucoup de Pays les Moins Avancés. Ces privations sont facilement converties en griefs, ce qui augmente les risques de rébellion et de conflit social.

La pollution pétrolière a rendu une grande partie du Delta du Niger infertile à l'agriculture de subsistance et à la pêche et les populations sont privées de leurs ressources alimentaires principales (SERAC/CERVM, 1996). Une situation similaire se retrouve au sein des Communautés en Angola qui reposent presque exclusivement sur la pêche comme source de subsistance. Le poisson est un aliment central dans le régime angolais (D. Agostinho & al., 2005).

En plus du Delta du Niger, les impacts environnementaux et sanitaires de l'industrie pétrolière ont également été étudiés dans d'autres pays d'Afrique Subsaharienne. Les conséquences attribuées aux déversements du pétrole et le torchage du gaz comprennent l'effondrement de la pêche locale et de l'agriculture, la perte de l'habitat et de la biodiversité, les dégâts des pluies acides et de l'air qui ont des impacts sur la santé (K. Reed, 2009 ; P. Maass, 2009 ; C.O. Opukri & I.S. Ibaba, 2008 ; K.K. Aaron, 2006 ; FMoE & al. 2006). Certains de ces impacts sont également transfrontaliers comme sur les Communautés riveraines en aval dans les pays voisins qui comptent aussi sur les poissons migrateurs.

L'Angola a également d'importantes ressources offshores de gaz. Les industries pétrolières et gazières, considérées comme très prometteuses, ont attiré plus de 20 milliards de dollars américains en Investissements Directs Étrangers depuis 2003. L'économie angolaise est très dépendante de son secteur pétrolier, qui représente plus de 40 % du Produit Intérieur Brut et près de 90 % des revenus du gouvernement (B. Ernest & A. Adeola, 2006). Le pays est l'un des pays les plus riches d'Afrique. Pourtant, il se classe mal en termes de développement et il a le plus haut niveau d'inégalités parmi les producteurs de pétrole et de gaz. Au moins, un tiers de la population en Angola vit dans des bidonvilles (S. Kibble, 2006) avec un accès très limité à l'eau potable (Christian Aid, 2003).

Le projet Tchad - Cameroun continue d'avoir des effets néfastes sur la population et l'environnement. Il a conduit à un afflux de migrants demandeurs d'emploi et de chauffeurs de camion. De plus, ces personnes sont des hommes célibataires ou non accompagnées, alors que jusqu'à 50 % des prostituées dans certaines zones du projet de pipeline sont infectées par le VIH (W. Jobin, 2003). Le pipeline nécessite des routes et cela a des effets négatifs durables sur les Communautés. Il augmente la destruction des forêts et l'élimination des animaux et des plantes exotiques, ce qui a une incidence sur le peuple Bakola de la forêt du Cameroun Atlantique (H. Shane, 2001). La plupart des habitants de ces zones sont très dépendants des ressources forestières comme subsistance. Cette exploitation provoque la pollution de l'eau et de la terre avec de graves conséquences sur la vie aquatique et terrestre. Par exemple, les poissons vivants dans les eaux de surface sont tués et, les pêcheurs là aussi dans ces régions, perdent leurs moyens de subsistance. L'exploration pétrolière au Soudan a également entraîné le déplacement de civils dans les zones de Talisman afin de créer un « no-man's-land » autour des puits de pétrole. Le déplacement est effectué en bombardant les Communautés.

Les conflits internes peuvent provenir de la dégradation de l'environnement local. De même, les affrontements ethniques peuvent se produire lorsque la migration de la population augmente la demande des ressources rares telles que la terre pour la culture. K.H. Colin (2006) suit un raisonnement malthusien en utilisant la variable « rareté » pour expliquer le rôle des ressources naturelles dans les conflits.

Le potentiel d'emplois dans le secteur pétrolier n'a généralement pas répondu aux attentes des Communautés. Alors que les emplois dans les compagnies pétrolières ont tendance à être parmi les mieux payés en Afrique Subsaharienne, ils peuvent souvent rester hors de portée des ressortissants du pays et en particulier des membres des Communautés locales en raison de la pénurie de compétences techniques. Même lorsque la formation technique est fournie par les Entreprises, la nature à forte intensité capitalistique de l'industrie signifie que dans l'ensemble les possibilités d'emploi restent faibles.

Au-delà des préoccupations environnementales, les cultures industrielles suscitent des craintes à propos de la sécurité alimentaire et de la nutrition. Mais les défenseurs de la complémentarité soutiennent que la production des cultures d'exportation n'affecte pas nécessairement les niveaux de production alimentaire et que, en fait, les deux formes de production vont se développer ou diminuer en même temps dans tous les pays du monde. Personne ne conteste aujourd'hui la nécessité de donner une grande priorité à l'agriculture en Afrique, mais il y a un débat considérable sur la production des stratégies appropriées entre les défenseurs de l'autosuffisance alimentaire, d'une part, et la promotion des exportations, de l'autre. Ce débat a été renforcé par la publication du rapport de la Banque Mondiale sur le Développement Accéléré en Afrique Subsaharienne en 1981. Ce rapport recommandait une expansion des exportations paysannes, mais a été critiqué par ceux qui ont fait valoir que l'autosuffisance alimentaire devrait être la priorité du continent. Les opposants craignent que les cultures d'exportation ne soient de plus en plus contrôlées par une Entreprise agricole élargie, et donc, conduire à une augmentation de la pauvreté rurale et de la faim grâce à la concurrence entre l'alimentation et les cultures d'exportation. La croissance de la production de biocarburants renforce les préoccupations de sécurité alimentaire, car elle est essentiellement pratiquée à des fins d'exportation et occupe des terres où les cultures vivrières auraient pu nourrir les populations locales.

Le transfert des terres à des investisseurs étrangers implique la réinstallation des Communautés locales ; cette situation est très sensible politiquement et socialement. Mais même si les attributions de terres à des investisseurs étrangers ne comportent pas de réinstallation, elles pourraient encore être perçues comme une forme de néo-impérialisme (B. Robertson & P. Pinstrup-Andersen, 2010 : 280), notamment lorsque cela implique des contrats de location qui sont conçus négligemment, sont trop ouverts et ne comportent pas d'évaluation appropriée de la terre.

La question de la sécurité alimentaire est directement liée à la sécurité de l'occupation des terres disponibles pour les petits exploitants. Dans la plupart des zones rurales d'Afrique, il y a des revendications qui se chevauchent sur les terres. Cela signifie que la propriété foncière n'est pas bien définie puisque la propriété en termes d'utilisation, de transfert et de vente n'est pas facile à déterminer. En effet, la présence simultanée de régimes coutumiers et fonciers a eu des implications significatives pour les titres fonciers des ménages agricoles ruraux où la demande de terres de la part des investisseurs extérieurs est importante (L.A. Wily, 2010). Parce que la plupart des régimes fonciers légaux donnent la propriété au gouvernement, les ménages ne bénéficient d'aucune protection juridique contre la délocalisation involontaire de leurs terres, qui peuvent alors être allouées aux investisseurs. Et lorsqu'une compensation est offerte dans de telles circonstances, sa valorisation est limitée aux investissements réalisés dans les structures, les cultures et les arbres, mais ne comprend pas la valeur sous-jacente de la terre.

Il y a aussi la tendance à l'accaparement des terres qui est en augmentation et qui est un fait gênant. « L'accaparement des terres à long terme se réfère à l'achat ou la location de vastes étendues de terres par des Nations plus riches et les investisseurs privés, la plupart du temps dans les Pays en Développement afin de produire des cultures d'exportation » (D. Sheppard & A. Mittal, 2009 : 4). Selon K. Krumova (2011), l'Afrique est plus touchée par l'accaparement des terres que toute autre région. Le secteur agricole de l'Afrique est également considéré comme essentiellement composé de culture de subsistance. « ... On estime que 80 millions de petits exploitants agricoles fournissent 95 % des besoins alimentaires de l'Afrique et produisent 30 % de son Produit Intérieur Brut » (K. Krumova, 2011). Il est également reconnu que les premières victimes de l'accaparement des terres sont des personnes qui pratiquent l'agriculture de subsistance ou à petite échelle. Les producteurs, souvent des femmes, sont forcés de quitter leurs fermes pour faire de la place aux investisseurs étrangers.

L'abondance des ressources naturelles augmente la concurrence pour le contrôle de l'État, liée à des niveaux élevés de violence politique, et l'utilisation de la rente des ressources par le parti au pouvoir pour maintenir son emprise sur le pouvoir public. Dans les systèmes qui ont un niveau très élevé de revenus en ressources naturelles disponibles, la politique est dominée par des questions relatives à la répartition de ces revenus, et non pas à l'idéologie. L'abondance des ressources conduit à « l'autoritarisme » pour les raisons suivantes : 1) elle pourrait permettre à un parti déjà dominant d'étendre son niveau de « soutien populaire » et de consolider son emprise sur le pouvoir politique ; 2) elle pourrait générer des avantages qui inciteraient à adopter des « politiques répressives » envers l'opposition ; 3) elle pourrait générer un conflit ouvert. P. Collier et A. Hoeffler (2002) trouvent une relation non linéaire statistiquement significative entre la dépendance à l'égard des exportations des ressources naturelles et le risque de guerre civile. On peut citer plusieurs zones de conflits liées aux ressources naturelles. Il s'agit, entre autres, de l'Angola, du Liberia, du Congo, du Soudan, de la Centrafrique, du Nigeria, du Tchad, de la Sierra Leone, de la Libye, etc. Selon P. Collier (2003), les richesses naturelles permettent le financement des conflits en étant l'un des principaux enjeux. Kivu, en République Démocratique du Congo, une « économie militaire et criminelle » s'organise autour des filières de Coltan, d'Or et d'Étain. Les fractions se livrent une guerre afin de prendre le contrôle des gisements. Depuis des années, le Delta du Niger au Nigeria est le théâtre de nombreux conflits entre les habitants, les groupes mafieux, les groupes de rebelles et l'armée nigériane qui ont fait de nombreuses victimes.

Le symbole du « lien entre ressources naturelles et conflits en Afrique » est celui du conflit en Sierra Leone qui a entraîné l'expression de « diamants du sang ». C'est le conflit le plus connu dont les enjeux étaient le contrôle de l'exploitation du diamant. Durant une dizaine d'années, les mines de diamant ont suscité des combats violents. Dans les années 90, le même conflit a eu lieu au Libéria pour les mêmes enjeux, c'est-à-dire les richesses du sous-sol. Plusieurs groupes se sont affrontés au Libéria avec des acteurs dont les plus célèbres furent Charles Taylor et Prince Johnson. Le pays a été complètement détruit. En suscitant donc des convoitises, les ressources naturelles jouent ainsi un rôle essentiel dans les conflits ou sont les enjeux de ces conflits en Afrique. D'ailleurs, le Rapport sur le Développement Humain du Programme des Nations Unies pour le Développement en 2006 disait à propos du Delta du Niger (Nigeria) que les richesses pétrolières considérables n'ont guère amélioré la vie de la population locale.

Il est important de citer quelques conflits opposant les Organisations Non Gouvernementales aux Firmes Internationales afin de comprendre les tensions qui règnent entre ces deux acteurs dont les intérêts divergent. L'observatoire congolais des droits de l'homme dans une note datant du 18 septembre 2017 a révélé avoir porté plainte contre la Firme Multinationale CIB-OLAM, géant de l'industrie du bois. Dans cette note, l'Organisation Non Gouvernementale dénonce le décès de 57 enfants dans la concession forestière de Loundoungou-Tokoulaka suite à l'ouverture d'une route forestière. Le gouvernement congolais avait passé sous silence le fait que cette entreprise privait la Communauté pygmée de ses ressources et causait la famine et les maladies dans la zone forestière du pays.

Dans son rapport intitulé « Parlons argent : l'Afrique invitée du G7 » en Mai 2015, l'Organisation Non Gouvernementale OXFAM a révélé qu'en 2010, les Entreprises basées dans le pays du G7 ont escroqué l'Afrique de 6 milliards de dollars américains. OXFAM estimait que ce montant correspondait à plus du triple du fonds nécessaire pour aider des pays comme la Sierra Leone, le Liberia ou la Guinée victimes de la maladie d'Ebola à faire face aux besoins fondamentaux en matière d'infrastructures et de programmes de santé. La faute est que les administrations fiscales ne sont pas très bien outillées pour faire face à ces entreprises. C'est par le biais des manipulations des prix des transferts qu'elles arrivent à fixer les prix des biens ou des services dans le but d'échapper à l'impôt dans les pays africains.

Dans un rapport datant de février 2012, l'Organisation Non Gouvernementale camerounaise « Le Centre pour l'Environnement – CED » a dénoncé le projet qui visait à attribuer 60 000 hectares à l'entreprise « SG Sustainable Oils Cameroun », une filiale de la Firme américaine « Herakles Capital ». Ce projet devait faire déplacer des centaines d'agriculteurs qui vivaient dans cette zone. L'Organisation Non Gouvernementale réclamait des compensations adéquates pour ces agriculteurs et des emplois en remplacement des terres perdues. En fin de compte, malgré la pression, « Herakles Capital » a quand même réussi à exploiter 20 000 hectares en 2013. Les Organisations Non Gouvernementales ont alors porté l'affaire devant le rapporteur spécial de l'Organisation des Nations Unies pour les droits à l'alimentation et à la liberté d'association et aux experts indépendants de l'Organisation des Nations Unies sur les droits de l'homme et de l'environnement.

Deux Organisations Non Gouvernementales suisses, « Pain Pour le Prochain – PPP » et « Action de Carême » en collaboration avec les Organisations Non Gouvernementales de la République Démocratique du Congo ont publié un rapport en avril 2012 accusant le métallurgiste « Glencore », d'origine suisse, de rejeter de l'acide sulfurique dans la seule rivière traversant les villages congolais de Luilu. Cela prive ces villages d'importantes sources d'eau pour les besoins domestiques et le maraîchage. L'Organisation Non Gouvernementale « Fair Labor Association » basée en Suisse a accusé dans un rapport publié en Juin 2012, le groupe « Nestlé » de violer les règles relatives au travail des enfants en Côte d'Ivoire. Le groupe est accusé de faire travailler les enfants dans sa chaîne d'approvisionnement en cacao.

L'Organisation Non Gouvernementale « Somo » installée en Hollande a publié un rapport en février 2010 où elle publie une liste de dix entreprises automobiles les plus connues et montre comment ces entreprises gèrent les minerais des conflits dans leur chaîne d'approvisionnement. En Mai 2010, Greenpeace a publié un rapport dans lequel l'Organisation Non Gouvernementale accusait AREVA et ses filiales de polluer l'environnement dans la région Nord du Niger. L'Organisation Non Gouvernementale nigérienne « Aghir in'Man » s'est jointe à Greenpeace dans cette étude dans laquelle les deux Organisations Non Gouvernementales mentionnent que les taux de radiation sont très élevés dans la zone où opère AREVA.

Voilà quelques conflits, entre autres, qui opposent les Firmes Multinationales et les Organisations Non Gouvernementales. Les Organisations Non Gouvernementales sont les véritables défenseurs des populations locales. Les populations se reconnaissent en eux, puisque leur objectif est clairement affiché. Malgré la différence de moyens, elles n'hésitent pas à attaquer ces entreprises financières très puissantes et ayant de solides réseaux à l'intérieur des pays d'Afrique Subsaharienne et souvent les lobbies qui les soutiennent dans leur pays d'origine.

Selon une étude menée par T.K. Menno (2015) de l'Université de Maastricht intitulé « Company Responses to Human Rights Reports: An Empirical Analysis », l'auteur a analysé des cas de violations des droits de l'homme commis par les Firmes Multinationales de 2005 à 2014. Cette étude révèle que les Firmes Multinationales françaises jusqu'en 2015 font face à 69 accusations de violation des droits de l'homme et que les Firmes Multinationales américaines sont en tête de ces violations, le Royaume Uni en deuxième, l'Allemagne en cinquième position et la France en sixième dans un classement mondial des plus mauvais en matière de respect des droits de l'homme.

*****

Une problématique du développement des Pays les Moins Avancés différente de celle des Pays en Développement

La réflexion dans cette problématique porte sur l'évolution et les perspectives économiques des pays d'Afrique Subsaharienne. On observe de la croissance dans les pays africains ces dernières années, mais la plupart des États restent encore pauvres et souvent très pauvres. Cela conduit à se poser un certain nombre de questions : quelle est la différence entre la croissance et le développement ou la croissance suffit-elle à assurer le développement ? Est-il possible de penser le développement en dehors du paradigme de la croissance économique ? En Afrique, les Firmes Multinationales et les Investissements Directs Étrangers sont perçus comme des facteurs de croissance. C'est d'ailleurs pourquoi ils bénéficient d'avantages particuliers à travers des politiques d'attractivité. De plus, les Firmes Multinationales sont supposées apporter des ressources non financières permettant la productivité des pays hôtes (M. Blomström & A. Kokko, 1998).

En dépit de la croissance que connaît le continent africain, c'est dans la zone subsaharienne que se concentre une forte pauvreté. Certes, il y a des disparités, selon les ressources et le niveau de démocratisation. Le continent dans l'ensemble devrait mieux se porter eu égard à sa croissance ces dernières années. Les exemples et des données permettent en ce sens de comprendre pourquoi l'Afrique Subsaharienne persiste dans le sous-développement. Ainsi, plusieurs questions vont être répondues. Peut-on qualifier les pays africains subsahariens d'État faible ? Il faut retenir que l'un des facteurs du sous-développement est l'économie de rente et de subsistance. Mais encore plus grave, l'analyse s'étend sur la question de l'intégration économique en Afrique qui n'est pas assez avancée.

La faiblesse des Investissements Directs Étrangers en Afrique Subsaharienne

Depuis une dizaine d'années, l'Afrique tente de rattraper ce retard, mais reste encore à la traine malgré une augmentation des Investissements Directs Étrangers. Les pays africains ont pris conscience que leur développement passe par des investissements exogènes. C'est d'ailleurs le continent où se déroule le plus grand nombre de conférences et de forums pour attirer les Investissements Directs Étrangers. Il s'agissait de créer les conditions de rencontres entre experts et chefs d'entreprises occidentaux et africains afin de partager les expériences et d'identifier les opportunités d'affaires pour stimuler les investissements et soutenir le développement durable en Afrique. Des sommets sont aussi organisés afin de promouvoir les investissements entre pays africains.

La recherche d'Investissements Directs Étrangers peut aussi être régionale. C'est-à-dire qu'un certain nombre de pays d'Afrique appartenant à une même zone géographique s'organisent afin de trouver des partenaires pour le développement du secteur privé. Il s'agit d'une part de présenter les Entreprises ayant connu des succès dans le cadre de leurs opérations au niveau régional et d'autre part, de donner des informations aux investisseurs actuels et potentiels sur le climat des affaires, la situation sécuritaire, l'évolution des risques et les options de financement disponibles dans cette région.

Afin de rattraper leurs retards de compétitivité, des incitations sont mises en place par de nombreux États sur le plan national, afin d'attirer d'importantes quantités d'Investissements Directs Étrangers, ce qui nécessite une mise à niveau de lois favorables aux investisseurs étrangers, mais pas forcément protecteurs des intérêts des pays d'accueil et de la population locale. Ainsi, les questions des droits de l'homme deviennent extrêmement importantes parce que le pouvoir de l'État semble s'affaiblir et que les acteurs non étatiques influents font leur apparition. Il est donc pertinent de parler de la faiblesse des États face aux investisseurs étrangers. Si une économie de marché libre est nécessaire pour le développement ; les droits de l'homme, les sanctions efficaces, les mécanismes de réparation sont aussi une nécessité puisque les lacunes en matière de gouvernance créent un environnement permissif pour des actes illégaux commis par les

Firmes Multinationales. Même le cadre juridique international actuel a de graves lacunes à cet égard et donc des solutions doivent être trouvées ailleurs, comme, par exemple, des outils juridiques régionaux.

Les incitations fiscales peuvent accroître l'attractivité d'un pays. Elles comprennent des instruments directs tels que les subventions, les exonérations fiscales, les crédits d'impôt, etc. afin de réduire les coûts fixes. Elles comprennent aussi des instruments indirects tels que les droits de douane, les quotas et les restrictions de change, qui influencent la décision d'investir. Les pays qui souhaitent attirer des Investissements Directs Étrangers d'exportation tentent de réduire les coûts de localisation. Ainsi, les pays africains se livrent à une concurrence fiscale pour attirer les investisseurs. La concurrence fiscale est un concept qui découle de l'incertitude à l'égard du niveau d'imposition dans le système fiscal propre d'un pays par rapport au niveau des autres systèmes fiscaux concurrents.

Pour réduire les coûts de transactions liés à la bureaucratie : les impôts, les taxes à l'importation et à l'exportation, les Sociétés Transnationales utilisent des techniques afin de bénéficier de la fiscalité croisée entre deux ou plusieurs pays selon la nature de leurs opérations. Ainsi, elles bénéficient des lacunes et des contradictions dans la gestion fiscale des pays concernés afin de se soustraire à l'imposition. L'optimisation fiscale doit être considérée notamment du point de vue du législateur, car elle a une incidence sur le montant des impôts. La concurrence fiscale et le rapatriement des bénéfices, y compris les prix de transferts, doivent être examinés du point de vue de l'efficacité des administrations fiscales et de la moralité des Entreprises. Les Firmes Multinationales sont à la recherche de marchés et de ressources. Et quand il n'y a ni marchés ni ressources, ce sont les incitations fiscales qui pourront les conduire à s'implanter dans un pays. Cependant, les Firmes Multinationales ne considèrent pas la fiscalité comme un élément important d'établissement dans un pays. Elles s'adaptent au système fiscal présent, sauf si le pays s'engage dans une négociation sur les termes du contrat. Après coup, les Firmes Multinationales vont essayer de négocier les meilleures conditions possible pour leurs activités. Dans ce cas, la principale préoccupation des Firmes Multinationales sera alors d'obtenir le traitement le plus favorable dans le système fiscal du pays hôte.

Afin d'attirer les investissements dans l'industrie des ressources naturelles, de nombreux pays accordent aux Entreprises Transnationales des incitations fiscales supplémentaires. Le résultat net de l'octroi de ces incitations fiscales est une perte de revenus substantiels pour l'État et un potentiel supplémentaire pour les comportements de corruption. Il est possible d'établir une distinction entre les mécanismes fiscaux utilisés dans le monde, notamment pour les industries de matières premières extractives ou agricoles. Une analyse partielle suggère que certaines incitations telles que la protection des importations ont été un puissant levier pour attirer les investissements. Mais l'analyse de l'ensemble de l'impact des incitations suggère son inefficacité en termes de coûts, une mauvaise répartition des ressources et une perte de revenus importante pour l'État et fait de ces incitations un moyen coûteux de promotion des investissements.

Comme expliqué précédemment, l'Afrique ne parvient pas encore au « Big-Push » de P. Rosenstein-Rodan (1943) ou au modèle « Take-off » de Rostow parce que les Investissements Directs Étrangers sont encore très faibles. Les États africains n'intéressent pas les investisseurs étrangers, car le continent souffre de nombreux déficits qui font que l'Afrique devient moins intéressante pour les investissements productifs. Selon S. Straub (2011), le déficit en infrastructures constitue l'un des obstacles majeurs aux activités des Firmes Multinationales. S. Straub (2011) précise qu'il s'agit des infrastructures de transport, de télécommunications et d'énergie. Cette problématique avait fait l'objet d'investigations de la part de A. Escribano & al., (2010) qui sont arrivés à la conclusion suivante qu'un faible niveau d'infrastructures renchérissait les coûts de transactions et de logistique, par conséquent, rendait les produits fabriqués sur place moins compétitifs. L'Afrique Subsaharienne n'a pas assez investi dans la fourniture d'électricité donc se retrouve dans une insuffisance des capacités de production, un manque de fiabilité des services et un coût élevé de ces services.

L'autre problème de l'Afrique pour attirer les Investissements Directs Étrangers réside dans la faiblesse de son système éducatif qui n'arrive pas à produire suffisamment de main-d'œuvre qualifiée et de spécialistes capables d'attirer des investissements productifs. La progression du taux de scolarisation n'est pas en cause, car selon J.W.

Lee et H. Lee (2016) l'Afrique Subsaharienne est l'une des zones où le taux de scolarisation est en progrès. Pour les auteurs, le problème est le niveau du secondaire où le taux de scolarisation n'a pas encore atteint le maximum observé dans les autres régions du monde. Pour ce qui est du supérieur, l'Afrique Subsaharienne n'a pas encore commencé à combler son retard.

La véritable faiblesse du système éducatif en Afrique se situe au niveau secondaire et supérieur où les États n'arrivent pas à former des spécialistes. Parmi ceux qui accèdent au cycle secondaire, la plupart privilégient encore très souvent l'enseignement général au détriment de la formation professionnelle, car la plupart des parents pensent que cette formation n'est pas valorisante et qu'elle est une voie réservée aux élèves en échec. D'ailleurs, seuls les enfants venant des régions vont vers cette filière.

Or, en Afrique, de nombreux jeunes issus des universités n'arrivent pas à trouver de travail à l'issue de longues études. Finalement, ils exercent des professions non qualifiantes ou viennent grossir le secteur informel comme chauffeurs de taxi, commerçants ambulants, etc. Le Partenariat entre l'éducation et les Entreprises est rare. Les États africains n'ont pas pris la mesure de l'échec des filières générales qui envoient trop de jeunes sur le marché du travail. Ceux qui viennent avec une qualification ont suivi une formation d'apprenti de façon informelle. La plupart connaissent le métier, mais ne possèdent pas de Certificat ou de Diplôme attestant de cette connaissance. Ils se font embaucher après vérification de leur savoir par l'employé potentiel. La plupart des pays africains souffrent du manque d'écoles et d'équipements adaptés, en particulier les zones rurales où l'école se passe dans des salles en plein air, sans eau potable, sans électricité ni toilette. Les centres de formation professionnelle sont peu nombreux et tous dépassent leur capacité d'accueil. Les équipements matériels sont insuffisants au regard du nombre d'élèves inscrits et sont obsolètes.

Les deux éléments évoqués constituent pour la plupart des économistes un obstacle aux investissements productifs exogènes (D. Rodrik, 2008, 2009 ; S. Straub, 2011 ; A. Escribano & al., 2010 ; A. Isaksson, 2009a). L'Afrique ne peut donc pas attirer d'investissement productif puisque les dirigeants peinent à remédier au manque d'infrastructures et à la faiblesse du système éducatif.

Le principal défi rencontré par les pays riches en ressources naturelles consiste à transformer ces ressources en actifs qui conduisent à un développement fort et durable, à une diversification économique, à une réduction des inégalités et de la pauvreté. Il s'agit de mettre en place un cadre budgétaire issu des rentes où la fiscalité des matières premières doit atteindre des niveaux permettant d'optimiser les flux financiers et ne pas décourager les Investissements Directs Étrangers. Il faut constater que les Pays en Développement riches en ressources naturelles ont obtenu des résultats médiocres en termes de croissance économique et de développement (T. Gylfason, 2000, 2001 ; T. Gylfason & G. Zoega, 2002 ; H. Mehlum & al., 2006 ; J.D. Sachs & A.M. Warner, 1995, 2001).

La corruption se traduit par une diminution de la part de la rente qui revient à l'État, car les pots-de-vin aux fonctionnaires et aux personnes d'influence ne s'imputent pas sur les bénéfices des investisseurs. Il y a moins de contrôle externe en Afrique sous forme de transparence et la corruption peut donc avoir plus d'impact sur le partage des ressources dans cette région du monde qu'ailleurs. L'un des principaux obstacles à la croissance économique et au développement social dans de nombreuses économies de ressources naturelles est la recherche de la rente. Elle est la caractéristique unique des pays ayant une abondance en ressources naturelles et elle produit des faiblesses institutionnelles.

Tout d'abord, une partie du revenu des ressources va dans les poches des fonctionnaires corrompus, car il est facile pour les investisseurs de les corrompre tout au long de la vie de l'entreprise (E. B. Barbier, 2005). Dans ces pays, les comportements de recherches de rentes des fonctionnaires, avec la complicité des Entreprises transnationales ont réduit les avantages des revenus tirés des ressources naturelles. J. McMillan (2005) estime qu'environ 1 milliard de dollars américains des revenus pétroliers sont perdus chaque année depuis les années 2000 en Angola. Dans la plupart des cas, les élites dominantes bénéficient de rentes au détriment du peuple. La corruption a été établie comme un obstacle majeur pour les pays riches en ressources naturelles en ce qui concerne la croissance et le développement (D.C. North, 2005).

Les flux financiers illicites issus de la fraude consolident l'Afrique dans une dépendance économique à l'égard des autres pays et sapent la capacité des États africains à articuler et à mettre en œuvre une approche du développement dont les priorités sont la capacité d'expansion économique, la transformation et la redistribution. Les flux financiers hors d'Afrique sont devenus un sujet de préoccupation majeure en raison de l'ampleur et de l'impact négatif de ces flux sur le développement et la gouvernance. En règle générale, la fuite des capitaux est comprise comme des mouvements de fonds à l'étranger afin d'obtenir de meilleurs rendements, souvent en réponse à un climat défavorable dans le pays d'origine (C. Kant, 2002 : 354). La fuite des capitaux peut être légale ou illégale. Cependant, les flux financiers illicites représentent une situation nouvelle tant sur le plan conceptuel qu'en termes de politique.

Malgré l'amélioration des lois et des règlementations internationales de lutte contre le blanchiment d'argent, beaucoup de pays africains sont toujours confrontés à des difficultés de mise en œuvre pratiques pour résoudre ce problème. L'abus de pouvoir à des fins privées est utilisé par des représentants et aussi encouragé par le comportement de certaines Firmes Multinationales. Néanmoins, les relations entre la gouvernance et la nature des flux financiers illicites varient selon les pays et dépendent de facteurs tels que la faiblesse institutionnelle, l'histoire, la structure économique et l'état bureaucratique. En raison de l'énorme quantité de flux financiers illicites hors d'Afrique, le continent a connu des niveaux inférieurs dans son programme de lutte contre la pauvreté par rapport à d'autres régions en développement.

La persistance du sous-développement en Afrique Subsaharienne malgré une croissance élevée

Le développement est perçu comme englobant différentes interventions avec un contenu spécifique. Or la croissance est simplement un indicateur de performances. Elle ne tient pas compte de la manière dont est obtenu le revenu ni la façon dont ce revenu est réparti. La croissance n'exprime que la masse globale des valeurs ajoutées, alors que le développement doit être lié à l'homme et à la satisfaction des besoins. La croissance peut aider à atteindre cet objectif si elle est bien répartie ou si elle est bien utilisée.

Ce qui est expliqué ici, c'est que la croissance n'est pas forcement génératrice de développement. C'est pourquoi il est primordial de distinguer ces deux notions. Cela permet plus aisément de comprendre pourquoi l'Afrique est encore sous-développée malgré une croissance soutenue. Cela est important si l'on veut expliciter les mécanismes de la croissance sans développement.

En Afrique, ce sont les pays riches en matières premières qui ont une forte croissance qui peut être obtenue par un premier mécanisme qui est la fluctuation des prix des matières premières. La flexibilité et l'élasticité du marché des matières premières sont influencées par la demande et l'existence d'une concurrence imparfaite qui, souvent, n'est pas favorable aux producteurs.

Le deuxième mécanisme est la fluctuation des devises étrangères, notamment le dollar américain, monnaie de référence dans les échanges internationaux. La demande en matières premières peut dépendre du cours des devises. Un constat est clair : lorsque le dollar américain est à son plus faible niveau, la demande en matières premières est plus forte. Les autres pays ayant une monnaie différente les convertissent en dollar américain lorsqu'ils viennent sur le marché des matières premières. Ce qui amène des pays tels que la Chine ou le Japon à surévaluer leur monnaie. C'est d'ailleurs la cause d'une des tensions entre la Chine et les États-Unis.

En réalité, la forte recette en matières premières des pays d'Afrique producteurs est totalement indépendante des politiques de production. Les pays africains ne bénéficient donc que de politiques d'offres des matières premières, de politiques monétaires ; processus dans lesquels ces pays n'ont aucune influence.

Un autre phénomène encore plus important est relatif à l'inéquation entre les recettes d'exportation et les dépenses d'importation. Ce qui fait qu'environ la moitié des recettes d'exportation est rétrocédée aux industries des pays développés qui fabriquent ces produits dérivés. La plupart des données statistiques ne prennent en compte que les recettes pour évaluer la croissance. Mais si les pays d'Afrique Subsaharienne parvenaient à la première étape de la transformation de ces produits avant exportation, cela permettrait non seulement de créer des emplois, mais aussi de faire progresser les recettes d'exportation afin d'augmenter l'écart entre les chiffres des exportations et les chiffres des importations. Si les produits étaient transformés sur place, cela permettrait aux gouvernements de récolter des taxes auprès des Entreprises transformatrices, mais aussi d'améliorer les conditions de vie en offrant du travail et de la protection sociale. En l'état actuel, la différence entre les exportations et les importations permet à peine de payer les fonctionnaires, de faire face au service de la dette et de régler les urgences. À peine si les pays africains ont de quoi faire des investissements endogènes.

Le financement public inclut les Aides Publiques au Développement dans des secteurs essentiels tels que l'agriculture, les transports, l'énergie et l'éducation et vise à permettre à la population de mieux vivre. De façon générale, les programmes de développement ont été un échec, car les objectifs n'ont pas toujours été atteints. Les programmes sont sans cesse modifiés par les donateurs qui tentent régulièrement d'apporter un nouveau dynamisme. L'inefficacité des Aides Publiques au Développement réside aussi dans un facteur institutionnel malgré l'augmentation des Aides Publiques au Développement ces dernières années.

Le fait est que l'argent n'arrive pas aux populations. La faute vient de la lourdeur administrative et du déficit en cadres pour créer et/ou diriger les projets. En réalité, malgré le fort besoin en développement, les sommes allouées aux pays d'Afrique Subsaharienne ne sont pas totalement dépensées. Dans ces pays, le reliquat en fin d'exercice est très élevé. Cela montre les limites des Aides Publiques au Développement. D'abord, les lourdeurs administratives : il est clair que les donateurs veulent s'entourer de précautions en multipliant les étapes menant à l'utilisation des fonds. Mais cela retarde la mise en œuvre d'un certain nombre de projets. En plus, les populations ont le sentiment que cette lenteur bureaucratique est un moyen dissimilé de ne pas dépenser l'argent et de récupérer le reliquat pour constituer les Aides Publiques au Développement de l'année suivante. L'utilisation des fonds est très compliquée. Cela donne l'impression que les sommes faramineuses attribuées aux pays d'Afrique Subsaharienne ne sont qu'un mirage.

De plus, l'Afrique Subsaharienne manque de capacités administratives pour l'élaboration de propositions de dépenses. Il est évident que si les cadres et les décideurs politiques n'ont pas aussi le niveau nécessaire et la formation pour conduire les projets, alors les populations attendront longtemps pour voir l'impact de ces financements. En général, c'est le donateur qui propose un schéma d'interventions ou de projets. Or ce qui semble important pour le donateur ne l'est pas forcément pour les populations locales. Par exemple, lorsque l'Union Européenne investit massivement dans une compagne de lutte contre le VIH en Afrique de l'Ouest alors que la population n'a pas d'eau potable. Ce n'est pas une volonté du donateur de fixer ses propres priorités, mais parce qu'en face, les Africains ne font pas de propositions concrètes sur papier. Tout l'argent des Aides Publiques au Développement, même dépensé, ne suffira pas à combler le retard économique des Collectivités Territoriales d'Afrique Subsaharienne. L'Afrique manque de personnes-ressources capables de formaliser les besoins et de faire des propositions aux donateurs avant la répartition des fonds. À défaut, l'argent n'arrivera pas là où il le faut. Le succès des investissements publics dépendra donc de la mesure dans laquelle la question du montant sera abordée. Il n'existe pas de cadre légal pour assurer un partage équitable des fonds propres de l'État et des fonds étrangers ni de base conceptuelle et interprétative claire pour l'équité.

Par ailleurs, quand on parle d'Institutions régionales, sous-régionales et de pays donateurs d'Afrique, il n'y a rien de concret. Souvent, les apports se résument aux questions techniques et politiques. Ainsi, tous ces cadres étrangers et nationaux sont payés par les fonds obtenus dans le cadre de l'Aide Publique au Développement. Souvent, en fin d'exercice, on se rend compte que les fonds pour le fonctionnement sont plus élevés que ceux pour l'investissement. En d'autres termes, une grosse partie de l'Aide Publique au Développement n'est pas investie, mais sert à entretenir le personnel des projets, les fournitures des bureaux et le carburant. Il y a donc une prédominance des montants de fonctionnement sur les montants d'investissement alors que l'Aide Publique au Développement devrait plutôt y être investie. Un problème systémique est que le cadre institutionnel des investissements publics dans l'ensemble n'a pas été conçu pour répondre à ce type de difficultés. C'est vraiment un problème, car ces institutions pourraient être conçues pour traiter efficacement les principaux obstacles au développement en séparant le fonctionnement de l'investissement lors des négociations. Mais on se contente de verser un montant global et c'est aux cadres à procéder à la répartition.

Le financement public et l'Aide Publique au Développement devraient plutôt résulter d'un consensus sur les opportunités de développement comme moyen de tirer profit des fonds disponibles, ce qui nécessite une compréhension de la nature de ces fonds, des avantages et des coûts impliqués dans les projets et des garanties pour le développement des pays. Les mauvaises priorités (budget de fonctionnement) ont entravé le succès de l'Aide Publique au Développement. Les détournements de fonds entravent aussi le succès des financements publics et des Aides Publiques au Développement. En général, le financement public va là où les cadres de l'administration peuvent détourner de l'argent.

Comme dit dans le mécanisme de la croissance sans développement en Afrique, la croissance du continent est tirée en partie de la vente des matières premières. C'est-à-dire, la plupart des pays d'Afrique Subsaharienne riches en ressources naturelles comptent sur la vente de ces ressources pour faire face aux dépenses publiques.

Ainsi, certains pays riches en plusieurs ressources n'en exploitent qu'une seule jusqu'à épuisement avant de se tourner vers d'autres sources de matières premières. Chaque pays a sa propre stratégie afin de bénéficier des rentes des matières premières. Cela répond plus aux contraintes budgétaires, même si les rentes de certaines ressources sont plus facilement détournées par les élites que d'autres. En effet, les rentes des ressources naturelles telles que le diamant ou l'or sont facilement détournées parce que la clientèle est diverse et variée. Les rentes issues du pétrole ne peuvent être détournées qu'au niveau du sommet de l'État, bien que les pays tels que le Nigeria ou la Libye soient l'objet d'exploitation clandestine des forages de pétrole.

L'expression « malédiction des ressources naturelles » a été inventée par Richard M. Auty (1993), un économiste qui se spécialise dans l'influence des ressources naturelles sur le développement économique. Richard M. Auty (1993) fait valoir que la dépense liée aux ressources naturelles tend à tirer la croissance vers le bas à cause de la faiblesse des institutions qui favorisent la recherche de rentes (P. Collier, 2000 ; R. Torvik, (2002). Ce point de vue a été largement développé par des chercheurs tels que H. Mehlum & al. (2006) et J.D. Sachs & A.M. Warner (1995 ; 2001) entre autres. J.D. Sachs et A.M. Warner (1995 ; 2001) affirment que la dépendance en ressources naturelles a un effet négatif sur les performances économiques. Mais admettre tout simplement que les ressources minérales ont un « effet négatif » sur la croissance n'est pas suffisant. Une explication est nécessaire. Par conséquent, plusieurs approches ont démontré que la dépendance en ressources naturelles n'entraîne pas la croissance.

La « malédiction des ressources naturelles » établit une relation inverse entre les revenus élevés des pays riches en ressources naturelles et la croissance économique. Les doutes sur l'impact économique direct de « l'abondance des ressources naturelles » ont encouragé un certain nombre d'auteurs à trouver un mécanisme par lequel elles pourraient nuire au développement. Ainsi, il y a deux types d'effets concernant la « malédiction des ressources naturelles » : ses effets monétaires et ses effets non monétaires.

À la fin des années 1950, plusieurs gisements importants de gaz naturel ont été découverts aux Pays-Bas. Les exportations de gaz ont eu un fort impact économique, ce qui a provoqué une appréciation du Florin néerlandais et une contraction des industries non extractives. Cet effet a donné le nom de « syndrome hollandais ». Pour représenter le syndrome hollandais, quand un pays connaît un boom de ressources naturelles, il doit généralement faire face à un afflux soudain de monnaies étrangères en contrepartie des ressources naturelles exportées qui conduiront à l'appréciation de la monnaie. L'appréciation de la monnaie nuit aux autres secteurs non liés aux ressources naturelles, car elle rend leurs exportations plus chères. En conséquence, les gains pour un pays dans les ressources naturelles peuvent être rattrapés par des pertes dans d'autres secteurs. Cela est nécessaire pour soutenir le développement économique une fois que les ressources naturelles seront épuisées.

L'afflux de « ressources naturelles » crée un risque pour les secteurs non liés aux ressources naturelles minés par une appréciation du taux réel de change. L'impact des « nouvelles ressources naturelles » sur le développement dépend aussi beaucoup de leur impact sur le reste de l'économie. Le prix des ressources naturelles étant volatile, cela rend difficile le remboursement des prêts. Pour éviter ce risque, les nouvelles recettes issues des ressources naturelles ne devraient pas dépasser la capacité de l'économie à les absorber. Les prescriptions politiques pour atténuer le « syndrome hollandais » sont bien connues en théorie, mais l'identification des changements dans l'équilibre peut être difficile dans la pratique : les données d'inflation doivent être bien construites et efficacement produites afin de permettre une détection rapide des signes d'alerte et une réponse en temps opportun.

Une dépense de rentes implique un processus de décision complexe et coûteux avec des effets potentiellement négatifs sur la qualité et l'efficacité des dépenses publiques. Le revenu des ressources naturelles conduit soit au financement des projets qualifiés « d'éléphants blancs » puisque n'ayant aucun impact sur le développement, soit au financement de dépenses récurrentes telles que les salaires des fonctionnaires. Dans ce cas, le trop grand secteur public appauvrit les autres secteurs et entraîne une hausse des coûts des biens non échangeables.

Les effets non monétaires de la « malédiction des ressources naturelles »

Le premier cas du « syndrome hollandais » se produit quand l'essor de l'exportation de matières premières provoque la désindustrialisation de l'économie. La découverte des ressources naturelles peut conduire à une augmentation des ressources d'exportation et entraîne une forte appréciation du taux de change réel. Dans le second cas, les pays qui bénéficient de ressources naturelles sont en mesure non seulement d'augmenter la croissance économique, mais peuvent aussi produire de la pauvreté et de l'inégalité. Cependant, ceci est compliqué par la nature même des rentes, ce qui peut conduire quelques privilégiés à garder des avantages pour eux-mêmes.

Dans les pays à institutions faibles, les revenus des ressources naturelles seront comptés dans les dépenses de consommation plutôt que dans celles d'investissement. P. Collier et B. Goderis (2007) affirment que les revenus provenant des ressources non agricoles ont tendance à exercer une incidence négative à long terme sur le développement et la croissance. Des conclusions similaires ont été également obtenues par R.M. Auty (2001), E. Neumayer (2004), E. Papyrakis et R. Gerlagh (2004). Fait intéressant, l'exemple de S. Bhattacharyya et P. Collier (2013) qui révèlent que l'afflux des revenus de ressources naturelles est associé à un faible capital public, avec un effet plus prononcé dans les pays ayant des « institutions faibles ». Ainsi, les institutions sont considérées comme le facteur clé, déterminant dans la trajectoire du développement de pays abondants en ressources naturelles.

Les États rentiers d'Afrique sont caractérisés par la fraude qui provient de l'explosion des activités financières illégales dans les secteurs publics et privés de l'économie, perpétrées par les cadres. Ces activités illégales impliquent dans une large mesure des fonds manquants ou des fonds mal orientés, impliquant plus des dépenses, des revenus sous-estimés, des transactions irrégulières de change à l'intérieur et à l'extérieur des banques, des détournements de fonds, des transferts illicites de capitaux, une manipulation illégale de la monnaie. La « fraude » entrave la bonne gouvernance, la démocratie, la sécurité et réduit la capacité des États à fournir des équipements de base. Elle provoque la pauvreté et l'inégalité en détenant des fonds publics qui vont dans la poche de quelques individus ; elle réduit les recettes publiques et augmente les dépenses publiques, elle contribue aux déficits budgétaires et empêche d'avoir une économie solide et elle fausse la répartition efficace des ressources économiques et déséquilibre la « valeur des marchés ».

Le niveau local à la recherche d'un nouveau type de relations décentralisées avec les Firmes Multinationales

Les pays africains ont connu deux périodes économiques qui ont été proposées, la plupart du temps imposées, comme systèmes économiques pouvant sortir l'Afrique du sous-développement. Il s'agit de la période des nationalisations où les États étaient au centre des grandes décisions économiques avec les grosses Entreprises publiques. Ensuite, il y a eu une deuxième période de privatisation. Les nationalisations et les privatisations n'ont pas permis le développement économique des Collectivités Territoriales d'Afrique. La première étape est l'analyse de l'échec des nationalisations puis les échecs actuels des marchés pour apporter le développement tant attendu par les Collectivités Territoriales.

La plupart des pays d'Afrique Subsaharienne ont obtenu leur indépendance dans les années 60. Dès les premières heures de l'indépendance, les États ont pris le contrôle de certaines Entreprises gérées par les colonisateurs et ont pu en créer d'autres. De ce fait, les États africains se sont retrouvés comme propriétaires des moyens de production. Cette politique devait assurer le développement de l'ensemble du pays d'autant plus qu'elle s'est accompagnée de la création d'un certain nombre de structures de planification. L'objectif de la planification à l'indépendance était d'élaborer des projets de développement et de contrôler leur mise en œuvre. Mais la nationalisation s'est avérée inefficace à assurer le développement dans le sens où la mainmise de l'État sur l'économie du pays a contribué à la recrudescence de la corruption, à des détournements de fonds, à la gabegie et a augmenté la dette publique.

Les entreprises publiques africaines ont contribué à endetter davantage les pays africains. L'esprit des Entreprises publiques à l'indépendance était de dégager des bénéfices afin de financer les investissements endogènes. Malheureusement, ces Entreprises n'ont jamais atteint leur objectif à cause de la mauvaise gestion due à la malhonnêteté des dirigeants, mais aussi à l'incompétence des personnes nommées à la tête de ces Entreprises publiques.

Une partie de la dette africaine a servi à renflouer les Entreprises publiques afin de préserver l'emploi et la continuité des services. Or, pendant que l'État cherchait des fonds, les fonctionnaires détournaient ceux disponibles dans les Entreprises. Ces détournements sont un manque à gagner pour la population, notamment en ce qui concerne l'amélioration des services de base.

Par ailleurs, même si les recettes des Entreprises Publiques ne vont pas à l'extérieur, elles servaient souvent à financer les activités des partis uniques. Dans les villes et les villages, l'argent est distribué par le parti au pouvoir à ses représentants afin de corrompre les Chefs de villages et les notables pour asseoir la puissance publique dictatoriale.

Les approches du développement des années 1980 et 1990 ont souligné également le rôle bénéfique des marchés libres, des économies ouvertes et de la privatisation des Entreprises publiques inefficaces (M.P. Todaro & S.C. Smith, 2006 : 03). Le paradigme du développement de cette époque était de considérer que l'incapacité à se développer résultait d'une trop forte intervention des gouvernements dans la régulation de l'économie et d'une mauvaise allocation des ressources. Cela a appelé à la libéralisation des marchés, au démantèlement de la propriété publique, au rejet de la planification étatique et à la règlementation gouvernementale des activités économiques. Les partisans de cette approche ont été d'avis qu'en éliminant les facteurs de distorsion des prix et des coûts, en introduisant la libre concurrence par la privatisation des Entreprises publiques, la promotion du libre-échange et l'expansion des exportations, l'accueil des investisseurs extérieurs, l'efficacité économique et la croissance seront stimulés. Ce paradigme nouveau a conduit à l'arrivée de nombreuses Firmes Multinationales dans les Pays en Développement.

Parce que chaque pays cherche à attirer les investisseurs étrangers, diverses mesures sont prises pour veiller à ce qu'ils soient attirés. La plupart des mesures des politiques d'investissement restent orientées vers la privatisation et la libéralisation. La privatisation peut entraîner des gains nets pour les investisseurs étrangers, mais elle peut diverger avec les intérêts de la population.

De façon concrète, certaines populations ont combattu les Firmes Multinationales. C'est le cas dans le Delta du Niger au Nigeria où le conflit continu entre les différentes Communautés du Delta et les Firmes pétrolières. Au Nigeria, l'activiste Ken Saro-Wiva a été arrêté et exécuté par la justice du pays parce qu'il protestait contre les opérations pétrolières dans le Delta du Niger, car l'exploitation pétrolière a transformé le territoire Ogoni en terre non cultivable. Les ruisseaux et les rivières ont été pollués par les vapeurs d'hydrocarbure, de méthane, de monoxyde de carbone, de dioxyde de carbone et des gaz s'échappent à proximité des habitations (Amnesty International, Business and Human, 2011).

Les Collectivités Territoriales ont besoin d'élaborer une véritable politique de développement à leur propre échelle. Or, on sait que la plupart des Collectivités Territoriales, notamment celles qui sont reculées, ne tirent pas suffisamment profit de la croissance potentielle du pays et cela, en grande partie du fait de l'insuffisante capacité des responsables locaux. Dans cette situation, ces responsables ne sont pas en mesure de répondre aux attentes toujours plus nombreuses des populations en termes de services. Cela accroît le manque de confiance entre les populations et les autorités publiques, voire développe un sentiment de défiance desdites populations vis-à-vis de l'autorité locale qui, à la longue, a du mal à asseoir son contrôle sur la Collectivité Territoriale.

Presque tous les pays d'Afrique sont confrontés au même problème suite à la Décentralisation. Il s'agit du transfert effectif des compétences et de la disponibilité des ressources humaines. Ce manque de ressources humaines à la fois qualitatif et quantitatif est un handicap sévère pour le développement local. Le niveau de formation des acteurs locaux, qui sont pour la plupart sans formation professionnelle initiale, constitue un défi aux capacités managériales des Collectivités Territoriales. Il a aussi été constaté que le niveau de formation et de compréhension des élus concernant leurs missions est assez varié. Les élus sont souvent analphabètes et les agents n'ont pas le profil approprié pour les postes et les fonctions qu'ils occupent.

Les Africains ont conscience des limites de la Décentralisation, c'est pourquoi depuis quelques années, dans la plupart des pays, ont été mis en place des programmes de renforcement des capacités au profit des acteurs de la Décentralisation pour améliorer la situation et réduire les insuffisances dans ce domaine. Ce forum qui s'intitulait « Les ressources humaines des Collectivités Territoriales africaines : le temps d'agir, c'est maintenant », a relevé l'importance de renforcer les capacités des ressources humaines des Collectivités Territoriales. Les représentants des Collectivités Territoriales d'Afrique ont expliqué l'urgence de la formation et du renforcement des capacités face à la faible qualification des ressources humaines. Ce manque de qualification ne met pas les responsables locaux en situation de planifier et de gérer leurs territoires.

Les États aussi organisent des ateliers de formation et de renforcement de capacités des élus et des acteurs locaux des départements et des régions. C'est le cas du Sénégal où s'est déroulé un atelier de formation et de renforcement des capacités à destination des élus et des acteurs locaux. Cet atelier visait à renforcer leurs connaissances sur les textes législatifs et règlementaires afin de partager leurs connaissances en matière de démarches et d'outils de gestion transparents et efficaces pour la Collectivité locale.

En fait, les élus et les acteurs locaux des Collectivités Territoriales africaines manquent de formation. Le niveau d'études des élus est très bas et très peu d'élus s'entourent de personnes ayant une qualification adéquate. Or, la gestion d'une Collectivité Territoriale implique d'élaborer et de mettre en œuvre des stratégies de Développement Économique Local. La mobilisation des dynamiques économiques du territoire, des ressources, tant humaines que naturelles, et des conditions locales du succès assurent durablement les options du développement retenues par la Collectivité Territoriale ainsi que la capacité de leur mise en œuvre. Le manque de formation des élus locaux et des acteurs fait que ces derniers ont du mal à définir les filières porteuses de dynamiques économiques locales. Or, le choix des filières est nécessaire pour prioriser les investissements. Les revenus générés par ces filières pourraient être réinvestis sur le territoire en appui à d'autres filières ou dans le développement et l'entretien des infrastructures dont les effets tireront l'économie locale vers le haut. Pour cela, il faudrait que les responsables locaux soient capables d'établir un portefeuille de projets. C'est-à-dire avoir les ressources humaines nécessaires à l'élaboration de plans d'action qui sont des documents permettant aux projets d'être opérationnels, savoir poser des diagnostics, analyser les filières économiques locales et avoir la capacité d'interpréter les résultats.

Le concept de « local » a pris plus d'importance dans les stratégies de développement avec comme point de départ l'élaboration de stratégies qui ont un impact territorial et spatial. Une autre innovation est apparue dans les théories et les pratiques du développement, à savoir le concept du développement participatif où, pour de nombreux analystes africains et internationaux, le défi est de mettre en question l'approche traditionnelle du développement, en particulier sa capacité à jeter les bases du développement durable. Le but du Développement

Économique Local est de créer une stratégie globale équilibrée. Pour ce faire, le Développement Économique Local cherche à exploiter le potentiel de développement de chaque région et à stimuler l'adaptation des systèmes économiques locaux à l'évolution de l'environnement économique. Un des avantages de la Décentralisation qui a été débattu par de nombreux chercheurs est son impact sur le Développement Économique Local. La Décentralisation a permis de mettre en place des politiques locales de développement économique, même si dans la plupart des cas les moyens n'ont pas suivi. Il faut rappeler que le développement local en Afrique Subsaharienne n'a pas attendu la Décentralisation pour être mis en place par les populations rurales et urbaines, mais dans une forme traditionnelle. Dans les campagnes, il y avait des comités de jeunes qui se chargeaient des travaux destinés à faciliter la vie de toute la Communauté comme par exemple abattre un arbre qui empêchait de relier deux villages, construire des ponts avec des troncs d'arbre, etc. Il existait aussi des tontines afin de construire des écoles, acheter des moulins à grain, etc. Par contre, la Décentralisation a permis de formaliser des pratiques aussi anciennes et d'avoir une reconnaissance en tant que facteur de Développement Économique Local et pas seulement comme des aides d'appoint.

Mais le niveau local peut prétendre aussi à capter les Investissements Directs Étrangers en tant qu'outil de développement économique. Pour cela, il faut d'abord qu'une des conditions soit réunie.

- Posséder des ressources naturelles, des conditions climatiques, géologiques et zoologiques capables d'attirer les Investissements Directs Étrangers.
- Posséder de la main-d'œuvre qui peut constituer une ressource pour les investisseurs.

En ce qui concerne la première condition, l'attractivité dépend plutôt de l'organisation et du climat social. Les seules conditions naturelles ne suffisent pas pour que des investissements soient réalisés. C'est le cas des localités en proie à des conflits même si la première condition est réunie. Or les Investissements Directs Étrangers peuvent aller vers les zones où les matières premières du sous-sol telles que l'or, l'uranium, le diamant, etc. sont abondantes ; elles peuvent aller aussi vers les zones où le climat permet de cultiver des matières premières telles que le café, le cacao, l'hévéa, etc. ; il y a aussi des conditions géologiques qui attirent les industries touristiques comme le plus haut sommet d'Afrique, le Kilimandjaro en Tanzanie, et enfin des conditions zoologiques telles que le parc naturel du Kenya, de la Tanzanie, du Congo, etc.

Mais le Développement Économique Local permet de remplir la deuxième condition. C'est-à-dire donner de la valeur aux ressources humaines locales. Tout comme vu dans l'exemple des quatre dragons asiatiques, ce processus peut se reproduire à un niveau local. Mais dans la plupart du temps, les États d'Afrique Subsaharienne n'assument pas leur rôle. Or, pour obtenir un développement endogène à un niveau local, les populations ont besoin de se structurer afin d'obtenir des financements et des moyens techniques pour former les habitants. S'organiser pour attirer les Organisations Non Gouvernementales internationales, c'est le choix de nombreuses localités pour attirer des organisations qui viennent en aide aux localités ou aux villages dans la formation dans divers domaines.

Mais bien négociée, la présence des Investissements Directs Étrangers peut être un outil à intégrer dans les instruments du Développement Économique Local en ce sens où :

1- Les Investissements Directs Étrangers vont augmenter le stock de capital humain :

Avec l'arrivée des Entreprises transnationales, il y a transformation d'une société agricole en société industrielle. Mais la plupart du temps, en premier lieu, les investisseurs sont confrontés à un manque de formation générale dans la localité ou bien la formation acquise est le plus souvent inadaptée aux techniques employées. C'est d'ailleurs le premier souci des investisseurs étrangers dans les zones rurales ; leur défi est d'apporter les conditions dans lesquelles la main-d'œuvre locale s'adapte aux évolutions techniques et organisationnelles, ce qui est un avantage pour les actifs locaux. Cela passe donc par une formalisation accrue du niveau de connaissance. L'intensité et le rythme des formations peuvent dépendre du type d'industrie. Il n'est pas exclu que la main-d'œuvre bien formée ne soit pas sensible à la reconversion vers un autre métier ou une autre entreprise. Ainsi, il est plus facile de trouver dans une localité donnée plus de main-d'œuvre qualifiée où existent une ou plusieurs industries qu'une localité essentiellement agricole.

2 – Les Investissements Directs Étrangers vont accélérer le progrès technique dans la localité :

Les Investissements Directs Étrangers en apportant le progrès technique (nouvelle façon de faire) permettent d'augmenter la productivité, même dans les domaines primaires tels que l'agriculture ou la pêche. Ce progrès va être diffusé par deux canaux : soit directement comme fournir l'électricité aux villages voisins de l'industrie ou par imitation, ce qui conduira à une augmentation des gains de productivité. La conséquence de ces gains est une croissance durable avec de nouveaux marchés, avec de nouvelles demandes. Grâce aux nouveaux marchés vont apparaître de nouvelles productions capables d'attirer les localités voisines.

3 – Les Investissements Directs Étrangers vont jouer le rôle d'accumulation des investissements :

Les Investissements Directs Étrangers vont stimuler d'autres facteurs de production entraînant des investissements supplémentaires, c'est ce que l'on peut appeler « l'accumulation des investissements ». D'abord, il y a la sous-traitance locale qui est la première forme d'investissement complémentaire. Les investissements annexes liés à l'offre d'emploi sont des écoles de formation professionnelle et aussi des écoles d'alphabétisation et également des investissements liés à l'augmentation d'un salaire garanti. C'est par exemple la construction de logements en béton contrairement aux logements traditionnels faits de terre rouge (banco) ainsi que la construction de routes avec la création d'entreprises de BTP, etc.

Ainsi, sans perdre de vue que certains Investissements Directs Étrangers ont des conséquences négatives sur la vie des populations d'Afrique Subsaharienne, on peut faire le choix d'affirmer que les avantages des Investissements Directs Étrangers sont plus grands que les conséquences négatives. De plus, lorsque les investisseurs constatent que les conditions d'un dialogue ne sont pas réunies, dans ce cas ils se contentent d'exploiter les ressources en payant des sociétés de sécurité pour protéger leurs investissements. Or, dans la plupart des localités d'Afrique Subsaharienne riches en matières premières, il existe toujours des conflits entre les Communautés pour le contrôle des richesses. Néanmoins, il y a de nombreuses exceptions où malgré la richesse, les Collectivités tentent de s'entendre afin de bénéficier de la présence des Investissements Directs Étrangers. Ainsi, la question n'est plus de savoir s'il y a des possibilités d'utiliser les Investissements Directs Etrangers d'une manière favorable aux économies d'Afrique Subsaharienne, mais comment les articuler avec le Développement Économique Local ?

III

Trois cas de Partenariats Décentralisés en Afrique de l'Ouest

Le choix des trois exemples se justifie à la fois pour leurs convergences sur certaines questions et pour leurs divergences sur d'autres. Les approches du partenariat prises en référence ont reçu un large soutien de la part de toutes les parties prenantes, y compris les décideurs politiques locaux, les Chefferies traditionnelles et les Communautés locales. Au niveau national, les décideurs politiques démunis face aux besoins croissants dans ces Collectivités Territoriales encouragent les partenariats, car, soit ils laissent faire, soit ils coopèrent par le biais des fonctionnaires affectés sur place lorsqu'ils sont tenus informés de ce qui se passe dans leurs circonscriptions. Dans de nombreux pays d'Afrique, même avec la Décentralisation, les Préfets et les Sous-préfets exercent souvent des pressions pour participer et bénéficier des retombées de ce type de collaboration en profitant des largesses d'une partie ou de l'autre. Cela n'est pas le cas dans les trois Collectivités dont il est question.

Au niveau local, c'est plutôt le secteur privé qui bénéficie davantage du partenariat en raison des échanges avec les Firmes Multinationales qui ont besoin des entreprises locales pour fonctionner. Ces besoins sont liés aussi au facteur de confiance mutuelle qui fait partie des avantages globaux. La reconnaissance des compétences des acteurs économiques locaux va engendrer des conditions d'interdépendance dans de nombreux domaines et un grand nombre de marchés conclus par la Communauté locale, d'autant plus que la chaîne de production en Afrique est très étendue. Pour comprendre le comportement des Firmes Multinationales et les responsables locaux, il faut analyser cette question en termes de développement et de régénération économique. Il est nécessaire de considérer les relations comme un réseau d'acteurs établissant de partenariats entre eux, y compris pour des flux de ressources, d'énergie et d'informations au sein de ces réseaux.

Bien que le partenariat entre les Collectivités Territoriales et les Firmes Multinationales soit fonction de contextes historiques, économiques, sociaux et politiques (contexte de Décentralisation), il existe de nombreuses tendances communes. La nature des relations, en particulier public privé, mais également privé-privé (Firme Multinationale - entreprise locale) conduit à une transformation de la gouvernance locale et des relations avec l'État où le partenariat lui permet de déléguer son pouvoir de négociation au local. Cependant, en raison de la nature multiple des problèmes dans le contrat liant les États aux Firmes Multinationales, les gouvernements locaux doivent travailler différemment pour traiter efficacement ces problèmes.

En outre, comme expliqués dans la définition du partenariat, ces partenariats n'interfèrent pas avec les accords de l'État et ne désengagent pas non plus l'État. Ils réduisent simplement les objectifs de l'État dans la localité. Ainsi, comment sont formées les Collectivités Territoriales en Afrique Subsaharienne ? Comment se sont formés les trois partenariats et dans quelles circonstances ?

Les Collectivités Territoriales en Afrique de l'Ouest au-delà du simple construit politique et administratif

Chaque Collectivité Territoriale a plusieurs dimensions. Afin de tenter de saisir la richesse des diverses Communautés, il faut tout d'abord présenter les Collectivités Territoriales ouest-africaines en posant plusieurs questions : pourquoi l'Afrique Subsaharienne s'est-elle engagée dans la Décentralisation ? Quelles sont les forces et les faiblesses de la Décentralisation en Afrique de l'Ouest ? Quelles sont les spécificités des Collectivités Territoriales en Afrique de l'Ouest ?

Ces trois Collectivités territoriales sont présentées avec des différences pouvant être combinées pour former un ensemble des caractéristiques d'un partenariat. Par conséquent, chaque partenariat spécifique à une Collectivité Territoriale est une combinaison de ces différences et il existe de grandes différences entre les relations au sein d'une Collectivité Territoriale et au sein d'un partenariat qui s'installe dans le temps. Après avoir défini ce qu'est une Collectivité Territoriale, il est question de l'organisation sociétale des trois Collectivités Territoriales en révélant les types de Collectivités Territoriales. Ensuite, le rôle de chacun des acteurs est examiné ; et pour finir, une étude des ressources et des problèmes des trois Collectivités Territoriales.

Qu'est-ce qu'une Collectivité Territoriale ?

Les Collectivités Territoriales sont des structures issues de la Décentralisation. L'origine du terme « Collectivité Territoriale » est française. Ce terme a été introduit dans la Constitution française de 1946, puis repris dans celle de 1958 dans son Article 34 Titre XII. Les Collectivités Territoriales ne disposent pas des mêmes prérogatives que l'État, mais possèdent leur propre liberté d'administration prévue par la loi, différente selon les pays.

À l'origine de cette idée, il y a comme réflexion qu'une Décentralisation amènerait la création d'une telle structure qui permettrait à la population d'un territoire donné de prendre en charge ses propres intérêts. Il peut s'agir de Communes, d'Intercommunalités, de Départements et de Régions. Chacune de ces Collectivités Territoriales est composée d'une Assemblée délibérante élue au suffrage universel direct, et d'un pouvoir exécutif tel que le Maire ou les Conseillers régionaux. Même si elle ne possède pas des compétences étatiques, l'Assemblée délibérante possède des pouvoirs juridiques permettant de prendre des Arrêtés ou des compétences de coopération au niveau national et international.

Ainsi, selon le droit français, les Collectivités Territoriales sont régies par quatre principes :

- Le principe de libre administration des Collectivités Territoriales ;
- Le principe de la non-tutelle d'une Collectivité sur une autre qui découle du principe précédent ;
- Le principe de l'autonomie financière ;
- Le principe de contrôle de l'État a posteriori.

Grâce à ces principes, la Décentralisation a connu un succès d'autant plus que tous les États démocratiques s'y sont engagés. En outre, le mode de financement, bien pensé, permet aux Collectivités Territoriales d'obtenir des fonds permettant de faire face aux dépenses. Ces modes de financement reposent sur :

- Les impôts locaux ;
- Les impôts directs payés par les particuliers et les entreprises ;

- Les impôts indirects payés lors des actes administratifs ;
- Les dotations de l'État ;
- Les emprunts ;
- Les recettes dans diverses activités impliquant les Collectivités Territoriales.

C'est dans les années 90 que la plupart des pays d'Afrique de l'Ouest, à l'instar des autres pays du continent vont s'engager dans la Décentralisation. La compréhension des Collectivités Territoriales en Afrique de l'Ouest passe par des réponses à ces questions : pourquoi l'Afrique de l'Ouest s'est-elle engagée dans la Décentralisation ? Quelles sont les forces et les faiblesses du modèle ouest-africain de la Décentralisation ?

L'Afrique de l'Ouest est composée de 16 pays : le Bénin, le Burkina Faso, la Côte d'Ivoire, la Gambie, le Ghana, la Guinée, la Guinée-Bissau, le Cap-Vert, le Liberia, le Mali, la Mauritanie, le Niger, le Nigeria, le Sénégal, la Sierra Leone et le Togo. C'est une zone d'échanges économiques et politiques de 6 140 000 km^2. La région connaît une forte croissance économique ces dernières années. Le 28 mai 1975, tous les pays d'Afrique de l'Ouest, sauf la Mauritanie, ont signé à Lagos au Nigeria, l'accord visant à la création de la Communauté Économique des États en Afrique de l'Ouest afin d'assurer la libre circulation des personnes et des biens dans la région. En plus de cet instrument, huit pays ont créé l'Union Économique Monétaire ouest-africaine censée aider les États dans le financement des projets publics ; il s'agit du Bénin, du Burkina Faso, de la Côte d'Ivoire, de la Guinée-Bissau, du Mali, du Niger, du Sénégal et du Togo. Cette organisation vient en complément de la Banque Centrale des États de l'Afrique de l'Ouest créée le 2 mai 1962 et de la Banque ouest-africaine de Développement créée le 14 novembre 1973.

Presque tous les États d'Afrique de l'Ouest se sont engagés dans la Décentralisation depuis les années 90. En réalité, il est difficile de dissocier la Décentralisation de la démocratisation. La Décentralisation a été proposée aux pays d'Afrique de l'Ouest en même temps que la démocratie. Ainsi, pour les dirigeants africains, l'un ne va pas sans l'autre. Cela a été compris par le peuple qui réclamait depuis les indépendances davantage de liberté.

L'Afrique de l'Ouest a connu trois périodes qui peuvent être représentées par le Diagramme suivant :

Années 60 Période des Indépendances
Années 60 - 70 Période des Partis uniques
Années 70 - 90 Période des coups d'État Régimes militaires
Années 90 Période de démocratie
Années 90 - 2010 Période de Décentralisation

L'Afrique de l'Ouest a connu une période d'euphorie dès les indépendances. Mais les espoirs ont été déçus, car les élites africaines qui ont pris la place des colonisateurs ont restreint les libertés. La démocratie ne pouvait s'exercer qu'au sein du parti unique. D'ailleurs, l'adhésion au parti unique était obligatoire sous peine d'être considéré comme l'ennemi du pays. En Côte d'Ivoire par exemple, la carte du PDCI-RDA (parti unique) était contrôlée au même titre que la carte d'identité nationale. À la majorité, chaque habitant était obligé de s'acquitter de la carte du parti, sous peine d'amende ou d'emprisonnement. Au Mali, le Président Modibo Keita s'étant engagé dans la voie du socialisme à l'image du parti communiste de l'URSS obligeait la population à adhérer au parti en prenant la carte de membre. Même pour les démarches administratives, la carte du parti était exigée. Cette carte devait aussi servir à l'acquisition de nourriture et de biens de première nécessité dans les magasins d'État.

Après, il y a eu la période des coups d'État où les militaires privaient la population civile de liberté. Tout tournait autour de l'armée. Les postes de Préfet et de Sous-préfet étaient attribués aux officiers. Les pouvoirs militaires en Afrique de l'Ouest ont été très claniques. Les militaires détournaient les biens pour ensuite servir les personnes de leur ethnie. L'argent ne parvenait pas à la population, mais souvent dans des comptes en Occident. C'est le cas du Zaïre, actuelle République Démocratique du Congo, où le Maréchal Mobutu

Séssé Seko (1974 – 1997) détournait l'argent du pays pour alimenter des comptes à l'étranger. Il y a aussi le cas de l'ancien président du Nigeria, le général Sani Abacha (1993 - 1998) qui avait détourné plusieurs milliards de dollars américains pour les placer dans des paradis fiscaux où certains comptes n'ont toujours pas été retrouvés.

Les peuples d'Afrique de l'Ouest recherchaient la démocratie et des mouvements populaires ont éclaté dans certains pays dans les années 90, comme au Mali ou en Côte d'Ivoire où il y a eu de nombreux morts. Si au Mali, cela s'est soldé par un coup d'État et l'instauration de la démocratie par le Lieutenant-Colonel Amadou Toumani Touré, des présidents comme Felix Houphouët Boigny ont accepté la démocratie sous la pression de la rue. La Décentralisation a été très présente dans les discours politiques ayant suivi la démocratisation. Ainsi, les peuples se sont reconnus en ces discours et ont réclamé plus d'autonomie pour les communes, les sous-préfectures, les préfectures et les régions. Les pays qui connaissaient déjà la démocratie comme le Sénégal avant les années 90 leur ont emboité le pas parce que toute la région était demandeuse, d'autant plus que le discours était que la démocratie ne pouvait pas être mise en œuvre sans la Décentralisation. Évidemment, cela montrait la soif de liberté des populations d'Afrique de l'Ouest.

Les forces de la Décentralisation en Afrique de l'Ouest

Les grands perdants des indépendances ouest-africaines sont les populations et les grands gagnants sont les élites politiques. Les populations étaient très demandeuses de Décentralisation. De plus, les investissements en zones rurales dépendent du lien avec le pouvoir en place. Les politiciens dans les pays forestiers sont plus attachés à leur région d'origine. C'est pourquoi dans les années 90, le président Felix Houphouët Boigny a consacré une bonne partie des investissements de la Côte d'Ivoire à sa région natale Yamoussoukro avec la construction de grandes routes et surtout la célèbre basilique « Notre Dame de Yamoussoukro ». Son successeur a fait la même chose dans sa région natale de Daoukro. Pendant ce temps, les régions voisines ne bénéficient d'aucun investissement et sont véritablement demandeuses de Décentralisation afin que toutes soient dotées de moyens pour faire face aux problèmes du développement.

Une autre force de la Décentralisation en Afrique de l'Ouest est l'organisation traditionnelle de la sous-région qui, pratiquement dans toute la sous-région, se développe autour d'un leader qui s'appuie sur les Communautés et les croyances. Ainsi, il était plus facile de mobiliser ces populations autour d'un idéal commun qui est la Collectivité Territoriale. Plus intéressant, l'ensemble de l'Afrique de l'Ouest se caractérise par un comportement commun à toutes les Communautés, ce qui facilite le regroupement.

Concernant les croyances, il y a d'abord celle en la tradition orale. Beaucoup de problèmes sont réglés par le dialogue autour des leaders traditionnels. Il y a aussi la croyance dans les forces divines. C'est-à-dire qu'il y a une peur des forces obscures par rapport à la justice. Les personnes préfèrent la justice des hommes plutôt que d'être confrontés aux fétiches ou au Coran. Il y a aussi la référence à l'histoire et à la mythologie communes à beaucoup de Communautés. La croyance dans l'histoire et dans les mythes renforce les liens. En Afrique de l'Ouest, de nombreux peuples se reconnaissent dans des mythes tels que Soundiata Keita (Mali), Soumangourou Kanté (Mali), la Reine Pokou (Côte d'Ivoire), etc. Dans tous les pays en Afrique de l'Ouest plusieurs dizaines d'histoires et de mythes sont fondateurs des Communautés.

Il y a aussi le souci primordial de la préservation de l'équilibre d'autant plus que le mariage entre des personnes d'origines différentes est très fréquent en Afrique de l'Ouest, ce qui n'est pas le cas dans bon nombre de pays du continent. Or, dans la sous-région, le mariage est un lien très fort entre non seulement les familles, mais aussi les Communautés et les territoires. C'est pourquoi d'ailleurs, le divorce est très rare. Souvent, les couples qui ne se supportent plus sont obligés de rester ensemble de peur de casser ce lien. Enfin, il y a la sacralité qui se manifeste par un comportement de retenue dont le plus connu est la « parenté en plaisanterie ». La « parenté en plaisanterie » signifie qu'une Communauté donnée, une famille, une ethnie n'a pas le droit de se fâcher contre une autre avec laquelle elles ont ce lien.

Ainsi, toutes les conditions étaient réunies avant même le début du processus de Décentralisation. La tradition a donc été un cadre propice à la mise en œuvre de la Décentralisation en Afrique de l'Ouest.

Les faiblesses de la Décentralisation en Afrique de l'Ouest

La Décentralisation en Afrique de l'Ouest a engendré des sentiments régionalistes. Ce sentiment était déjà latent depuis la période des indépendances, mais face à des pouvoirs forts, certains n'osaient pas s'exprimer. C'est aussi cela l'avantage d'un pouvoir fort en Afrique ; il empêche les revendications identitaires. Avec la Décentralisation, les problèmes identitaires ont fait leur réapparition dont les plus actuels sont le conflit pour l'autonomie du nord du Mali et du Niger réclamé par les Touarègues pour créer l'État de l'Azaouad. Or, avant 1990, les seules revendications des Touarègues étaient d'obtenir plus d'investissements étatiques.

Une autre faiblesse est le morcellement des Communautés à l'image de la période coloniale. Le découpage des États a été fait par les élites politiques et les experts venus de l'extérieur. Tout comme le découpage de l'Afrique durant la période coloniale, il n'a souvent pas tenu compte des facteurs humains et culturels. Certaines Communautés se sont retrouvées minoritaires dans deux Collectivités Territoriales. La forêt sacrée d'une Communauté d'un territoire donné s'est retrouvée dans la Collectivité Territoriale voisine.

Ensuite, il y a une reproduction des pratiques des élites politiques à un niveau local. Les élites locales fortes du soutien au sommet de l'État décentralisent la corruption et les détournements de fonds. Il y a une corruption des élus locaux qui utilisent cet argent pour se faire réélire. Les élites locales s'enrichissent de plus en plus alors que les investissements ne progressent pas. De plus, comme la plupart des élus ne sont pas instruits, ils se font facilement tromper lors des délibérations de conseil, à coups d'argent ou de promesses. C'est pourquoi les élus locaux en Afrique de l'Ouest ne sont pas fiables. Il est plus facile de surfacturer une prestation au niveau local que national parce que le niveau local n'a pas l'expertise appropriée pour éradiquer ce phénomène. Cela signifie qu'il y a une dépense excessive au regard des investissements.

Aussi, la Décentralisation n'ayant pas été bien comprise, entraîne souvent des conflits de proximité. Les Collectivités Territoriales se sont créé des frontières artificielles qui souvent génèrent des conflits. Par exemple, lorsqu'un membre d'une Collectivité Territoriale va chercher du bois précieux dans une autre Collectivité Territoriale pour fabriquer un fusil ; il est souvent retenu parce qu'il n'est plus dans sa Collectivité Territoriale et le Maire lui demande de payer une amende pour être relâché. Or avant la Décentralisation, il n'y avait pas de limites à la circulation. C'est aussi le cas des chasseurs qui sont arrêtés parce qu'ils ont poursuivi un gibier au-delà des limites de leur Collectivité Territoriale. Ainsi, il est possible de fournir plusieurs exemples de conflits liés à la non-compréhension de la Décentralisation, à l'exemple de ceux en rapport avec les investissements acquis au profit de plusieurs villages avant la Décentralisation, et qui, à sa suite, reviennent à une seule Collectivité Territoriale dont les autres villages ne font pas partie.

Les Collectivités Territoriales en Afrique de l'Ouest ne sont pas seulement des entités politiques ou un découpage politico-administratif, mais sont un ensemble d'Ethnies, de Clans et de Communautés qui vivent sur un même territoire. Certaines Collectivités Territoriales sont composées d'une grande diversité ethnique, alors que d'autres sont formées par un grand nombre de Communautés.

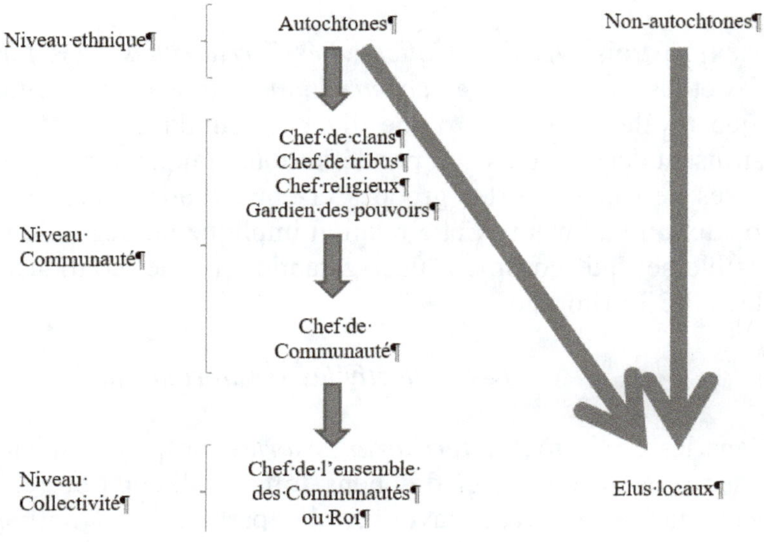

Ainsi, il y a deux types de gouvernance dans une même Collectivité Territoriale qui est composée d'autochtones et de non-autochtones. La gouvernance traditionnelle revient aux autochtones alors que les élus peuvent être choisis parmi les autochtones et les non-autochtones. Les élus non-autochtones doivent forcément avoir un ancrage territorial. Ce sont souvent des personnes qui ont vécu plusieurs années sur place, notamment les enseignants. Souvent, lorsque les villages n'arrivent pas à s'entendre durant les élections locales, les Collectivités Territoriales optent pour la solution de l'enseignant le plus connu afin d'éviter l'implosion de la Collectivité Territoriale. La place de la Chefferie traditionnelle ne peut en aucun cas être assurée par les non-autochtones, même mariés avec un membre de la Communauté locale. Les Chefs de Communauté sont choisis parmi les Chefs de clan qui regroupent plusieurs familles ; les Chefs religieux, qu'ils soient musulmans ou chrétiens ; les Chefs de tribu qui gèrent les membres de leur ethnie et, les Gardiens des pouvoirs qui représentent les descendants des détenteurs des pouvoirs ancestraux et qui sont dotés de pouvoirs de guérison ou des pouvoirs maléfiques. Les Chefs de Collectivités Territoriales ou les Rois passent d'abord par l'étape de Chef de Communauté. Ils sont soit héritiers directs du pouvoir central, soit désignés par les Chefs de Communauté. Dans certains cas, le dernier niveau n'existe pas, donc chaque Chef de Communauté dirige à sa façon sa Communauté. Mieux, il y a des endroits où chaque ethnie est autonome.

Il existe trois types de *Collectivités Territoriales* : les *fortes*, les *faibles* et les *Collectivités en construction*. Cette variable culturelle en Afrique révèle l'existence d'une diversité ethnique où les individus construisent des relations qui, par définition, indiquent le degré du lien entre les personnes ou les groupes et entre d'autres acteurs locaux, régionaux ou nationaux. Cette relation implique un degré de force ou de faiblesse qui constitue une garantie et une confiance en la Collectivité Territoriale.

Les Collectivités Territoriales fortes

Dans les *Collectivités Territoriales fortes*, on peut s'attendre à ce que des réseaux denses et des liens forts facilitent l'ordre, car ces caractéristiques peuvent favoriser le partage des normes. Les *Collectivités Territoriales fortes* ont également la possibilité de former des groupes d'intérêts qui peuvent les défendre à l'étranger. Un fait frappant des *Collectivités Territoriales fortes* est que les sphères géographiques de l'autorité de ces règles traditionnelles ne sont pas essentiellement localisées sur le territoire d'origine. Les dirigeants traditionnels ont une compétence sur l'ensemble des ressortissants, quel que soit le territoire.

Le contexte culturel peut servir de variable pour les *Collectivités fortes*. Les liens solides se construisent autour d'une seule personne (un Roi, un Chef traditionnel, un seul Chef religieux). Ces Chefs sont le plus souvent utilisés en tant qu'outils pour atténuer les risques et pour soutenir les investissements privés étrangers. La culture collective, base d'une *Collectivité Territoriale forte*, permet d'équilibrer les liens solides entre les membres (à l'intérieur et à l'extérieur).

Dans les Communautés, l'institution du leader traditionnel et de ses procédures de gouvernance est la plus simple et la plus accessible parce qu'elle est plus proche des sujets que d'autres systèmes de gouvernement. La prise de décision repose sur un consensus qui crée plus d'harmonie et d'unité. L'harmonie et l'unité prévalent parce que les intérêts de l'unité mono-ethnique et mono-culturelle sont poursuivis et exprimés contrairement aux *Collectivités Territoriales faibles*. Il y a donc un lien entre la culture et les réseaux. Selon ce modèle, la probabilité de formation d'un lien social augmente avec la similitude culturelle des personnes impliquées. Réciproquement, le lien social, grâce à une interaction accrue, renforce cette similitude.

Les cultures collectives sont caractérisées par la définition de l'individu comme membre d'un groupe étroitement lié. Les normes et les devoirs sont imposés par la Collectivité Territoriale. Il y a primauté du groupe par rapport aux objectifs personnels. Dans les *Collectivités Territoriales fortes*, les liens constitutifs de réseaux sont approuvés par le Chef. Cela implique la responsabilité de tous les membres de la Collectivité Territoriale et exige des efforts pour maintenir les liens. C'est pourquoi le choix de s'investir dans des liens sociaux au-delà des limites conventionnelles communautaires n'est pas un processus simple. La question de savoir comment l'autorité traditionnelle s'inscrit dans un système de partenariat avec une entité moderne devient particulièrement aiguë au niveau local, où ces autorités traditionnelles exercent le plus d'influence sur la vie quotidienne des

Africains et où la concurrence avec les autorités gouvernementales pour les ressources et les responsabilités est la plus intense.

Les Collectivités Territoriales faibles

Dans le monde contemporain, l'État est le seul modèle d'ordre accepté. Cependant, cette affirmation est une représentation normative plutôt qu'une réalité empirique en Afrique. La représentation normative stipule que l'État, en tant qu'organisation centrale, devrait établir et appliquer des règles contraignantes parmi les citoyens. Cet argument a gagné en force dans les pays occidentaux ces derniers siècles, mais n'a pas progressé en Afrique depuis la décolonisation. De toute évidence, il existe un écart important entre les attentes de l'État et la capacité et les institutions non étatiques à satisfaire la population.

Il est possible de soutenir la naissance d'une théorie des *Collectivités Territoriales faibles* : c'est-à-dire une Collectivité Territoriale incapable de fédérer tous les ressortissants autour d'une seule institution, parce qu'influencée par la diversité ethnique, tribale et la diversité des croyances. On voit ici la Collectivité Territoriale, pas comme une entité monolithique, mais comme un mélange d'interactions de ses membres ainsi qu'entre les membres et les non-membres. Elle offre des incitations (sécurité, prospérité, statut) ou menace les autres (violence, contestation, opposition armée, guerre civile). Les incitations ne sont pas seulement de nature matérielle, mais également symbolique à travers des mythes, des traditions, des religions. Les différentes organisations dans un même territoire peuvent aussi donner leur sens à la vie de leurs membres. Comme chaque personne est généralement membre d'une seule organisation, elle ne répond qu'à ses seules règles.

Dans une *Collectivité Territoriale faible*, aucune organisation ne peut établir une hégémonie claire de l'élaboration des règles ; les stratégies peuvent être problématiques. Les individus ont alors des stratégies de survie. En général, le rapport entre les organisations n'est pas caractérisé par la domination de l'une sur l'autre, bien que cela puisse se reproduire dans certaines circonstances. En fait, les entités s'influencent entre elles.

Ainsi, une *Collectivité Territoriale faible* est celle dont l'ensemble des Communautés ne peut s'insérer dans des stratégies uniques. Les capacités de négociations s'inscrivent dans une stratégie dispersée. Les *Collectivités Territoriales faibles* ont un faible niveau d'éventail de capacités de négociations. La raison de leur faiblesse réside dans le cas particulier de la structure de leur société. Le haut niveau de diversité des groupes sociaux qui composent cette société est la raison de l'incapacité à former un bloc social solide. La société est fragmentée et hétérogène. Cela ne signifie pas que les individus ne sont pas gouvernés, mais la gouvernance est hétéroclite, non centralisée. Dans tous les cas, la diversité sociétale engendre l'hétérogénéité des règles de la société qui limite les capacités de la Collectivité Territoriale pour les questions économiques et politiques. La lutte pour augmenter son influence devient une question sensible dans ce type de territoire. Cela peut être encore plus grave si le territoire est riche en ressources et/ou si les ressources en provenance de l'extérieur sont importantes.

La fragmentation du tissu social rend impossible une force convergente. Une telle société entrave la mise en œuvre efficace des politiques au niveau local. Une situation où la lutte pour le contrôle devient un conflit très complexe se déroulant sur de nombreux fronts. Un groupe social pourrait s'allier à des forces extérieures au territoire contre d'autres groupes sociaux. Des groupes à l'intérieur peuvent s'unir pour résister. Dans les *Collectivités Territoriales faibles*, les Chefs peinent à prendre des décisions communes, ce qui impacte le partenariat du territoire avec des institutions extérieures. Il y a donc une difficulté d'intégration des différentes couches sociales.

Les Collectivités Territoriales en construction

Depuis la décolonisation, les conflits violents sont devenus un moyen de résoudre les problèmes dans les pays d'Afrique. Les conflits armés entre les soutiens politiques, religieux et ethniques pour le contrôle des terres et d'autres ressources ont déstructuré les tissus sociaux de la plupart des Collectivités Territoriales. Les Collectivités Territoriales qui ont connu ces conflits sont confrontées au rétablissement d'une gouvernance efficace et à un manque de confiance pour toutes les institutions formelles et traditionnelles : qualifiées de *Collectivités Territoriales en construction*. Leurs défis post-conflits sont avant tout la paix, la reconstruction des tissus sociaux déchirés par la guerre et la reconstruction de la confiance.

Les conflits détruisent la vie humaine et les sociétés où ils se produisent. Souvent, cette dévastation se répand dans les Collectivités Territoriales voisines. Dans les guerres civiles, les insurrections et les incursions militaires dont font l'objet certaines Communautés ont fini par les détruire. La guerre remet même en cause la légitimité de la gouvernance traditionnelle. En général, après les conflits, les Communautés tentent de mettre en place une autorité provisoire afin d'organiser leur vie. Cette structure composée en général par tous les représentants des groupes ethniques et religieux n'a pas de véritable légitimité, car il s'agit d'une société en proie à de la méfiance et à des divisions entre fractions ethniques et religieuses.

Les *Collectivités Territoriales en construction* sont donc le résultat des conflits, parfois elles en sont aussi les causes. Dans le second cas, elles sont le fait de la recherche du contrôle du territoire par un seul groupe. Ce sont des conflits latents qui sont alimentés par des niveaux élevés de pauvreté et des tensions politiques. La situation est compromise par une faible gouvernance et l'incapacité de développer un partenariat optimal, car aucun groupe n'est assez fort, ni assez organisé pour ce type d'interaction. Créer un partenariat dépend du rétablissement de la gouvernance et de la construction de la confiance. Dans la plupart des Collectivités Territoriales, le rétablissement de la légitimité des Chefs dépend de leur capacité à obtenir le soutien des divers acteurs et parfois de ceux qui leur sont encore hostiles.

Dans les Collectivités Territoriales sortant d'un conflit, l'un des aspects les plus complexes et les plus difficiles est la reconstruction des sociétés déchirées par la guerre. La reconstruction des Communautés qui sont dévastées par la guerre est donc un problème parce qu'elles restent vulnérables aux tensions persistantes. Il faut prêter une attention particulière à la réconciliation communautaire et à la consolidation de la paix. La signature d'un cessez-le-feu suscite souvent beaucoup de joie.

La situation post-conflit n'est pas aussi aisée à définir que cela semble. Dans l'approche internationale, c'est un cessez-le-feu négocié, des pourparlers suivis de traités de paix qui mettent fin au conflit. Mais ceci n'est pas aussi simple. Les hostilités ne finissent pas brusquement pour faire place à une paix totale. Il peut y avoir une paix convenue sur le plan national, mais, dans les Communautés, la déchirure sociale restera vive pendant longtemps. Dans cette perspective, exiger que la société revienne au statut d'avant-guerre pourrait sembler trop ambitieux. La nature de la reconstruction sociale varie par conséquent avec les dommages causés par le conflit et elle se fait en rapport avec la richesse interne du territoire et les apports externes. En effet, certains territoires vont recevoir des aides extérieures et d'autres vont connaître des boycotts en fonction des enjeux géopolitiques du pays.

La gouvernance locale s'effondre avec les conflits et perd de sa légitimité dans le contexte post-conflit conduisant ainsi à des problèmes de désintégration sociale et économique au niveau local, voire national, sinon régional. Il est généralement reconnu que le déterminant critique du rétablissement durable de la paix et du développement est la reconstruction de la gouvernance locale. La fragilité des situations post-conflits crée l'absence d'éthique comme de représentativités entravant la création de mécanismes aptes à protéger les intérêts de la Communauté. L'absence d'une vision partagée induit souvent des divergences qui font que les différents groupes travaillent à des fins transversales plutôt que pour le bien de la Collectivité Territoriale. L'absence de règles, accompagnée d'une culture d'impunité, affecte beaucoup les Collectivités Territoriales post-conflits.

La perte du capital humain et social, la pénurie de la cohésion sociale, l'exclusion continue de certains groupes cibles de la société et l'absence de mécanisme participatif dans la formation des institutions (formelles et traditionnelles) constituent des obstacles. De plus, le retour des personnes déplacées (ex-rebelles et soldats) constitue particulièrement un obstacle à la coopération économique puisqu'elles préfèrent des activités illicites qui sont contre-productives au bon fonctionnement de la Collectivité Territoriale.

La reconstruction s'organise autour d'initiatives spécifiques pour régénérer la cohésion sociale, l'équité et l'inclusion. Le succès ou l'échec des efforts des reconstructions post-conflits est étroitement lié à l'existence d'une gouvernance cohérente et légitime. Reconstruire la société avec des formes de gouvernance crédibles contribue à l'efficacité d'un développement économique. La simple mise en place d'institutions et de processus formels ne garantit pas la mise en œuvre d'une politique économique. La construction réussie des Communautés revient souvent au rétablissement des formes qui peuvent générer la diversité et la cohabitation entre les groupes sans recours ni à la violence ni à l'autoritarisme, et d'une manière qui permette d'accéder à des opportunités politiques et économiques pour tous les citoyens de manière équitable et indépendamment du conflit passé. Le problème qui se pose est que les intérêts des groupes sont placés au-dessus des intérêts collectifs. Certains voient la Décentralisation comme pouvant contribuer à la paix si le contrôle sur le territoire est l'enjeu du conflit. Dans ce cas, la Décentralisation pourrait constituer une victoire.

Trois Collectivités Territoriales en Afrique de l'Ouest

Obuasi est un District du Ghana, qui lui-même est un pays ouest-africain. Le Ghana a une superficie de 238 535 km². Sa capitale est Accra. Le pays possède une bande maritime, le Golfe de Guinée et l'Océan Atlantique, et ses frontières terrestres sont délimitées par la Côte d'Ivoire, le Togo et le Burkina Faso.

Il existe 5 régions géographiques :

- Les basses plaines s'étendent à travers la partie sud du pays.
- Les hautes terres d'Ashanti s'étendent de la frontière de la Côte d'Ivoire à l'Ouest jusqu'au bassin de la Volta à l'Est.
- Les chaînons d'Akwapim-Togo dans la partie orientale du pays consistent en un complexe généralement robuste de strates plissées, avec de nombreuses hauteurs proéminentes composées de roches volcaniques. Les chaînes commencent à l'ouest d'Accra et continuent dans la direction nord-est, traversant la frontière en direction du Togo.
- Le bassin de la Volta occupe la partie centrale du Ghana et couvre environ 45% de la superficie totale du pays. Il est caractérisé par un sol pauvre, généralement de grès voltaïque.
- Les hautes plaines du nord et du nord-ouest, à l'extérieur du Bassin de la Volta, constituées d'un plateau

disséqué. Les sols dans les hautes plaines sont plus arables que ceux du bassin de la Volta.

Le Ghana a un climat chaud et humide. Les températures annuelles moyennes vont de 26,1° vers les côtes à 28,9° dans l'extrême nord.

La municipalité d'Obuasi, située au sud-ouest de la Région Ashanti à 64 km de la capitale régionale Kumasi a une superficie de 220,7 km². C'est la zone où se situent les mines d'or exploité par AngloGold Ashanti. La municipalité d'Obuasi est l'un des 26 Districts de la région Ashanti créés par la loi de Décentralisation de 2007. Dans ce District cohabitent 53 Communautés.

Sur le plan des infrastructures, la municipalité possède 228 km de routes dont 80 km en zone urbaine et 148 km de route de campagne. Il y a deux grandes routes dont l'une relie Obuasi à Kumasi la capitale régionale et l'autre la relie à la région centre du pays. Ces deux principales routes sont traversées par des routes secondaires qui relient la municipalité aux petits villages.

Le Ghana est divisé en 10 régions administratives. Ce sont : Northerm (70 384 km²), Brong-Ahafo (39 557 km²), Ashanti (24 389 km²), Western (23 941 km²), Volta (20 570 km²), Eastern (19 323 km²), Upper-West (18 476 km²), Central (9 826 km²), Upper East (8 842 km²) et Greater Accra (3 245 km²). Le District d'Obuasi appartient à la région Ashanti.

En plus des élus de la Collectivité Territoriale, la municipalité d'Obuasi relève du Conseil traditionnel de Fomena. La municipalité est cosmopolite avec presque tous les principaux groupes ethniques présents. L'Ashanti est le groupe ethnique le plus important, suivi par les Mole Dagbani, puis les Ewe et les moins nombreux étant les *Guans*. Il y a trois principaux groupes religieux dans la municipalité, à savoir les chrétiens, les musulmans et les croyances traditionnelles. Les chrétiens dominent la population de la municipalité suivis par les musulmans et les religions traditionnelles. Sachant que les 0,2% sont la part de la population qui se consacre essentiellement à la pratique des croyances traditionnelles, la plupart des chrétiens et les musulmans pratiquant aussi les religions traditionnelles.

L'histoire moderne d'Obuasi a toujours été liée à l'or à cause de la qualité du minerai de cette zone, mais aussi de sa forte contenance, car les mines d'Obuasi représentent plus de 60% de la production totale d'or dans le pays. C'est l'un des principaux pourvoyeurs de devises. L'orpaillage à Obuasi attire depuis plus de 500 ans des personnes venant d'autres régions du pays et aussi de pays tels que le Mali ou le Burkina Faso.

Le Ghana s'est lancé dans un programme de Décentralisation afin d'octroyer une grande autonomie aux Collectivités Territoriales. La Décentralisation semblait être la meilleure façon de parvenir à un Développement Économique Local. Il faut dire que la Décentralisation au Ghana fait suite au Programme d'Ajustement Structurel. C'est ainsi qu'Obuasi s'est dotée d'une Assemblée de District qui représente le gouvernant local.

La Collectivité Territoriale d'Obuasi est ce qui est appelé ici une *Collectivité Territoriale forte*. Elle est composée de cinq quartiers administrés par des conseillers municipaux qui sont à la tête de plusieurs membres dont le nombre est déterminé par l'étendue de la commune. Ce sont eux qui ont la charge du District d'Obuasi, dont une partie élue au suffrage universel et l'autre partie nommées du fait de leur statut de Chefs coutumiers. Ces conseillers vont élire le Chef de l'exécutif qui gère les affaires locales.

En réalité, les élus n'ont pas véritablement d'influence sur la population. Ils prêtent eux-mêmes allégeance aux Chefs coutumiers qui sont les véritables détenteurs du pouvoir. Les élus sont la manifestation de la démocratie, qui a été imposée au peuple d'Obuasi ayant toujours connu et accepté la gouvernance traditionnelle. La constitution ghanéenne de 1992 dans son article 270 reconnaît « la Chefferie avec ses conseillers traditionnels comme établissant le droit coutumier et son usage » et affirme dans son paragraphe 2 que le Parlement ne peut interférer dans le processus de reconnaissance des Chefs. Certains auteurs expliquent le regain d'intérêt pour la Chefferie à cause des dysfonctionnements des États postcoloniaux. Une des explications qui est la notion « d'États défaillants » et de conflits internes avance l'idée que les Chefs traditionnels ont comblé l'effondrement des États. D'autres explications du regain d'intérêt pour la Chefferie sont plutôt liées à la réalisation des différentes fonctions que les autorités traditionnelles peuvent effectuer et qu'elles sont performantes dans la gestion des problèmes locaux.

La réalité est qu'à Obuasi, l'ensemble de la population reconnaît l'autorité de la Chefferie traditionnelle. Toutes les Communautés, les différentes religions, les différents partis politiques ou indépendants convergent vers la Chefferie traditionnelle du District. Parmi ces tâches, la principale est la loi et l'exécution de la coutume locale et le règlement des différends. Les tribunaux coutumiers sont populaires et la plupart des gens y ont recours, car étant facilement accessibles, rapides et lisibles. Les affaires qui sont jugées dans la cour du Chef sont constituées à 90% de petits délits et jusqu'à 60% d'affaires que la justice moderne qualifie de crimes.

À Obuasi, la Chefferie traditionnelle stimule la promotion du Développement Économique Local. Elle est donc perçue comme une institution ayant la capacité de prendre des initiatives de développement et étant en mesure d'utiliser son autorité pour l'éducation et la sensibilisation de la Communauté. Cette fonction a des vertus d'inclusion de toutes les couches de la population.

La Chefferie traditionnelle d'Obuasi peut aussi mettre en œuvre les lois et les politiques gouvernementales et facilite leurs explications afin d'atteindre le soutien populaire pour les projets de développement initiés par Accra (la Capitale). En ce sens, elle fournit des informations à la localité d'Obuasi et à ses environs. Le Chef traditionnel est considéré comme un canal qui peut articuler les besoins et les priorités des différentes Communautés formant le District qui conduit à l'autonomie locale contre la démocratie proposée par l'État central. Les autorités traditionnelles ont également un rôle à jouer dans le domaine de la gestion des ressources naturelles afin d'assurer la conservation de la nature, l'équilibre environnemental et la gestion des terres coutumières.

La dénomination Arlit a été donnée à la Commune urbaine qui est située dans le département d'Arlit, l'un des départements de la Région d'Agadez dans l'extrême nord du Niger. Le Niger est situé dans la zone sahélo-saharienne. Le pays fait la jonction entre l'Afrique du Nord et l'Afrique Subsaharienne. Il est délimité par le Nigeria, le Mali, le Tchad, le Burkina Faso, l'Algérie, la Libye et le Bénin. Sa superficie est de 1 267 000 km². Au nord, on trouve les hauts plateaux. À l'ouest, il y a une chaîne montagneuse, le massif de l'Aïr, dont le point le plus haut est le mont Bagzne avec une altitude de 2 022 mètres. Le Niger est traversé par le fleuve qui porte son nom sur une longueur de 500 km permettant la navigation et l'irrigation. Le Niger a un climat tropical avec deux grandes saisons, dont la saison sèche qui s'étend d'octobre à mai et la saison des pluies de mai à septembre. La température peut atteindre 45°, voir 50° dans les régions nord. La pluviométrie est faible, entre 200 ml et 600 ml selon les zones. Le Niger est subdivisé en 8 régions : Niamey, Agadez, Dosso, Maradi, Tahoua, Tillaberi, Zinder, Diffa. En plus de ces 8 régions, il y a une subdivision qui forme les 35 départements du pays. Arlit est donc relié à la Région d'Agadez,

Le département se trouve dans la zone saharienne dominée par le massif de l'Aïr, entourée à l'ouest par la plaine de Talak et à l'est par le désert du Ténéré. Arlit est situé à 200 km au nord de la ville d'Agadez et à 800 km au nord-est de Niamey la Capitale du Niger et à environ 170 km au sud-est de la frontière algérienne. Arlit était une zone désertique avec quelques nomades qui y séjournaient de temps à autre jusqu'en 1969, à la suite de la découverte et de la mise en exploitation des gisements d'uranium.

L'histoire de la ville est la plus courte. Selon les différents manuels, le département d'Arlit, et plus précisément la ville d'Arlit naguère était une zone d'échanges, de contrebande et de migration vers l'Europe. Ce sont des montagnes qui s'étendent sur plusieurs kilomètres. Dans les années 1960, il n'y avait qu'un vaste territoire entouré d'un vaste étendu de plaines arides balayées par des tempêtes de sable et soumis au dur régime d'un climat impitoyable. La découverte d'un gisement d'uranium à Arlit en 1965 a été à l'origine de la création de la ville d'Arlit en 1969 et de la ville voisine d'Akokan. Les Nigériens ont été attirés par les salaires élevés. La municipalité d'Arlit s'est agrandie grâce aux mines d'uranium. Les recherches sur l'histoire sont toutes concentrées sur l'étude de la population nomade. Mais, en réalité, les nomades sont les autochtones d'Arlit, et à part les activités commerciales, ils ne laissent pas les traces d'une ville organisée.

Arlit est une *Collectivité Territoriale faible* eu égard à son fonctionnement. Arlit fait partie de ce qu'on appelle les villes minières nouvelles dont l'existence remonte à moins d'un demi-siècle. Il existe deux types de populations à Arlit : les autochtones et les arrivants (ou non autochtones). Comme dit précédemment, les autochtones sont un petit peuple de Touaregs non sédentarisés. Les non-autochtones constituent trois groupes : les travailleurs des Sociétés Minières ; la population du sud venue s'installer dans la zone pour y vivre, chercher du travail, créer des entreprises et commercer avec aussi quelques fonctionnaires d'État et enfin, le troisième groupe constitué par les migrants, ceux qui sont sur le chemin de l'Europe. En effet, l'information selon laquelle il est possible de traverser le Sahara en passant par le Niger pour arriver en Europe fait circuler beaucoup de migrants dans la zone d'Agadez. Beaucoup s'installent à Arlit pour effectuer des petits boulots.

À Arlit, les gens vivent en petites Communautés, voire en familles. Le plus âgé de la Communauté ou de la famille représente l'autorité morale, car contrairement à Obuasi, l'autorité de ces personnes n'a de la valeur que pour leurs seules Communautés ou familles. Il est donc difficile de parvenir à une cohésion sociale. Ce sont des Communautés dispersées et, comme elles vivent sur un territoire à faible densité, elles restent alors distantes les unes des autres. La langue aussi est un facteur de non-inclusion. Comme toute ville cosmopolite, chaque Communauté cherche plutôt à se renforcer. Dès qu'une personne arrive à Arlit, elle cherche en priorité les personnes qui parlent son dialecte. Par ailleurs, les gens ont tendance à n'aider que les personnes qui parlent leur langue.

Il y a le facteur religion qui a une place importante à Arlit. Le Niger est constitutionnellement un pays laïc, mais il y a une prédominance de l'Islam. Il faut dire que dans cette zone la religion est beaucoup plus un facteur d'exclusion que de cohésion sociale. Dans un premier temps, il y a une intolérance des musulmans vis-à-vis des non-musulmans. La conséquence est qu'il est impossible de se mettre ensemble pour le bien de la Collectivité Territoriale. D'ailleurs, ce sont les Chefs religieux, notamment les Imams et les Marabouts qui dirigent cette majorité de populations musulmanes. Ils constituent en quelque sorte l'autorité qui parvient à régler les problèmes d'une partie de la population. Mais, ils n'ont aucune emprise sur l'autre partie.

Les Touarègues, premiers occupants du territoire ont été déstabilisés dans leur mode de vie. Les populations touarègues se retrouvent en minorité et n'ont pas assez de pouvoir pour asseoir leur autorité et faire valoir leurs coutumes. Pire, ils n'ont pas été consultés et n'ont jamais été à même de donner leur consentement préalable pour les activités minières ou pour l'installation de la ville d'Arlit. Les relations entre les populations autochtones et non autochtones concernent la circulation des hommes et des marchandises. Ils connaissent mieux la circulation dans le désert non aisée pour les non-natifs.

Les Touarègues ne se mélangent pas non plus aux autres peuples. Ils ont un mode de vie particulier. Ils sont nomades et, en tant que tels, voyagent beaucoup. Cela ne signifie pas qu'ils peuvent faire ce qu'ils veulent. Chaque famille touarègue appartient à une Tribu à la tête de laquelle il y a un Chef auquel ils obéissent et dont ils ont besoin de la bénédiction. En réalité, la distance entre le Chef de clan et la famille touarègue n'est pas un facteur d'indépendance pour cette famille. Cette relation fonctionne selon des principes, et, quel que soit l'endroit où elle se trouve, la famille touarègue donne toujours de ses nouvelles au Chef de Tribu et en retour reçoit des instructions et des bénédictions. Les Touarègues ont toujours besoin de cette bénédiction en tout temps et en tout lieu. Ils prennent aussi conseil auprès du Chef et de son accompagnement divin. Les familles touarègues envoient régulièrement des cadeaux au Chef de Tribu.

Le Comté de Margibi est situé au sud-ouest du Libéria. Le Libéria est un pays d'Afrique de l'Ouest. Il a pour voisin la Sierra-Leone, la Guinée et la Côte d'Ivoire. La superficie totale est de 96 320 km².

Le Libéria compte 15 Comtés dont Margibi avec pour capitale Kakata. Le Comté de Margibi a été créé en 1985. Le Libéria est l'un des rares pays ou chaque Collectivité Territoriale possède son propre drapeau. Le Comté de Margibi est composé de 4 Districts : le District de Kakata, le District de Firestone, le District de Gibi et le District de Mambah-Kaba ; avec 305 villages situés dans les zones reculées. Le Comté de Margibi est situé à 30 km de Monrovia. Le nom est une fusion de « Mar » (Marschall Territory) et « Gibi » (Gibi District). La ville de Kakata est le District principal. Le Comté est composé de cinq Districts pour une superficie de 2 616 km². Le relief est composé d'une grande réserve de forêt naturelle d'environ 23 hectares, une zone côtière de plus de 25 km et une zone de savane très boisée. C'est un territoire avec une forte pluviométrie et aussi une forte humidité.

Le Libéria a une histoire singulière de par sa création. Le pays Liberia a été créé par les États-Unis qui ne voulaient pas accepter sur son sol des esclaves libérés. Ainsi, après une première tentative échouée pour l'installation de ces anciens esclaves en 1817, les États-Unis réussissent à acheter l'est du Cap Mesurado au Chef local ou l'on installa 30 familles d'anciens esclaves en 1821. Ce territoire prit le nom de Monrovia en l'honneur du président James Monroe. En juillet 1847, une constitution inspirée de celle des États-Unis est rédigée et le Liberia devient indépendant. Il a fallu attendre 1848 pour que la France et l'Angleterre le reconnaissent en tant qu'État indépendant. De plus en plus d'anciens esclaves sont envoyés au Liberia et leur influence s'étend sur tout le pays. L'institution du droit de vote permet donc à ces esclaves libérés (Freemen) de dominer politiquement le pays jusqu'en 1980.

Le 12 avril 1980, le premier autochtone de l'ethnie Krahn, le Sergent-Chef Samuel Doe, accède au pouvoir par un coup d'État militaire qui marque la fin du contrôle de l'État par la minorité Freemen. Les opposants au régime de Samuel Doe, sous l'impulsion et l'autorité de Charles Taylor, un métis américain-libérien de l'ethnie Gio, vont provoquer la guerre civile et assassiner le Sergent-Chef Samuel Doe en septembre 1990 sans pouvoir prendre le pouvoir. Il s'en est suivi une grande période de guerre civile avec plus de 200 000 morts et le quart de la population réfugiée ou déplacée. Finalement, une élection présidentielle a été organisée par les Nations Unies et la Communauté Économique des États d'Afrique de l'Ouest et Charles Taylor est élu Président le 19 juillet 1997. Charles Taylor quitte le pouvoir en 2005, laissant la place à Madame Ellen Johnson-Sirleaf qui a prêté serment le 16 janvier 2006 après une élection démocratique. Depuis le 28 décembre 2017, c'est l'ancienne star de football Georges Weah qui préside la destinée de ce pays.

Le Comté de Margibi date de 1984, c'est-à-dire six ans avant la guerre civile. Entre 1975 et 1985, le Comté a connu, outre une grosse tempête à Firestone Rubber Company qui a causé une grosse destruction en biens et en vies humaines, la construction du pont sur la rivière Borlola, la construction de la route Totota – Ganta et la construction de « The Marshall Health Centre ». De 1985 à 1990, le pont Nyafor qui relie Margibi au Comté de Bong et le Lycée multilatéral de Herbel furent construits.

Comme tout le Liberia, Margibi a connu le début de la guerre civile en 1990. Après la guerre, le Comté a bénéficié de plusieurs radios communautaires telles que Radio Kakata et Peace Radio, la construction du Lycée Zewoh Mambah District, la construction de l'école publique Ellen Johnson Sireleaf à Zuawien et la construction de l'école publique de Bueleqlleh à Cinta.

Comme tous les Comtés, le Comté de Margibi possède aussi son drapeau avec deux couleurs principales, le vert et le rouge. La couleur verte représente la région forestière du Comté et sa végétation naturelle. Le rouge représente la part du Comté participant à l'effort militaire qui a amené la démocratie et le retour d'un pouvoir civil. Au milieu du drapeau, il y a un hévéa et un saigneur de caoutchouc qui indiquent l'abondance des fermes d'hévéa et des plantations qui fournissent des milliers d'emplois.

Margibi est une *Collectivité Territoriale en construction* à la suite de la guerre civile au Liberia, l'une des plus meurtrières du 21e siècle, de 1989 à 1997 et qui a entraîné la méfiance des ethnies les unes envers les autres et des Communautés les unes contre les autres. Le Liberia est un pays très rural. Les liens familiaux sont très importants dans la culture libérienne et ont une forte influence sur la politique locale. Contrairement aux autres cultures africaines qui ont des pratiques culturelles basées sur le fétiche (Turner, T.H. 1979), la société libérienne se caractérise par la vénération des anciens qui sont les décideurs de la Communauté. Tous les rites se font au nom des morts. Ce sont plutôt les morts qui sont vénérés, pas les vivants, quel que soit le rang social. Beaucoup de cérémonies se font dans les cimetières ; les offrandes et les sollicitudes sont monnaie courante. Presque toutes les cérémonies commencent par des offrandes aux morts, soit en versant de l'alcool, soit en égorgeant un animal. Il y a beaucoup de sociétés secrètes telles que les « Poro » ou les « Sande ».

Ce sont d'ailleurs ces sociétés secrètes qui attestent du passage à l'âge adulte pour les adolescents. Les groupes ethniques qui gèrent ces sociétés secrètes sont les Vai, les Gola, les Dei, Les Mende, les Gbandi, les Loma et les Kpelle. Ce sont les détenteurs du pouvoir spirituel. Ce sont des forces sociales qui ont une très grande influence sur le comportement des Libériens.

Tout le système social libérien a été déconstruit avec la guerre civile. En réalité, le système social qui est dominé par le tribalisme et la cupidité a été l'un des facteurs critiques qui ont conduit à l'effondrement de la société libérienne. La guerre civile libérienne a été l'une des plus meurtrières, des ethnies ont pillé d'autres ethnies. De nombreuses tribus ont été favorisées par rapport à d'autres, menant à de profondes divisions fondées sur l'identité ethnique.

Le problème au Libéria est que les tribus ne sont pas déterminées par rapport à des régions. Officiellement, on dénombre 16 tribus, mais dans la réalité on en dénombre une quarantaine. Dans une même région, on peut retrouver plus d'une dizaine de tribus. Or les tribus telles que les Krahn, les Gio, les Mano et les Mandingues étaient particulièrement favorisées par les différents régimes avant 1980 augmentant les tensions ethniques. Sous le régime de Samuel Doe, la tribu Krahn ne représentait que 5% de la population et avait tous les privilèges.

La guerre civile a provoqué la fuite de 524 000 personnes dont 280 000 sont rentrées depuis l'an 2000 laissant à l'étranger 244 000 qui rentrent petit à petit sans que les autorités ne puissent avoir une statistique précise. Elle a provoqué 75 000 déplacés à l'intérieur du pays dont la plupart sont rentrés chez eux. Le processus de réintégration des ex-combattants dans la société libérienne après le désarmement et la démobilisation a également rencontré des difficultés. 24% des personnes démobilisées étaient des femmes et 11% des enfants-soldats qui sont maintenant des adultes.

Les blessures et les douleurs sont très profondes au Liberia. Par conséquent, malgré un programme de démobilisation et de réinsertion et une « Commission Vérité-Réconciliation », les Communautés à Margibi et partout au Liberia ont du mal à se faire confiance et la réconciliation est très lente. Il y a souvent des pressions tribales qui empêchent les personnes des différentes Communautés d'avoir des relations, notamment dans le domaine du mariage qui est le fondement de la cohésion dans une Collectivité Territoriale.

Les acteurs des Collectivités Territoriales et leurs rôles

L'histoire des Collectivités Territoriales doit être décrite à partir des acteurs et de leurs rôles. Les besoins des acteurs locaux ont façonné les territoires après la période coloniale. L'ordre public est que chacun s'en tient aux règles dictées par la constitution et les lois, mais il y a aussi les règles ancestrales. Donc dans ces territoires, chacun connaît sa place et son rôle.

À Obuasi, l'Assemblée de District est l'autorité politique et administrative du District créée le 17 mars 2004. Cette assemblée délibérante supervise toutes les autres autorités administratives du District. Les membres sont donc les premières élites politiques locales. Le Chef de cette l'Assemblée de District remplit les fonctions telles que l'éducation publique, l'organisation du travail en commun, la fiscalité et l'enregistrement des mariages, des naissances et des décès. En réalité, l'Assemblée de District n'a aucun rôle officiel en matière de gestion des terres, cela revient à la Chefferie traditionnelle.

Les Comités d'unité ne comptent pas plus de 15 personnes, dont 10 sont élues au suffrage universel et 5 nommés par l'Assemblée de District appelée gouvernement local. Par contre, les nominations des cinq membres du Comité d'unité sont faites après consultation des autorités traditionnelles et d'autres groupes d'intérêt. Il y a 78 Comités d'unité dont la création n'est pas limitée et peut porter sur toutes les sortes de sujets que les citoyens souhaitent défendre. Les villages aux alentours d'Obuasi ont chacun leur propre Comité d'unité et un village sur trois élit un représentant à l'Assemblée de District.

Il y a aussi des Communautés rurales qui peuvent regrouper plusieurs villages qui viennent défendre leurs intérêts à l'Assemblée de District. À Obuasi, il y a trois Communautés rurales : Anwiam, Diewuoso et Gyimiskakraba, alors qu'il y a 32 villages appartenant à la Municipalité. Entre l'Assemblée de District et les Comités d'unité, il y a les Conseils de zone qui jouent le rôle de sage. La municipalité est divisée en cinq Conseils de zone. C'est le Conseil de zone qui organise et supervise les élections dans la municipalité.

À Arlit, la Décentralisation n'est pas aussi poussée. Il y a peu d'élus. Les élus sont les Conseillers municipaux et régionaux, puisque les élus locaux ont aussi des sièges au niveau régional, c'est-à-dire à Agadez. Le maire est élu parmi les conseillers municipaux et les conseillers élus au niveau régional peuvent prétendre au siège de présidents du conseil régional. Les conseillers municipaux d'Arlit règnent sur les quartiers d'Arlit, puisqu'ils représentent ces populations dont ils défendent les intérêts auprès du conseil municipal.

La législation du Liberia a été fondée sur le modèle des États-Unis. Tous les élus font partie du gouvernement local. Il y a des sénateurs et des membres de la chambre des représentants, qui, bien que jouant le rôle de législateur au niveau national, sont considérés comme des élites locales. Le Comté de Margibi a un sénateur élu au suffrage direct pour 9 ans et un suppléant qui en cas décès peut continuer le mandat du sénateur avec l'élection d'un autre suppléant. Le Comté fournit cinq membres à la chambre des représentants. Le Sénat joue le rôle d'Assemblée nationale alors que la chambre des représentants joue les rôles de Sénat (modèle français). Les sièges de la chambre sont attribués en fonction du nombre d'habitants. Il y a cinq Comités de Commune qui représentent les Communes de Firestone, Gibi, Kakata et Mambah-Kaba. Les représentants vont former le Conseil de Comté qui joue le rôle de gouvernement. C'est le Président du conseil qui compose son administration. Il arrive que les autres membres du Comté ne fassent pas partie de ce gouvernement s'ils ne sont pas du même parti et vont donc jouer le rôle d'opposition politique.

Les Chefs traditionnels sont une caractéristique importante de la société ghanéenne. La constitution de 1992 dans son article 270 (1) garantit l'institution de la Chefferie, ainsi que ses conseillers traditionnels tels qu'ils sont établis par le droit coutumier et ses usages. L'article 270 (2) stipule que le Parlement ne peut s'immiscer dans le processus de reconnaissance des Chefs traditionnels. Les articles 273 à 274 de la constitution et les articles 15, 22 et 23 de la loi de 1971 prévoient que ce pouvoir appartient exclusivement aux conseillers traditionnels et aux chambres de Chefs, avec un dernier recours devant la Cour suprême. Les chambres des Chefs nationales et régionales jouent également un rôle consultatif auprès de l'État, elles discutent des pratiques sociales traditionnelles et reconnaissent officiellement les Chefs traditionnels.

Obuasi appartient à la région Ashanti où les Chefs traditionnels sont très visibles, organisés et fortement hiérarchisés. Il y a d'abord le Roi d'Asante appelé Asantehene qui est au sommet de la hiérarchie. Après le Roi, il y a le Chef suprême appelé Omanhene et le Chef de division ethnique appelé Ohene. Le Chef de village local, Odikro est suivi par le Chef de clan ou de famille appelé Abusua panin. Les Chefs traditionnels sont impliqués dans la gestion des terres et les projets de développement local qui consistent notamment à assurer la participation de la Communauté au développement, à veiller au développement physique de la ville et à organiser le travail commun. Ils sont chargés aussi de l'ordre public qui comprend le règlement des différends et la garantie de la paix dans la Communauté. Ils sont aussi garants des religions traditionnelles.

Au Niger, les autorités traditionnelles sont reconnues comme étant une forme de gouvernance traditionnelle. Dans la loi 2015-01 portant sur la Chefferie traditionnelle en République du Niger, le pays a reconnu le rôle des autorités traditionnelles locales à côté des élus. Dans le nord du Niger, le Sultan d'Aïr est reconnu comme le Chef suprême de la majorité des ethnies du nord. Il joue le rôle de juge, mais comme il ne peut pas être partout à la fois, il délègue cette fonction à des Chefs de niveau local comme à Arlit et ces Chefs prennent conseil et rendent compte au Sultan d'Aïr. À Arlit, il y a des Chefs de groupements composés d'un grand nombre de Touarègues nomades. Il y a les Chefs de cantons qui entourent Arlit suivis par les Chefs de tribus nomades et de Chefs de villages. Les Chefs de quartier jouent un grand rôle dans la Commune d'Arlit où beaucoup de problèmes sont résolus. Ils jouent souvent le rôle de Quadis, c'est-à-dire de juges traditionnels. Les femmes aussi jouent un grand rôle à Arlit, puisqu'elles ont leur propre organisation traditionnelle dans chaque quartier et un conseil où est élue la Cheffe.

Les Chefs traditionnels et les autorités religieuses (Imam et Sultan) au Niger atténuent les conflits dans la Municipalité ; ils organisent les manifestations socio-culturelles et les fêtes religieuses. Ils participent aussi au Conseil municipal. Les autorités traditionnelles et religieuses aident aussi l'État dans la résolution des conflits avec les Communautés. Elles participent actuellement au côté de l'État du Niger à la résolution des conflits avec les Touarègues du Nord qui réclament la sécession d'avec le Niger. À la différence d'Obuasi, le gouvernement du Niger en légiférant sur la Chefferie traditionnelle a voulu imposer à toutes les Communautés un même Chef. Or, toutes les Communautés ne se reconnaissent pas en lui. Chaque Communauté veut garder son Chef, mais à la différence aussi de Margibi, ces Chefs traditionnels collaborent tout en gardant leur autonomie. On ne peut pas mettre ensemble les Haoussas, les Touarègues, les Toubou, les Songhaïs et les Arabes. Ce n'est pas la même culture. Chacun va défendre la sienne et ses approches.

À Margibi, il y a les ethnies Bassa, Gbandi, Gio, Gola, Grebo, Kissi, Kpelle, Krahn, Kru, Lorma, Mano, Vai, Sapo et d'autres petites ethnies. Par contre, chaque ethnie à son Chef. Du fait de la guerre, les ethnies ont du mal à se mettre ensemble pour se trouver un Chef. Comme les ethnies sont méfiantes les unes envers les autres il est difficile de hiérarchiser la Chefferie à Margibi. Avant la guerre, les ethnies comme les Kissi, les Gio formaient une Communauté et les Kissi, les Grebo et les Kpelle une autre Communauté et les petites ethnies souvent aussi étaient regroupés en Communauté. Le comté de Margibi est encore une société en construction et il est trop tôt pour dire quelles seront les alliances entre les ethnies, s'il y en aura ou pas. Même les Chefs ethniques ont du mal à fédérer sauf que chaque ethnie essaie de se rassembler afin de ne pas s'affaiblir ou disparaître comme les petits groupes ethniques.

Les populations sont à l'image du comportement global des pays d'Afrique de l'Ouest. Des peuples ouverts et des peuples fermés. En Afrique, le comportement des populations est analysé à partir des Communautés. Ainsi, à partir des connaissances de ces populations, Obuasi et Margibi entrent dans la typologie en tant que *Communautés fermées* eu égard au comportement de la population. À l'inverse, Arlit a des *Communautés ouvertes*.

Margibi et Obuasi, deux Collectivités à Communautés fermées

Les Communautés qui forment les Collectivités Territoriales de Margibi et Obuasi sont des *Communautés fermées* qui rejettent les étrangers. Cette introversion trouve d'une part ses explications dans les évènements successifs que le Liberia a vécus dans son passé et d'autre part, par la volonté ou l'éducation qu'ont reçu les Communautés d'Obuasi de garder l'authenticité de leur culture et de jouir à elles toutes seules des fruits des ressources dont regorge le territoire.

Les Américains-Africains qui se sont installés au Libéria et ont importé les systèmes d'esclavage américains sur le territoire libérien ont laissé des traces sur de nombreuses décennies. Le fait que les Libériens autochtones aient été transformés en esclaves sur leur propre territoire par ceux-là même à qui ils en avaient accordé une partie a créé une espèce de peur de l'étranger de la part des autochtones. Cela s'est transformé en culture, car la tradition orale a permis de perpétuer l'histoire de ce territoire qui a vu les autochtones perdre leur territoire au profit des Freemen. D'ailleurs, la prise de contrôle du territoire libérien avait depuis des décennies été l'objectif recherché par les autochtones jusqu'au renversement du pouvoir du président William Tolbert par le Président Samuel K. Doe suivi de la guerre civile.

Un autre fait raconté par presque tous les Libériens est la participation des étrangers à la guerre du Libéria. Le Liberia est un État multiethnique et en tant que tel, certaines ethnies libériennes ont une parenté dans les pays voisins. Souvent, les personnes parlent la même langue, mais selon les pays, le nom de l'ethnie change. Ainsi, on retrouve les mêmes ethnies de part et d'autre des frontières libériennes. Ainsi, pendant la guerre civile, des combattants sont venus des pays voisins tels que la Côte d'Ivoire ou la Guinée. Ces allégations reposent sur le fait que certains combattants parlaient l'une des ethnies du Liberia, mais pas l'anglais qui est la langue officielle.

À Obuasi, les Ashantis ont la réputation de rejeter les étrangers. Le marqueur dans ce domaine est la place du marché. Ici, on parle de marché en tant que place où se déroulent les achats et les ventes de divers biens et où sont exercées des activités de service. En principe, le marché en tant que tel, en Afrique, est un lieu de convergences et d'échanges interethniques et intercommunautaires. La diversité ethnique et communautaire peut se mesurer à travers des investigations sur ces places. Or, dans le marché central d'Obuasi et dans les villages environnants, on constate très peu de commerçants étrangers. Comme étrangers dans le Marché central d'Obuasi, il y a quelques commerçants de nationalité ou d'origine malienne qui affirment qu'il est difficile de s'installer à Obuasi quand on est étrangers. À partir d'étude de terrain, le rejet des étrangers donne comme raisons 60% pour la préservation de la culture, 25% pour des raisons d'argent, car les étrangers sortent avec l'argent du pays, et 5% disent que chacun doit rester chez soi sans donner de raison.

Arlit, une Collectivité à Communautés ouvertes

Arlit ne semble appartenir à aucune Communauté et aucune culture ne domine la Collectivité Territoriale. En réalité, les autochtones touarègues se sont retrouvés en minorité de telle sorte qu'ils ne peuvent imposer leur culture. D'ailleurs, on trouve très peu de Touarègues dans la municipalité d'Arlit. Les autres ethnies sont représentées en grand nombre, en plus des ethnies d'origine non nigérienne. La municipalité d'Arlit est ouverte, sans porte d'entrée. Tous les chemins mènent à Arlit puisqu'il s'agit de désert et que la zone se trouve sur un plateau. C'est une ville qui a été construite par les travailleurs et ceux qui arrivent ne viennent pas pour admirer l'écosystème, mais bien pour gagner leur vie ou pour passer vers l'Algérie ou l'Europe. En général, les gens ne viennent pas dans l'inconnu. Ceux qui arrivent ont déjà des contacts sur place ou ont déjà un contrat de travail.

Les Touarègues vivant aux alentours du District d'Arlit sont très accueillants. Ils sont plus axés sur le business que sur l'imposition de leur culture. À travers les étrangers, ils trouvent plutôt le moyen de la vulgariser et de la valoriser. Ils vendent des objets d'art ou des vêtements de fabrication locale. Souvent, les Touarègues servent de guide aux personnes voulant traverser le désert pour l'Europe ou à des touristes voulant faire un safari dans le désert. Le territoire reste ouvert et accueillant et personne ne semble se préoccuper de l'origine des autres.

Pour être plus clair, les Collectivités Territoriales d'Obuasi et de Margibi sont inconnues du monde. Cela ne remet pas en question l'importance de ces territoires qui regorgent de ressources exploitées par les Firmes Multinationales. Mais la réalité est que ces Collectivités Territoriales, même si elles bénéficient des bienfaits de la présence des Firmes Multinationales, ne sont pas moins malheureuses. L'exploitation des mines et des ressources naturelles continue à causer des dommages sur l'écologie et sur la vie des personnes, car tous ne bénéficient pas de ce bienfait. En fait, les inconvénients de la présence des Firmes Multinationales sont très peu connus. La faute est que très peu de gens viennent visiter ces territoires et diffuser des informations sur un réseau international. La plupart des Organisations Non Gouvernementales sont des organismes locaux et très peu d'Institutions Internationales s'y intéressent, faute d'informations permettant d'engager des combats pour faire évoluer certaines situations.

Les réseaux ne sont pas non plus denses. Les Libériens et les Ghanéens sont peu nombreux dans les pays développés où des groupes de pression peuvent être constitués. Quand bien même, ils émigrent en Occident ; le faible nombre de personnes qui s'installe à l'étranger et dispersé dans plusieurs pays, forme une très petite diaspora. Les plus grosses diasporas se trouvent dans les pays limitrophes tels que la Côte d' Ivoire.

De même, les Nigériens ne sont pas nombreux dans les pays développés, leurs pays d'accueil sont principalement la Côte d'Ivoire et le Nigeria. Néanmoins, le District d'Arlit et la Région d'Agadez sont très connus du monde parce que c'est un carrefour. Le District montre des signes de modernités malgré son enclavement, car plusieurs cultures s'y frottent. Les va-et-vient sont très importants de telle sorte que les informations sont diffusées sur les conditions de vie de la population. Beaucoup d'Organisations Internationales Gouvernementales et Non Gouvernementales se sont emparées du problème des conditions d'exploitation des mines d'uranium.

Sur le plan économique, les Collectivités Territoriales ayant des *Communautés ouvertes* ont un grand accès à tous les types de produits. Il faut dire que les populations à Obuasi et à Margibi ne sont pas commerçantes. Elles ont toujours été rurales et ont toujours eu pour activité, essentiellement le travail de la terre. Les activités pastorales n'ont jamais eu une grande place dans ces Collectivités Territoriales, non seulement à cause du climat, mais aussi parce que cela relève d'une autre culture. Ce sont les commerçants du Mali, de la Côte d'Ivoire qui fournissent le bétail soit en transhumance ou soit par convoi périodique. Les marchés sont très peu fournis dans ces zones en comparaison des autres Collectivités Territoriales en Afrique de l'Ouest notamment celles du Mali, du Sénégal ou de la Côte d'Ivoire entre autres, car les commerçants n'y sont pas très bien accueillis et qu'on leur attribue tous les maux.

La conséquence pour ces Collectivités Territoriales avec des *Communautés fermées* est que le coût de la vie est élevé. La rareté de certains produits entraîne la hausse des prix qui par ricochet se répercute sur la main-d'œuvre et les autres activités. Par conséquent, la population ressent la cherté de la vie. De plus, le fait d'être des Collectivités Territoriales riches en ressources exploitées par les Firmes Multinationales fait qu'automatiquement, les personnes menant des activités de commerce et de négoce cherchent à accumuler le maximum d'argent.

Parce qu'Arlit est dans le Sahara, on pourrait penser que le coût de la vie est plus élevé. En observant les activités du commerce informel qui s'y déroule, on se rend compte du contraire. Beaucoup d'hommes et de femmes viennent à Arlit pour acheter les marchandises qui viennent d'Algérie. En effet, les commerçants touarègues font le trajet dans les deux sens entre l'Algérie et le Niger et ramènent des marchandises achetées en Algérie. Ils repartent par la même occasion avec les marchandises venant du Niger pour approvisionner les zones frontalières de l'Algérie et du Niger. Arlit est au centre d'un réseau de commerce informel transsaharien qui met en contact l'Afrique Subsaharienne avec Maghreb.

Sur place, la ville connaît ces dernières années l'installation de nombreux magasins et des initiatives personnelles dans diverses professions. Les personnes n'ont pas besoin de demander une autorisation préalable. Il suffit de payer les taxes lorsqu'on mène une activité professionnelle. Cela convient à de nombreux migrants qui, faute d'aller en Europe, s'installent souvent pour mener des activités dans lesquelles ils avaient une qualification.

Les ressources et les problèmes des trois Collectivités Territoriales

L'analyse ici est portée sur bon nombre de véritables défis du développement auxquels les Collectivités Territoriales d'Afrique Subsaharienne sont confrontées, en présentant les ressources, les externalités et les problèmes du développement. S'interroger sur ces thématiques et analyser les problèmes établis montre que les Collectivités Territoriales d'Afrique Subsaharienne connaissent des problèmes de développement qui ont un impact négatif sur les quelques ressources qu'elles possèdent.

Les Collectivités Territoriales deviennent attractives dès lors qu'elles sont riches en ressources naturelles et qu'elles ont des possibilités limitées de transformation de ces ressources. Les Collectivités Territoriales des pays africains sont rarement à la recherche de marchés pour leurs ressources, même lorsque ces ressources sont abondantes. Il n'est donc pas surprenant que la majeure partie des Investissements Directs Étrangers dans ces pays concerne les industries pétrolières, extractives et l'agrobusiness, principalement axée sur l'exportation.

Les ressources du sous-sol et les ressources agricoles constituent l'élément essentiel recherché par les Firmes Multinationales, afin de produire des biens de consommation et des équipements militaires de communication et d'énergie. Par conséquent, les territoires d'Afrique sont d'importance stratégique. La lutte pour les matières premières est devenue de plus en plus difficile pour les États et les entreprises. Pour la Chine, avec son essor économique, leurs propres ressources naturelles ne suffisent plus. D'autres économies émergentes, comme l'Inde et le Brésil, sont devenues également des acteurs importants sur la scène mondiale. Les territoires d'Afrique qui regorgent d'abondantes ressources naturelles sont donc le champ d'affrontement de cette lutte. De plus, la participation de la Chine en Afrique a suscité une grande inquiétude dans les pays occidentaux. La vitesse à laquelle elle est devenue un investisseur important et un acteur stratégique en Afrique a stupéfait le reste du monde. Pour l'économie occidentale, la Chine est souvent perçue comme un concurrent pour l'accès aux ressources naturelles en Afrique.

Les avantages des Collectivités Territoriales sont fondés sur des principes cognitifs. C'est-à-dire que la compétitivité d'un territoire dépend de plus en plus du stock de savoir-faire de sa population et que ces ressources sont mobilisables. Les ressources humaines sont vues indépendamment des ressources naturelles. Ce savoir-faire peut être compris comme un investissement social collectif du territoire. Cette situation a un effet polarisant sur le territoire ou sur la zone géographique ; ce qui met les territoires en concurrence tout en marginalisant ceux qui sont les moins en mesure de fournir cet apport aux Firmes Multinationales. Celles-ci vont opérer un arbitrage entre deux territoires ayant les mêmes potentialités de matières premières.

La connaissance est à distinguer de la capacité ou de l'aptitude. Elle se réfère à des idées abstraites ou générales, des principes, des règles et des modèles construits. La connaissance est la capacité des individus de catégoriser et de structurer l'information et les données pour leurs applications. L'apprentissage ne se fait pas seulement dans une salle de classe, il peut se faire de façon informelle sur plusieurs générations. La notion de collectif dans l'apprentissage informel signifie que plusieurs personnes détiennent les mêmes connaissances, mais n'ont pas reçu leurs connaissances de la même personne même si elles sont similaires. Le processus d'apprentissage informel implique des routines et des institutions informelles. Les structures de ces connaissances sont construites dans un processus cumulatif où elles sont transformées en connaissances conceptuelles qui peuvent être codifiées, stockées uniquement dans le cerveau et donc facilement communiquées.

La connaissance informelle a permis de développer des concepts en organisant et en catégorisant des informations dans un modèle mental qui se déploie de façon pratique. Toute la formation se fait à travers des observations et des modèles répétitifs. Il se produit un mélange particulier de connaissances détenues par chaque force de travail avec sa façon de partager l'expérience. Le système de connaissances est donc basé sur les croyances partagées essentielles pour déterminer la structure des connaissances au niveau collectif. Ce système de connaissances va être intégré au sein des Firmes Multinationales où la main-d'œuvre locale passe d'un système informel à un système formel, technique et où la connaissance passe de traditionnelle à non traditionnelle, car ses éléments vont être intégrés au système existant.

Ce processus implique l'adoption de règles et l'imbrication de connaissances en appliquant à plusieurs reprises les règles. Les entreprises apprennent à transférer les routines de la main-d'œuvre locale en un nouveau contexte économique et à gérer efficacement ce processus en imposant l'exécution de plusieurs tâches.

La nature du savoir-faire traditionnel est la transmission orale de cette connaissance, une nature intergénérationnelle. La paix et la démocratie sont les facteurs d'attractivité des Firmes Multinationales dans les territoires africains. Ils sont prioritaires par rapport aux ressources dans la prise de décisions des donneurs d'ordre des Firmes Multinationales. Les conditions politiques et l'état de guerre qui menacent la vie en Afrique contribuent énormément, non seulement à provoquer un exode de population plus ou moins qualifiée, mais sont aussi un facteur qui dissuade les Firmes Multinationales à s'installer dans les territoires, même s'ils regorgent de ressources importantes. Même les élections multipartites prennent une dimension violente, menaçant ainsi l'existence de nombreuses Collectivités Territoriales.

L'instabilité dans le pays d'accueil est importante pour le choix des emplacements des investissements. Lorsqu'elles opèrent en Afrique, les Firmes Multinationales industrielles ont une vision à long terme, car elles ne peuvent changer de localité sans engendrer un nouveau coût d'installation. Les entreprises opèrent donc en fonction des taux de risques des conflits. Elles vont évaluer la probabilité des violences politico-ethniques qui pourraient induire un changement de destination. Les incidents imprévus de violence forcent les investisseurs à modérer leur optimisme, de sorte que les investissements se font de façon progressive et ajustée au gré de nouvelles informations. La paix et la sécurité doivent fonctionner dans un cadre de développement. L'insécurité quelle que soit la forme qu'elle prend est un obstacle à la croissance et au développement. La guerre et le désordre économique font fuir les Investissements Directs Étrangers. Ainsi, l'instabilité dans une région et/ou dans une Collectivité Territoriale peut être nocive pour l'investissement et pour la performance économique. Les entreprises ont toujours en tête qu'il y a des risques de révocation de contrats et d'expropriation lorsqu'il y a un changement brutal de régime.

Les entreprises recherchent le personnel ayant une base dans le domaine d'activité et capable d'apprendre et d'adopter de nouvelles façons plus rapidement. Ainsi, les territoires qui disposent d'un important capital humain qualifié pour le secteur d'activité de la Multinationale attirent plus d'Investissements Directs Étrangers. En général, les ressources qui sont convoitées par les Firmes Multinationales sont déjà exploitées par la main-d'œuvre locale. Mais une exploitation traditionnelle et à petite quantité comme le cas de l'extraction d'or au Ghana ou de la culture de l'hévéa au Liberia.

Dans la plupart des cas, l'exode rural est présent dans bon nombre de pays d'Afrique Subsaharienne. De ce fait, la population rurale se féminise de plus en plus. On constate une forte baisse de la disponibilité des adultes masculins, ce qui est un obstacle à l'installation des Firmes Multinationales industrielles dans certains endroits même riches en ressources naturelles. Cela en raison d'emplois salariés, de services sociaux et d'autres facteurs résultant de l'attractivité des villes. Cette main-d'œuvre va soutenir la croissance industrielle urbaine, mais crée en même temps un excédent de demandeurs d'emploi qui va grossir le secteur informel.

Il est évident que le choix de l'emploi est important pour le bien-être économique des populations rurales. La main-d'œuvre rurale est engagée dans une gamme de travail très diversifiée, mélangeant souvent des activités de main d'œuvre et des activités de subsistance. Les plus pauvres sont souvent limités à des travaux pénibles et payés par les plus aisés qui possèdent de grosses zones agraires. Ce sont souvent des travaux occasionnels ou de petits vendeurs travaillant pour les quelques commerçants de la Communauté. Dans de tels cas, même les emplois relativement peu rémunérés peuvent être une source d'émancipation.

Le Liberia est un pays démuni de toute industrie. C'est un pays essentiellement agricole. Le Liberia est riche en fer, en or, en diamant et on estime qu'il y a une grande quantité de pétrole non encore exploitée. Le « processus de Kimberley » a permis d'organiser l'exploitation du secteur minier qui contribue au PIB pour 46,6%. Toute l'économie de Margibi tourne autour de l'hévéa. Le Comté est réputé pour sa bonne terre. En outre, le Comté regorge de diamants, de bois, de minerai de fer ; ces ressources sont une partie importante de l'économie du Liberia. Mais toutes ces ressources ne sont pas exploitées à grande échelle à cause des restrictions à l'exploitation des minéraux consécutives à la guerre civile des années 1990. En effet, le processus de Kimberley, traité international signé le 30 avril 2003 interdit la commercialisation du diamant ou d'autres minerais des zones de conflit. Le Liberia est toujours considéré comme une zone de conflit.

Le développement des infrastructures demeure mal défini dans le Comté de Margibi. Toutes les infrastructures qui existaient avant 1990 ont été endommagées ou complètement détruites pendant la guerre civile. La plupart des ponts et des moyens de transport sont en très mauvais état. La disponibilité des services sociaux de base reste aussi un défi sérieux. Il y a peu de transports ; l'accès à l'eau potable et les installations sanitaires sont très minimes alors que les prestations des soins de santé sont à désirer. La plupart des 305 villages sont inaccessibles pendant la saison des pluies. Le bateau de pêche reste le moyen privilégié de transport.

En matière d'éducation, le Comté de Margibi compte plusieurs écoles de formation professionnelle et une Université, le « Cuttington University College » dont la formation s'arrête en deuxième année à Gbarnga. Il y a aussi un Institut de Formation des Enseignants du premier cycle. Il existe également un système éducatif dénommé « système scolaire Firestone » avec des écoles dans la zone de concession et en dehors. En plus des écoles gérées par Firestone Rubber Company et l'administration libérienne, les Communautés confessionnelles possèdent aussi des écoles privées. Il existe aussi plusieurs centres de cours du soir qui ciblent les adultes et les étudiants âgés ou n'ayant pas les moyens de s'inscrire dans un cursus classique.

Firestone Rubber Company occupe une place importante dans le dispositif sanitaire de Margibi avec des installations médicales qui accueillent environ 9 000 patients par mois. Et parfois, Firestone Rubber Company renforce d'autres structures sanitaires par la fourniture de médicaments et de certains équipements médicaux, dont « Rennie Hospital » à Kakata et « Mike M. Baydoun Health Center » à Marshall City. « Firestone Rubber Company Health Center » participe activement aux campagnes de vaccination pour l'éradication des maladies infantiles.

À Obuasi, bien que les gisements d'or soient les principales ressources budgétaires, la principale activité dans la zone est l'agriculture. L'exploitation illégale d'or appelée « galamesey » est secondaire. Il existe aussi d'autres activités dont l'exploitation du bois, les activités métallurgiques, la construction et l'exploitation des carrières. Les femmes ghanéennes sont très entreprenantes et dominent notamment les travaux tels que l'extraction du palmier à huile. D'autres cultures sont encouragées par les Chefs traditionnels, dont le cacao, les agrumes, la banane plantain, le manioc, l'igname, l'ananas, le taro et le maïs. Les autres cultures pratiquées dans certaines parties de la municipalité sont le riz et la canne à sucre. La production animale, en particulier l'élevage porcin, gagne rapidement en popularité dans la municipalité. Les autres animaux élevés sont les moutons, les chèvres et les bovins. La pisciculture devient également populaire. Il y a 50 étangs gérés par 35 agriculteurs. Le principal défi auquel est confronté le secteur de l'élevage est l'insuffisance des agents vétérinaires dans le District. L'accès des agriculteurs aux services vétérinaires est donc limité.

Il y a 4 hôpitaux à Obuasi dont l'Hôpital public, l'AngloGold Ashanti Hospital, Bryant Hospital et St Jude Hospital. Ces hôpitaux sont complétés par 6 cliniques. Ils sont tous payants, même l'hôpital public. Mais il existe un système d'assurance mutuelle qui permet d'avoir accès aux soins à des prix abordables. En matière d'éducation, la municipalité d'Obuasi compte un grand nombre d'écoles publiques et privées en particulier au niveau élémentaire. Mais les coûts de scolarité dans ces écoles privées sont très élevés. Cela ne laisse d'autre choix aux parents que d'inscrire les enfants dans les écoles publiques qui voient leur effectif très élevé par classe : en moyenne 35 enfants dans le public contre 20 au maximum dans le privé. Malgré tout, la municipalité d'Obuasi a une bonne réputation quant à la qualité de son enseignement au niveau primaire.

Sur le plan économique, depuis la découverte du premier gisement d'uranium en 1915 dans la région du Katanga au Congo-Belge (actuelle République Démocratique du Congo), 10 autres gisements d'uranium dont celui du Niger ont été exploités et représentent une part importante de l'uranium utilisé en France. L'uranium représente 90% des exportations du Niger. Les deux principales mines, Arlit et Akouta, sont exploitées par des filiales de la société française AREVA. La mine d'Arlit exploitée à ciel ouvert. La mine d'Akouta au sud d'Arlit est la plus grande exploitation souterraine du monde.

L'élevage continue à être tout de même une activité privilégiée des ménages dans la zone. On distingue l'élevage des caprins, des azins, des camelins, des bovins, des équins et des ovins. La zone possède un abattoir et un marché au bétail. L'agriculture se résume à de petites parcelles irriguées pour la production de légumes, un peu de blé et de maïs, le plus souvent pour la consommation personnelle ou les échanges.

En matière d'infrastructures, la ville d'Arlit possède un aéroport. Elle est traversée par un grand axe Nord-Sud reliant l'Algérie, Arlit, d'Agadez à Tahoua dénommée la route de l'uranium. Il y a deux cités minières où habitent cadres et ouvriers. Dans l'ensemble, ces cités constituent un cadre de vie luxueux et attrayant. Il y a un hôpital régional à Agadez, capitale régionale. Mais beaucoup de personnes n'ont pas les moyens de s'y rendre à moins que le malade soit dans un état grave. C'est pourquoi les habitants se ruent au quotidien vers l'Hôpital Somair qui se trouve au centre-ville d'Arlit et celui de Cominak à Akokan. La plupart de ces hôpitaux dispensent des soins en ambulatoire et disposent d'un bloc chirurgical ainsi qu'une banque de médicaments. Les sociétés minières assurent la gratuité des soins médicaux des salariés et de leur famille. Les évacuations sanitaires vers Niamey ou vers l'Europe sont organisées lorsque les traitements ne peuvent pas être effectués sur place. Grâce aux deux hôpitaux privés, l'hôpital public n'est jamais encombré et la population reçoit l'un des meilleurs soins qui existe sur le territoire nigérien.

******

Le Partenariat Décentralisé Arlit – AREVA

La connaissance du contexte du partenariat dans les trois Collectivités Territoriales étant acquise, il s'agit d'analyser spécifiquement le *Partenariat Décentralisé* Arlit – AREVA. Passage obligé avant de comprendre les motivations des acteurs locaux.

L'objectif n'est pas de revenir sur la définition du partenariat, mais seulement de mettre l'accent sur les incitations de chaque partie sans se limiter aux avantages pécuniaires.

Il y a la question de temporalité qui inclut des compétences spécifiques provenant de chaque partie ou provenant d'expériences d'apprentissage. Il y a aussi la grande capacité collective à répondre aux problèmes et la qualité accrue des solutions. Travailler dans la Collectivité Territoriale d'Arlit implique des coûts pour AREVA, notamment le temps qui doit être consacré au partenariat. Les autres coûts incluent d'utiliser des ressources diverses pour entretenir ce partenariat. C'est pourquoi il est important de répondre à ces trois questions : pour quelles raisons AREVA s'est-elle installée à Arlit ? Pourquoi AREVA s'est-elle engagée dans un dialogue direct avec la Collectivité Territoriale d'Arlit ? Qu'est-ce qui a conduit la Collectivité Territoriale d'Arlit à rechercher indirectement une rente ? Les réponses à ces questions permettent de poser le cadre des relations AREVA – Arlit.

La présence d'AREVA à Arlit

Il s'agit de toute l'histoire d'AREVA au Niger. La Firme Multinationale, bien qu'étant étrangère, fait partie du paysage de la Collectivité Territoriale depuis bien longtemps. Quel est le mode d'entrée de la Firme Multinationale ? Quelle est l'activité qui l'a amené à s'installer dans un endroit reculé, c'est-à-dire un désert inhospitalier ? Comment AREVA est organisée sur place ?

AREVA est présente à Arlit depuis les années 1960 grâce à des montages financiers complexes. En effet, en 1969, le gouvernement du Niger a donné un permis de recherche et d'exploitation au Commissariat d'Énergie Atomique (C.E.A.), l'Institut chargé de la mise en œuvre des politiques nucléaires en France. La concession ainsi accordée pour une période de 75 ans couvrait une superficie de 360 km² où des gisements d'uranium ont été découverts à Arlit et à Akouta. L'exploitation a été accordée à la Société des Mines de l'Aïr (SOMAIR) créée pour l'exploitation de la mine d'Arlit. Cette entreprise avait pour actionnaires le Commissariat de l'Énergie atomique de France pour 40%, la République du Niger 20%, la Compagnie minière Pechiney Mokta 20% et la Compagnie Française des Minerais d'Uranium 20%. En 1970, la Société italienne AGIP Nucléaire et la Société allemande URAN Gesellschaft deviennent à leur tour actionnaires à la SOMAIR. En 1976, la Compagnie Générale des Matières Nucléaires (COGEMA), responsable de tous les services français des combustibles nucléaires, reprend les actions de la Commissariat d'Énergie atomique sous le nom de Compagnie Générale des Matières Nucléaires – Groupement d'actions de Recherches Minières au Niger (COGEMA-GAM) et reçoit tous les droits et les obligations du Commissariat d'Énergie atomique au sein de la SOMAIR. En 1974, la Compagnie Minière d'Akouta (COMINAK) est créée pour exploiter le gisement d'Akouta découvert par le Commissariat d'Énergie Atomique. La COMINAK avait pour actionnaire le CEA à 44%, la République du Niger 31% et le Consortium japonais Overseas Uranium Ressources Development 25%.

Le 3 septembre 2001 est créée la Firme Multinationale AREVA spécialisée en énergie nucléaire qui devient rapidement le leader mondial. Ses objectifs étaient l'exploration et l'exploitation des mines d'uranium, la conversion et l'enrichissement de l'uranium, la conception et la fabrication du combustible nucléaire, la conception et la construction de réacteurs nucléaires, le recyclage des combustibles usés, les services de transport, d'assainissement et de démantèlement, mais aussi le développement des énergies renouvelables comme l'énergie éolienne, la bioénergie, le solaire et l'hydrogène. Dès cette date, AREVA prend le contrôle de la SOMAIR et de la COMINAK qui deviennent ses filiales. Les autres actionnaires quittent le Niger.

Ainsi, en février 2006, le gouvernement du Niger va attribuer un permis de recherche à AREVA pour étudier les moyens d'exploitation du gisement d'Imouraren découvert par le CEA en 1966. Le 5 janvier 2009, AREVA et le gouvernement du Niger vont ratifier un accord pour l'exploitation de la mine d'Imouraren. Pour exploiter cette mine, AREVA va créer une troisième filiale dénommée IMOURARENsa dont la société est constituée d'AREVA à 66,65% et de l'État du Niger à 33,35%. En 2016, AREVA est devenue New AREVA, puis ORANO en 2018. Mais la nouvelle Firme Multinationale reste toujours sur la dénomination d'AREVA au Niger et est bien installée dans le Nord du pays, à Arlit.

AREVA dans son contrat avec l'État du Niger donne quatre directions à son installation dans Arlit : l'exploration, l'étude et la construction de mines, l'exploitation, le réaménagement des sites après exploitation. SOMAIR exploite des mines à ciel ouvert, ce qui est peu gourmand en ressources humaines, mais demande beaucoup de machinistes ayant du savoir-faire. Ce sont des gisements dits de « type sédimentaire ». Les minerais d'uranium extraits sont chargés dans des camions en direction de l'usine de traitement. La COMINAK exploite les mines souterraines. La profondeur des mines peut atteindre 250 mètres et demande beaucoup de main d'œuvre. La méthode d'exploitation est appelée « méthode des chambres et de piliers ». Elle consiste à creuser de grandes crevasses et à les sécuriser avec de piliers. Et ensuite à procéder à des tirs sur les minerais contenant de l'uranium. Les crevasses sont ensuite remplies de débris de roches qui sont récupérés en totalité y compris les piliers et remontés en surface pour être acheminés vers les usines de traitement. Dans les deux cas, il y a une équipe d'arroseurs composée de plusieurs ouvriers. Même si ce travail ne demande pas de qualification, les ouvriers sont formés à un arrosage efficace du site ou au déploiement des robinets afin de prévenir la présence de radio activité. Cet arrosage réduit considérablement la concentration de poussière et de radon.

Les usines de traitement ont deux méthodes pour obtenir ce qu'on appelle le Yellow Cake, soit le produit prêt à l'exportation. Les deux types de traitement sont : le « traitement dynamique » et le « traitement par lixiviation en tas par voie acide ». En fait, l'uranium n'est qu'à l'état primaire dans les gisements. Il doit être séparé de sa gangue rocheuse, puis on procède à un premier traitement qui consiste à éliminer les impuretés. Les minerais ne peuvent être exportés à l'état brut, car trop lourds, donc trop coûteux en transports. De plus, la contenance en uranium est tellement faible par m^3 de gravillons que l'exportation de l'uranium brut n'est pas économiquement rentable. Or le Yellow Cake ou Octaoxyde de triuranium (U_3O_8) contient 75% en teneur d'uranium. En exportant une tonne de Yellow Cake, on récupère sur les sites d'enrichissement 750 kg d'uranium pur.

C'est AREVA qui a mis en application cette technique pour la première fois dans le monde en 2009 par sa filiale SOMAIR. Les minerais sont concassés pour obtenir des grains qui sont mis dans un élévateur et arrosés de façon continue durant trois mois avec de l'eau et de l'acide. Le jus ainsi obtenu est riche en uranium. En utilisant des solvants, l'atelier de traitement chimique retire une substance pâteuse. Le séchage de cette substance pâteuse permet d'obtenir le Yellow Cake qui est ensuite conditionné dans des barils pour être expédiés en France.

Dans les trois filiales d'AREVA au Niger, SOMAIR, COMINAK et IMARARENsa., on retrouve les mêmes configurations : des cadres, des cadres intermédiaires, des techniciens, des agents administratifs et des agents de maîtrise. Il convient de rappeler que l'État du Niger est actionnaire dans ces trois Sociétés. En réalité, l'État du Niger s'intéresse plus à la partie rente qui change au gré des renégociations où le pourcentage arrive à passer de 20 à 30% de la valeur brute des extractions. C'est plutôt la partie française qui est aux affaires dans la gestion au quotidien.

Les cadres intermédiaires sont les ingénieurs et les Chefs de division qui sont aussi des Européens. Mais AREVA recrute également beaucoup d'ingénieurs africains. Les profils les plus recherchés sont des ingénieurs nationaux ou africains ayant suivi leur cursus dans un pays développé. Les ingénieurs européens ne restent pas longtemps sur place : soit ils quittent temporairement le pays pour y revenir, soit ils sont remplacés définitivement. Il est difficile de savoir si les contrats sont à durée indéterminée ou non, mais les ingénieurs et les techniciens, même expatriés, ont pour la plupart des contrats de droit nigérien. Il semble qu'AREVA ait choisi cette solution qui est avantageuse pour la Firme Multinationale, car en cas de litige avec un salarié, c'est le droit nigérien qui est appliqué au lieu du droit français qui serait plutôt avantageux pour le salarié expatrié. D'ailleurs, la création de filiales et leur qualité de Société Anonyme font que toutes les plaintes contre AREVA sont examinées par les tribunaux du Niger.

Au-dessous des ingénieurs, les techniciens et les agents administratifs sont en majorité des nationaux, mais quelques Français viennent y apprendre le métier (contrat non connu). Les techniciens nationaux sont recrutés sur dossier, suivi d'un entretien. La plupart sont en contrat à durée déterminée qui aboutit souvent à des contrats à durée indéterminée. La loi nigérienne ne prévoit pas un nombre limité de contrats à durée déterminée. Les techniciens sont des employés très bien formés, souvent en situation de sous-emploi puisque du fait de l'offre d'emploi limitée dans le pays, des ingénieurs au chômage acceptent de travailler comme techniciens puisque le salaire est plus élevé que ce qu'offre la fonction publique nigérienne et les entreprises privées locales. Un technicien dans les filiales d'AREVA est mieux payé qu'un ingénieur dans le privé et de loin dans le public.

Les Agents de maîtrise sont les derniers dans l'organigramme des trois filiales d'AREVA. Ils n'ont pas forcément reçu une formation adaptée aux exploitations de la Firme Multinationale. Ils sont recrutés et formés sur place. Quand ils évoluent dans une équipe spécialisée, ils restent dans cette spécialité durant toute leur carrière. Dans le cas contraire, ce sont des ouvriers bons à tout faire.

Les relations entre AREVA et la Collectivité Territoriale d'Arlit

La montée en puissance de l'émergence du partenariat entre AREVA et Arlit amène à se demander pourquoi AREVA s'est-elle engagée dans un dialogue direct avec la Collectivité Territoriale d'Arlit. Mais aussi chercher à savoir pourquoi la Collectivité Territoriale d'Arlit recherche indirectement une rente. On peut déjà soutenir que c'est pour des stratégies commerciales quand une entreprise décide d'une telle action. Mais lorsque la Collectivité Territoriale fait aussi le pas vers la Firme Multinationale, alors les objectifs peuvent être différents ; aussi présenter le cadre de relations afin de montrer le rôle de chaque parti dans cette relation.

AREVA est née sur les cendres de la COGEMA. Or, la COGEMA et d'autres entreprises d'extraction de minerais d'uranium ont fait beaucoup d'erreurs qui leur ont coûté cher. C'est ce qui est mis en avant pour justifier ce virage social de la Firme Multinationale. Avant 1959, le Commissariat à l'Énergie atomique de France (CEA) a découvert plusieurs gisements d'uranium dans le village de Bakouma dans la région orientale de la République Centrafricaine (anciennement appelé Empire Centrafricain). À partir de 1963, le CEA et la Compagnie Française des Minerais d'Uranium (CFMU) ont exploité ces mines jusqu'en 1970. L'exploitation a causé de nombreux dommages à la population locale. Les villageois, et la région qui s'étend sur 50 000 km² n'ont pas bénéficié des retombées de l'uranium. Lorsqu'en 1969, le cours d'uranium a baissé, le CEA-CFMU a jugé non rentables ces mines et a poursuivi les recherches ailleurs sans réhabiliter le village de Bakouma. Les nouvelles techniques de prospection utilisées en Égypte n'ont pas permis d'identifier d'autres gisements plus rentables. Donc le projet a été abandonné en 1970 laissant les villageois à leur sort. Quand les cours sont remontés, les sociétés d'extraction d'uranium ont voulu revenir, mais la région s'y est opposée. En 2004, une rébellion a éclaté dans la zone et tous les projets d'uranium ont été arrêtés en 2006.

En 1954, la Commissariat d'Énergie atomique découvre l'uranium dans la région du Haut-Ogooué au Gabon au moment où les cours sont à leur haut niveau. La Commissariat d'Énergie atomique va créer une filiale dénommée Compagnie des Mines d'Uranium de Franceville (COMUF) qui ouvre trois sites d'exploitation :

- La carrière de Mounana
- Le gisement d'Oklo
- Le gisement de Boyindzi.

Les sites portent les noms des villages. Les gisements ont été exploités de 1961 à 1999. Cela a entraîné des problèmes de santé, des problèmes environnementaux et des dégradations de mœurs. Mais la COMUF n'a pas fait d'investissement social dans la région. Pire, les travailleurs ou les habitants se plaignant de problèmes de santé se sont tournés vers les hôpitaux publics, la médecine privée ou les guérisseurs traditionnels. Toujours pour des problèmes de rentabilité par rapport aux cours mondiaux, la production a été stoppée nette, mais sans investissement post-exploitation. Seul le gisement de Boyindzi était resté ouvert, mais comme la COMUF avait laissé les mines en l'état, il y eut des hostilités à son égard qui a fini par fermer sa dernière mine. Néanmoins, la COMUF espérait reprendre l'exploitation dès que les cours le permettraient, mais les habitants du Haut-Ogooué ne l'entendaient pas de cette oreille. Malgré la pression du Président Omar Bongo natif de la région, la Commissariat d'Énergie atomique n'y a plus jamais remis les pieds.

En 1915, l'entreprise belge dénommée Union Minière du Haut Katanga (UMHK) découvre l'uranium à Shinkolobwe, un village dans l'Est de la République Démocratique du Congo. Cette mine était particulièrement riche (65% d'uranium sur une quantité de 100 kg de minerais). L'extraction débute en 1921. On dit même que les bombes larguées sur Nagasaki et Hiroshima ont été approvisionnées par l'uranium du Congo Belge. Les États-Unis ont repris la mine entre 1942 et 1944.

Cette mine à ciel ouvert a été abandonnée dès que les cours de l'uranium ont baissé. Lors de l'indépendance, le pays a commencé à exploiter le cuivre et le cobalt contenus dans cette même mine sans tenir compte de la radioactivité. Les réalités du marché ont fait que l'extraction d'uranium a été reprise par des mafieux. Tout cela s'est fait au détriment de la population qui souhaitait la fermeture de ces mines à ciel ouvert qui rendaient la région invivable et non productive sur le plan agro-pastoral. Les entreprises d'extraction d'uranium ont toujours été tenues responsables de ces cratères. À cause de cette mine, le Haut Katanga était au bord de la rébellion puisque le pouvoir en place était soupçonné d'être de connivence avec les mafieux qui exploitaient clandestinement ces mines. C'est pourquoi le Président Joseph Kabila dans un décret présidentiel n°04/17 du 27/01/2004 a classé Shinkolobwe comme zone interdite à l'activité minière.

En 2009, AREVA obtient une licence d'exploitation de l'uranium dans cette zone. Mais AREVA a été confrontée à la réputation que la Commissariat d'Énergie atomique trainait depuis l'arrêt de l'exploitation de l'uranium au Gabon. En plus, AREVA avait aussi une mauvaise réputation par les médias et les ONG pour son exploitation d'uranium au Niger. Ainsi, la population voulait tout d'abord la réhabilitation du site avant l'ouverture d'autres sites d'exploitation parce que l'accord disait qu'AREVA devait faire des explorations et non forcément reprendre les anciennes mines. Or la population ne voulait plus de crevasse sur son territoire. Le Haut-Katanga étant une zone où sont parties plusieurs rébellions, AREVA malgré la signature du contrat d'exploitation depuis 2009 n'a jamais commencé l'exploitation.

AREVA voudrait ainsi garder de bonnes relations avec la population locale au-delà du contrat passé avec l'État du Niger. D'une part, le Nord du Niger est en proie depuis environ trois décennies à une rébellion, d'autre part la zone devient un repère de Djihadistes d'autant plus que le désert est un grand espace que le Niger seul ne peut contrôler. Ainsi, sans l'appui de la population locale, la situation peut très vite être compliquée pour les filiales de la Firme Multinationale. Ainsi, AREVA est consciente non seulement que sa sécurité dépend de la population locale, mais aussi que ses contrats futurs pourraient être compromis si la Firme Multinationale continue à avoir une mauvaise réputation, celle d'une Firme Multinationale qui ne voit que ses bénéfices.

Les Organisations Non Gouvernementales critiquent, mais n'apportent pas de solution. Or la population a besoin de concret : manger, boire et se soigner. Les problèmes d'environnement et de radioactivité semblent être secondaires face à ces nécessités. Cela ne signifie pas que les problèmes engendrés par l'exploitation ne sont pas pris en compte ou que la population n'a pas conscience des risques.

Arlit était constituée de hameaux. L'extension, la formation et l'accroissement de la population sont dus aux opportunités d'emploi et aux échanges économiques qu'AREVA avait suscités depuis les années 60. Arlit est devenu une commune très peuplée et cela a engendré des demandes que l'État du Niger ne peut satisfaire, car il est l'un des pays les plus pauvres du monde. Donc, l'État n'a pas les moyens d'assurer à l'ensemble des Collectivités Territoriales le développement qu'elles souhaitent. Certes, AREVA est beaucoup critiquée, mais elle a les moyens financiers et techniques d'assurer un début de développement à la Collectivité Territoriale d'Arlit, du moins de diminuer l'intensité de la pauvreté.

Les personnes habitant à Arlit sont conscientes des risques liés à l'uranium. Mais elles restent en pensant que leur vie ici est ou sera peut-être meilleure qu'ailleurs au Niger. La population est consciente qu'elle peut obtenir d'AREVA ce que l'État n'arrive pas à fournir : écoles, électricité, eau, soins, etc. L'exemple du Sud-Est du Nigeria où la région de Port Harcourt (Delta du Niger) connaît une instabilité du fait de la présence des Firmes pétrolières, revient dans toutes les conversations quand les habitants d'Arlit s'expriment. Toutes ces personnes font référence à la Firme en souhaitant que les mines ne ferment pas.

Les populations savent qu'AREVA partira un jour. Pour cela, la Collectivité Territoriale veut mettre tout en œuvre pour profiter au maximum de sa présence pour acquérir un certain confort et les moyens de son développement. Ainsi, le partenariat pour la Collectivité Territoriale est une obligation ; c'est la seule option de développement qui se présente à cette population dont la plupart des personnes sont arrivées après le début de l'exploitation de l'uranium.

À Arlit, AREVA fait tout son possible pour contredire les critiques à son encontre. Pour cela, c'est la Firme Multinationale qui prend l'initiative de proposer à la Collectivité Territoriale les investissements qu'elle souhaiterait faire. Même si AREVA prend des initiatives, la mise en œuvre est consensuelle. La Firme Multinationale ne rencontre pas forcément individuellement les Chefs traditionnels. Il y a deux types de rencontres : le Comité Bilatéral d'Orientation (CBO) et la Rencontre Directe.

Le Comité Bilatéral d'Orientation (CBO) a été créé en mai 2006 pour mieux coordonner le partenariat AREVA et la Collectivité Territoriale en complément des Rencontres Directes. CBO est une rencontre formelle qui implique tous les responsables d'Arlit et d'Iforouane ainsi que les membres de la société civile. Le Comité Bilatéral d'Orientation décide de la politique locale d'aménagement, de l'éducation, des infrastructures et de l'aide qu'AREVA peut apporter au développement économique d'Arlit. Chaque parti fait ses propositions et le Comité Bilatéral d'Orientation convient des modalités d'exécution en maintenant l'équilibre entre les quartiers d'Arlit, les Communes rurales et les hameaux.

Dans le Comité Bilatéral d'Orientation, sont présents les élus et le sommet de la Chefferie traditionnelle. Ce sont eux qui rendent compte des discussions à leurs Communautés respectives. Ce sont aussi eux qui donnent leur accord pour les projets, souvent sans consulter leur base. Souvent, les Accords trouvés dans le Comité Bilatéral d'Orientation peuvent être contestés par une partie de la population dans une zone déterminée. En plus, il y a beaucoup de courtoisie dans le Comité Bilatéral d'Orientation où chacun essaie de ménager l'autre. D'ailleurs, une grande partie de la population estime que le Comité Bilatéral d'Orientation sont un comité d'élites locales, des personnes censées respectées le protocole et qui ne peuvent pas dire la vérité. Les réunions du Comité Bilatéral d'Orientation sont transcrites dans un rapport ; ainsi, chacun prend ses précautions ou refuse de dire réellement les choses. Les projets sont rapidement validés, sans se soucier de la mise en œuvre, car chaque partie fait confiance aux Chefs des Communautés pour convaincre leurs membres. Or, pour un projet validé par le Comité Bilatéral d'Orientation, les intérêts sur le terrain peuvent être divergents et les Chefs de Communautés n'ont pas les mêmes pouvoirs dans ce type de Collectivité Territoriale. C'est ce qui provoque l'inefficacité des projets à Arlit. C'est un débat démocratique où chacun apporte sa contribution pour améliorer les conditions de vie ou de travail dans un domaine ou dans une affaire donnée.

******

Le Partenariat Décentralisé Margibi – Firestone Rubber Company

Tous les partenariats ne sont pas les mêmes. Du moins dans leur manière d'entrée et les raisons des différentes parties. Cette différence renforce le choix de trois Collectivités Territoriales et montre que le partenariat doit être individuellement étudié. On ne peut donc pas considérer le partenariat comme un seul mode cohésif unique, mais plutôt comme un mélange de groupes, d'intérêts et de ressources qui se déclinent de façons différentes selon la Collectivité Territoriale. Cela doit être habilement géré.

La présence de Firestone Rubber Company à Margibi

La plupart des personnes pensent que ces activités se résument à planter et à récolter le jus d'hévéa. Or derrière ce nom, il y a toute une industrie et une organisation qui méritent d'être connues. Selon les archives de la Firme, en 1926, la Multinationale Firestone Rubber Company obtient du gouvernement libérien une concession pour une plantation d'hévéa de 400 000 hectares à Margibi County. Déjà dans le secteur existait d'autres producteurs d'hévéa tels que Liberia Agricultural Company (LAC) à Grand Bassa County, Guthrie à Bomi County, Liberia Company (LIBCO) à Nimba County, Salala Rubber Corporation à Margibi County, Cavalla à Maryland County et Sinoe Rubber Corporation (SRC) à Sinoe County. Mais la production d'hévéa a pris de l'importance avec l'accord de Firestone Rubber Company. Le gouvernement libérien ordonne alors aux Chefs traditionnels de recruter des ouvriers pour la plantation de Firestone Rubber Company. Ce système de travail forcé, établi dans les années 20, était la règle jusqu'aux années 60.

Cela a suscité les critiques de la Société des Nations (ancêtre de l'Organisation des Nations Unies) dans son rapport de 1929 accusant le Libéria d'être une Nation d'esclavagistes. Dès 1930, une Commission d'enquête sur le Libéria a été créée par la Société des Nations qui a produit une série de conclusions et de recommandations sur le travail forcé dans les plantations d'Hévéa. Le gouvernement libérien a décidé alors d'aller vers un marché du travail national qui serait moins cher et plus rentable pour les exploitants d'hévéa. Dans les années 1954, près de 16 000 ouvriers de Firestone Rubber Company, soit 80% de la population active effectuaient des travaux forcés sous la pression du gouvernement. En même temps, ce système de conscription forcée au travail a permis l'expansion de la culture de l'hévéa et a constitué la principale ressource du pays.

Ainsi, avant le déclenchement de la guerre civile au Liberia, plus de 30% de la main-d'œuvre employée dans les champs d'hévéa avait un salaire. Ces personnes étaient en majorité illettrées et non qualifiées. Durant la guerre civile, la plupart des plantations ont été abandonnées ou reprises par les forces rebelles. Seulement Firestone Rubber Company et Liberia Agricultural Company (LAC) ont été épargnés et ont continué à produire. De ce fait, Firestone Rubber Company est devenu le plus grand producteur d'hévéa devançant largement le Liberia Agricultural Company (LAC) et les autres petits producteurs, et le premier employeur du pays.

Firestone Rubber Company ne fait pas que planter des arbres à l'origine du caoutchouc et attendre. Le processus de production du caoutchouc nécessite des personnes qui savent planter, maintenir les arbres en état de produire de l'hévéa et qui ont la qualification nécessaire pour récolter le jus. Le processus de production est extrêmement intensif en main-d'œuvre qualifiée. Firestone Rubber Company fait ainsi la plantation, la production et la transformation sur place. À chaque étape, des tâches spécifiques sont requises et chaque tâche est liée au cycle de vie de l'arbre. Cet arbre qui a une durée de vie de 29 ans doit être exploité avec précaution par des personnes possédant le savoir-faire nécessaire que l'on ne trouve que parmi la population locale et non ailleurs.

À côté des arbres à maturité, Firestone Rubber Company a une activité de pépinière. Les semis sont entretenus par d'autres employés et mis en terre ailleurs par un autre groupe d'employés ayant ce savoir-faire. Lorsque les plants d'hévéa sont suffisamment grands, ils sont transplantés pendant sept à huit ans. Le taillage des arbres demande aussi un savoir-faire.

L'exploitation de l'hévéa n'est pas un travail non qualifié. L'arbre doit être « tapoté » de sorte qu'il est incité à donner de l'hévéa dans une tasse attachée en dessous de la coupure. L'hévéa est ensuite collecté par les « saigneurs » qui l'envoient à la station de collecte. La station de collecte est aussi une activité à part. On sort de l'activité agricole pour entrer dans la chimie. C'est la première étape dans la production du caoutchouc où les ouvriers ajoutent de l'acide. Ce processus vise à nettoyer l'hévéa.

Après la chimie, on entre dans la phase d'usinage. Il s'agit d'une usine de traitement avant exportation. Il y a une chaîne de traitement qui nettoie le latex obtenu sur plusieurs étapes. L'usine possède un centre de traitement thermique. À parti du centre, le latex est conditionné en bloc, emballé puis exporté. Mais dans ces usines de traitement et de conditionnement, Firestone Rubber Company ne traite pas que le produit de ses propres plantations. Tous les autres petits producteurs lui envoient leur récolte pour la préparation à l'exportation.

Outre les activités agricoles et industrielles, Firestone Rubber Company possède son propre dispensaire. Ce centre se charge des examens médicaux avant l'embauche définitive et aussi pour l'emploi des contractuels. C'est une visite médicale et un entretien pour savoir si le demandeur d'emploi peut s'adapter aux conditions de production. Hormis les visites médicales d'entrée, le dispensaire de Firestone Rubber Company s'occupe des soins des travailleurs au quotidien. Le processus de production de l'hévéa engendre des problèmes de santé. Dans les champs, il y a souvent des blessures de machettes ou de branches, des morsures de serpents, des problèmes musculaires causés par le transport des charges lourdes, etc. ; en outre, dans la phase de nettoyage, il y a une exposition à l'acide. C'est pourquoi Firestone Rubber Company ne néglige pas ses activités médicales et le dispensaire reçoit beaucoup de stagiaires venant des États Unis.

Firestone Rubber Company est une Firme Multinationale d'implantation locale. Presque toute la chaîne de production est locale.

Contrairement à AREVA et à AngloGold Ashanti, il y a deux nationalités dans cette Firme Multinationale, l'une américaine et l'autre libérienne. Les cadres dirigeants reflètent aussi cette configuration. Ce n'est pas seulement les Américains qui décident, même si la direction est confiée à un Américain. Chaque cadre étant spécialisé dans son domaine engage sa responsabilité. Les cadres, même libériens, ont étudié dans les universités américaines. Ce qui leur donne toute la légitimité quant aux responsabilités qu'on leur confie à Firestone Rubber Company. Au-delà des bourses d'études que Firestone Rubber Company octroie aux jeunes libériens en général, qui souvent reviennent comme cadres ou ingénieurs dans la Firme Multinationale, Firestone Rubber Company octroie aussi des bourses d'études à ses propres salariés pour aller étudier aux États-Unis. Certains ne reviennent plus. Par contre, ceux qui retournent au pays gravitent rapidement les échelons et deviennent des cadres.

Les ingénieurs agronomes et les ingénieurs forestiers ainsi que les ingénieurs électromécaniciens sont presque tous libériens. Seuls sont visibles sur les sites les stagiaires américains qui restent tout au plus six mois. Sous les ingénieurs, on retrouve les techniciens et les agents administratifs formés sur place, où soit en Côte d'Ivoire, au Ghana ou au Nigeria. Ils sont recrutés sans concours, à travers des réseaux locaux après un test et une période d'adaptation. Firestone Rubber Company donne la priorité aux nationaux dans le cadre du recrutement des techniciens et des agents administratifs.

L'avant-dernier niveau est celui des ouvriers qualifiés dans le saignement et les machinistes. Ils sont formés dans les centres de formation professionnelle et ont un niveau équivalent à un CAP (Certificat d'Aptitude Pédagogique). Ils sont tous formés au Libéria, notamment à Monrovia et à Kakata. Ils coiffent les manœuvres qui sont les derniers travailleurs en termes d'organigramme et sont souvent embauchés comme journaliers ou comme saisonniers.

Les relations entre Firestone Rubber Company et la Collectivité Territoriale de Margibi

Les relations entre Firestone Rubber Company et la population libérienne ont été façonnées dans l'esclavage. D'un côté Firestone Rubber Company, le maître et la population de Margibi réduite à l'esclavage pour la production d'hévéa par le colon américain. Ainsi, Firestone Rubber Company s'est développée au Liberia dans une « période noire » de son histoire, mais a été consolidée grâce à une « autre période noire » du pays. Au cours de cette seconde période, Firestone Rubber Company a construit des liens forts, principalement avec la population de Margibi, mais a aussi gagné en réputation dans tout le Liberia. Comment une Firme Multinationale qui a tant fait souffrir la population peut être un interlocuteur privilégié ?

En 1959, le Liberia a ratifié la convention sur les plantations, mais en 1971 il l'a dénoncée. Le Liberia n'a pas non plus ratifié deux conventions fondamentales de l'Organisation Internationale du Travail :

- Celle concernant l'égalité de rémunérations entre la main-d'œuvre masculine et la main-d'œuvre féminine pour un travail de valeur égale, en 1953.
- Celle sur l'âge minimum d'admission vers l'emploi, en 1976.

À rappeler qu'en 1930, une Commission d'enquête sur le Liberia a été créée par la Société des Nations qui a produit une série de conclusions et de recommandations sur le travail forcé dans les plantations d'hévéa. Mais ces recommandations n'ont pas été suivies en totalité et par toutes les concessions, sauf Firestone Rubber Company qui a fait des efforts en ce sens par la mise en place d'un dispensaire pour les travailleurs. Cela aura son importance durant la guerre civile.

Quand la guerre civile a commencé en 1989 il y avait cinq grandes concessions américaines d'hévéa :

- Firestone Natural Rubber Company à Margibi County.
- Liberian Agriculture Company à Grand Bassa County.
- Cavalla Rubber Plantation à Maryland County.
- Guthrie Rubber Plantation à Bomi County et Grand Cap Mount County.
- Sinoe Rubber Plantation à Sinoe County.

Le 24 décembre 1989, Charles Taylor dirigeait le Front Patriotique National du Liberia (NPFL) qui, dans une offensive sur l'ensemble du pays à partir de la frontière ivoirienne, déclenche la guerre civile qui durera jusqu'en 1997. Le pays était sous le pouvoir de la junte militaire commandé par le Sergent-Chef Samuel Doe depuis 1980. Le coup d'état de Samuel Doe du 13 avril 1980 a engendré l'isolement du Liberia tant sur le continent africain qu'à l'extérieur parce que le Président Williams Tolbert une fois au pouvoir, avait réussi à établir des relations très étroites avec les autres Chefs d'État africains ; ce qui n'était pas le cas de ses prédécesseurs. Williams Tolbert était aussi le président de l'Organisation de l'Unité Africaine (OUA) au moment de son assassinat par le régime militaire du Sergent-Chef Samuel Doe et aucun président de l'Organisation de l'Unité Africaine n'avait jamais été tué durant son mandat.

Le Libéria après le coup d'État de 1980 était alors sous embargo des pays d'Afrique qui concernait tous les secteurs y compris les plus essentiels comme la santé et l'alimentation. Seules les concessions étaient approvisionnées. De 1980 à 1989, alors que les autres concessions ne destinaient leurs approvisionnements qu'aux personnels expatriés ou Américains-Libériens et leurs familles, Firestone Rubber Company avait décidé de prendre en charge d'abord le personnel autochtone de sa concession en dispensant des prestations de santé et en offrant des sacs de riz et quelques autres aliments. Lorsqu'un an plus tard, la presse internationale révélait des violations des droits de l'homme par la junte ; accusations fondées moins sur le meurtre de Williams Tolbert que sur le procès et l'exécution expéditive de treize membres du gouvernement, l'embargo devint international et est très respecté par les États Unis dont le Liberia était sous tutelle. Firestone Rubber Company décide alors d'agrandir son dispensaire d'Obuasi afin de recevoir l'ensemble de la population de la Collectivité Territoriale et souvent des personnes qui venaient des Comtés environnants.

Ainsi, quand la guerre civile éclata en 1989, Firestone Rubber Company fut la seule concession épargnée qui pouvait partiellement poursuivre ses activités selon la disponibilité des ouvriers. Du fait de la guerre au Liberia, le prix de l'hévéa avait augmenté aux États-Unis et la demande était croissante. Selon les dirigeants, la Firme Multinationale était la seule à approvisionner le marché du latex et a pu gagner suffisamment d'argent au point de s'agrandir et de se moderniser après la guerre civile en 1997. Conscients du fait que grâce à la population, la Firme Multinationale a pu garder intacts ses investissements, les dirigeants ont engagé un véritable partenariat qui vise à aider économiquement le Comté de Margibi parce que jusqu'en 2003, au moment de l'accord de désarmement et de démobilisation, les pays n'étaient pas très sûrs.

Le développement des infrastructures reste un défi dans le Comté de Margibi puisque presque toutes les infrastructures qui existaient avaient été endommagées, pillées ou complètement détruites pendant la longue période de guerre civile. La plupart des routes, des ponts et des installations de transport étaient en mauvais état avant la guerre civile, mais étaient impraticables après la guerre. Il était difficile et quasiment impossible d'acheminer les récoltes dans les grandes villes, notamment à Monrovia pour vendre. Or, ce sont ces récoltes qui servent de revenus à la population des villages environnants de Margibi dont une partie est destinée au marché local.

Après la guerre, l'accès à l'eau potable et aux installations sanitaires était très minime alors que les prestations de soins de santé avaient besoin d'être améliorées. L'eau et l'électricité étaient particulièrement souhaitées pour de nombreuses Communautés parce que seules Firestone Rubber Company et les autorités locales avaient leurs propres générateurs. Le système scolaire Firestone détenu et exploité par Firestone Rubber Company, qui devait accueillir plus de 15 000 enfants dans la zone de la concession n'existait pas. De nombreux enfants des zones reculées de Margibi n'avaient pas accès à l'éducation à cause d'un manque de transport, car les parents n'avaient pas de travail pour pouvoir acheter un vélo afin de les accompagner à Margibi. Les enseignants étaient souvent réticents à s'installer à Margibi à cause de la cherté de vie et du manque de logements.

Le premier objectif de la Collectivité Territoriale de Margibi était d'aider les employés à réhabiliter les infrastructures et à lutter contre le VIH qui faisait des ravages à cause des viols lors de la guerre civile. Au fur et à mesure, les employés de Firestone Rubber Company ont demandé des logements.

Les Chefs traditionnels et les élus locaux de Margibi ont fait savoir à Firestone Rubber Company que l'absence d'un début de développement pourrait déclencher des troubles sociaux importants, non seulement dans le Comté, mais aussi au Libéria. Ils étaient convaincus qu'avec le retour des anciens combattants, les conflits fonciers pourraient devenir une manifestation de conflits d'identité et de questions de citoyenneté et que cela conduirait les jeunes à réclamer le départ de Firestone Rubber Company, fusil à la main, afin de se réapproprier les terres. De plus, les jeunes hommes et les femmes qui ont vu leur transition de l'enfance à l'âge adulte interrompue par la guerre et qui a peu de compétences pourraient être facilement manipulables s'ils n'acquéraient pas rapidement de formation ou de travail.

L'objectif pour les responsables locaux de s'engager dans ce partenariat était donc d'éviter la situation d'avant-guerre où les richesses en ressources naturelles du Comté n'ont pas réellement bénéficié aux citoyens dans leur ensemble, mais ont servi à créer des inégalités et des rancœurs. Le problème était que l'État du Liberia a toujours été plus prédateur des rentes que protecteur de ses citoyens. Cet État avait créé et exacerbé les divisions sociales en marginalisant et en dénigrant certains groupes sociaux et en consolidant la domination des élites. Ainsi, la mauvaise gestion du passé, dans laquelle une petite élite a gagné un avantage économique sur la majorité, était un facteur clé dans le conflit. Donc, pour les décideurs locaux, prendre des mesures stratégiques fondées sur la connaissance de la relation pauvreté-ressource locale est une condition préalable à la réussite durable des efforts de réduction de la pauvreté.

Les relations Firestone Rubber Company - Collectivité Territoriale de Margibi se sont construites dans la durée. Étant donné que la Firme Multinationale est présente depuis 1926, elle fait partie intégrante de cette Collectivité Territoriale. Firestone Rubber Company avait les codes de la société libérienne depuis lors. Les dirigeants savaient ce qu'il faut faire et ce qu'il ne faut pas faire. Firestone Rubber Company avait compris depuis la fin de la conscription aux travaux forcés que la population pourrait se venger contre elle. La Firme Multinationale a depuis cherché à établir de bonnes relations avec la population, les entreprises locales et les différents Chefs traditionnels. Le délitement de la Chefferie traditionnelle du fait de la guerre civile n'a pas entamé cette dynamique.

On se pose alors la question de savoir qui de la Collectivité Territoriale ou de la Firme Multinationale va vers l'autre ? En fait, Firestone Rubber Company se comporte comme un véritable État dans cette partie du Liberia avec comme mission l'amélioration du quotidien de la population. Il est alors difficile de répondre à cette question tant cette relation est devenue banale. Toute la population sait ce que Firestone Rubber Company fait du bien. Ce qui facilite cette relation est que Firestone Rubber Company avec sa politique de préférence locale facilite les relations avec la population locale. Le Liberia n'est pas industrialisé, ce qui fait que le taux de chômage est très élevé et beaucoup de personnes à Margibi se tournent vers le secteur informel. Le salaire proposé par Firestone Rubber Company permet d'avoir un revenu régulier, donc de se projeter dans le futur. C'est que les travailleurs de la Firme Multinationale ne veulent pas perdre, mais surtout un grand nombre de personnes souhaitent travailler pour elle. Ainsi, c'est la population qui va vers Firestone Rubber Company, soit directement en demandant du travail, soit indirectement par l'intermédiaire d'un parent qui y travaille ou une personne ayant des relations avec un membre de la direction de la Firme Multinationale.

Firestone Rubber Company est aussi ouvert au petit producteur d'hévéa à qui la Firme Multinationale prodigue des conseils. C'est d'ailleurs Firestone Rubber Company qui achète les récoltes des petits producteurs qui viennent régulièrement solliciter l'expertise des techniciens qui souvent visitent les champs dans ce sens. Par ailleurs, Firestone Rubber Company entretient des relations d'affaires avec les petites entreprises locales de vente de biens ou de services. Ainsi, Firestone Rubber Company a une liste de petites entreprises locales à qui elle attribue de gré à gré des marchés de service ou de produits. Il est important de savoir que, face à un marché aussi restreint, les entreprises locales se bousculent aux portes de la Firme Multinationale. La confiance joue un rôle d'autant plus que la Firme Multinationale est sensible à l'exécution du premier marché. Firestone Rubber Company à son tour est très bon payeur afin de ne pas perdre une entreprise qui travaille bien. Le prix payé par la Firme Multinationale est très au-dessus du prix du marché local. La différence est la prime à la fidélisation.

Firestone Rubber Company a su mettre en place des mécanismes permettant un dialogue direct. Par exemple dans le cadre des démarches à effectuer pour bénéficier des bourses d'études, il y a un circuit à suivre. À partir des demandes faites sur place, les jeunes peuvent prétendre aux bourses d'études ; ce qui fait que dès le mois d'avril, les bureaux de la direction sont pris d'assaut avec l'ouverture de la campagne de bourse. Quant aux relations avec la gouvernance locale, elle est des plus complexes. Les élus locaux vont vers Firestone Rubber Company la plupart du temps pour renégocier un accord ou pour mettre en œuvre un accord déjà signé. Les élus ont besoin d'apparaitre aux côtés des responsables de la Firme Multinationale pour montrer leur notoriété et rassurer leurs électeurs.

Le rapport avec les Chefs ethniques est tout autre. Lorsqu'un Chef ethnique se déplace chez Firestone Rubber Company, ce n'est pas un bon signe, car les Chefs ethniques dans cette partie du pays ne font pas de visite de courtoisie. Ils se déplacent uniquement pour régler un différend. Même entre Chefs ethniques, il n'y a pas ce type de visite. Par contre, les Chefs ethniques peuvent être invités par Firestone Rubber Company à l'occasion d'un évènement qui touche aussi l'intérêt des membres de cette ethnie, même si d'autres ethnies sont concernées. Cette invitation peut aussi se faire par l'intermédiaire des élus ou des représentants de l'administration. C'est à de telles occasions que les Chefs ethniques communiquent. Cette communication se limite à des salutations d'usage pour montrer le respect réciproque. Le problème au Liberia, contrairement au Ghana, c'est que les uns refusent de parler la langue des autres, même s'ils en ont la capacité. Tout le monde fait semblant de ne pas comprendre la langue de l'autre. Dans ce cas, la langue officielle trouve toute son importance puisqu'elle permet la convergence des groupes ethniques. En général, à Margibi, c'est plutôt Firestone Rubber Company qui fait la démarche des contacts. La politique de Firestone Rubber Company est de montrer qu'elle est aux côtés de toute la population de Margibi. La crainte est que si le conflit venait à reprendre, les autres ethnies pourraient se retourner contre Firestone Rubber Company. Les contacts avec les groupes ethniques restent informels sauf ceux avec les Représentants du District « House of Senate ou House of Representatives » ou les élus locaux « Margibi County Officials ». Cela ne signifie pas que Firestone Rubber Company n'a pas du tout de contact avec les Comités de village ou d'ethnie, mais les contacts entre les dirigeants de la firme et les « Clan Chief » sont purement informels. Ceux-ci portent auprès des dirigeants de Firestone Rubber Company les revendications de façon individuelle.

******

Le Partenariat Décentralisé Obuasi – AngloGold Ashanti

Ce partenariat possède également ses spécificités et ses avantages. Mais Obuasi se démarque des deux autres partenariats à cause du rôle des acteurs locaux qui sont plus dynamiques. Les spécificités propres à ce partenariat vont accentuer encore plus la divergence des pouvoirs, notamment avec un pouvoir traditionnel fort à Obuasi qui montre la prise en main du partenariat par la partie locale. Ce pouvoir peut prendre plusieurs formes, allant de la proposition à l'incitation. La recherche d'une résilience aux chocs occasionnés par l'expansion d'AngloGold Ashanti sur le territoire Ashanti, fait que les pouvoirs locaux sont en perpétuelle recherche de maintien d'un équilibre de puissance qui renforce la reconnaissance de la population envers sa gouvernance.

La présence d'AngloGold Ashanti à Obuasi

AngloGold Ashanti, à la différence des deux autres, est la plus connue en Afrique Subsaharienne, car elle opère dans plusieurs pays d'Afrique où elle s'est fait connaître à grands coûts de publicités. Néanmoins, il faut aller au-delà de cette connaissance factuelle pour connaître l'histoire de son installation à Obuasi et son organisation.

L'histoire d'Obuasi est liée à la Firme Multinationale AngloGold Ashanti grâce à laquelle le District s'est agrandi et s'est densifié. La mine d'Obuasi est en fonction depuis 1897 à la suite d'un contrat entre le colonisateur anglais et la Société AngloGold Limited d'Afrique du Sud et l'entreprise Ashanti Goldfields Corporation. En avril 1984, les deux entreprises fusionnent pour donner AngloGold Ashanti Limited.

En 1890, trois entrepreneurs, Fante Joseph Biney, Joseph Ellis et Joseph Brown se sont procurés une concession à Obuasi (A. Gareth, 2016). Pendant cette période, le royaume Ashanti était en guerre civile et les entrepreneurs avaient obtenu le droit d'exploitation auprès d'un

Chef de tribu nommé Bekwaihene Yaw Gyamfi qui s'était approprié les terres des vrais propriétaires d'Adansi dont la population s'était enfuie vers le sud recherchant la protection des Britanniques.

Le 1er janvier 1897, le gouverneur de la colonie de la Gold Coast, au nom de la reine Victoria, accorde à Ashanti Goldfields Corporation une concession. Entre 1951 et 1957, pendant la phase de transition vers l'indépendance du Ghana, Kwame N'Krumah dirige les affaires du gouvernement de transition (MS 14170/85 Spears to Gale, 8 October 1947). Kwame N'Krumah critiquait constamment les accords qui liait les industries minières au Ghana et promet une révision à l'indépendance. On lui prêtait l'intention de nationaliser les mines après l'indépendance. Kwame N'Krumah devient président en 1960 et fait voter la loi n°278 L.I. 554 de 1965 qui nomme un inspecteur en Chef des mines avec le pouvoir de « prescrire la qualité des minerais à extraire » (MS14170/127, Secretary to GM, 9 August 1968; 13 September 1968) et d'exiger son approbation pour toute exploitation de nouvelles mines. Le 24 février 1966, Kwamé N'Krumah est renversé par un coup d'État militaire dirigé par le général Ankrah. Le général Ankrah annule toutes les décisions de Kwamé N'Krumah. Il était considéré comme pro-occidental. En janvier 1972, le Général Ankrah est à son tour renversé par le Colonel Acheampong. Le 6 décembre 1972, le nouveau pouvoir, par le décret NRCD 132, annule le bail des petites entreprises et transfert les actifs à Ashanti Goldfields détenus à 55% par l'État ghanéen. Le 5 juillet 1978, le Lieutenant-Général Fred Akuffo renverse le Colonel Acheampong qui est par la suite renversé par le Capitaine Jerry Rawlings le 4 juin 1979. En 1983, le Capitaine Jerry Rawlings accepte l'aide du Fonds Monétaire International et les conditions de réforme de l'économie vers un modèle de marché libre. C'est cette approche qui est encore en vigueur dans les zones aurifères comme Obuasi.

À Obuasi, AngloGold Ashanti est une très grosse industrie qui effectue sur place toutes les étapes liées à l'or. La Firme Multinationale donne une véritable valeur ajoutée à l'or brut avant de l'exporter. C'est elle aussi qui est à l'origine de l'exploration du gisement. Pour cela, elle va s'appuyer sur des personnes qui utilisent des techniques traditionnelles pour trouver l'or. D'ailleurs, AngloGold Ashanti explore toujours dans les zones déjà exploitées par des orpailleurs traditionnels. En réalité, avec eux, on sait déjà où se trouve le gisement. Mais identifier la profondeur et l'endroit revient aux ingénieurs de la Firme Multinationale. En plus, ce sont les ingénieurs qui évaluent la quantité et par rapport aux coûts d'exploitation peuvent dire si le gisement est viable.

AngloGold Ashanti possède aussi un service technique qui mène des activités de forage. Grâce à de gros engins, AngloGold Ashanti va creuser des puits verticaux et installer des rampes de descente dans les mines souterraines ou des rampes de décapage dans les mines à ciel ouvert. C'est aussi AngloGold Ashanti qui s'occupe du transport de la terre pour le tri. C'est une équipe de chauffeurs, de mécaniciens, de conducteurs de gros engin et de grues. Les Ghanéens forment l'essentiel de ce service, et le plus impressionnant est le grand nombre de femmes dans cette équipe. Ainsi, l'or est acheminé en toute sécurité dans l'usine de traitement. L'or brut est fondu pour en faire des lingots non raffinés ensuite raffinés pour atteindre un niveau de pureté de 99,5% qui seront reconditionnés en lingots d'or pour l'exportation. Les déchets sont ensuite traités dans une autre chaîne.

AngloGold Ashanti sous-traite une partie de sa sécurité, mais l'autre partie est assurée par la Firme Multinationale elle-même. Plus importante encore est la réhabilitation des sites par AngloGold Ashanti. Ce qui n'est pas le cas de toutes les entreprises extractives de minerais d'or en Afrique. AngloGold Ashanti restaure la terre qui est retirée lors de l'exploitation qui était stockée. Ce stockage fait partie du processus de fermeture qui commence dès lors que les coûts excèdent les valeurs sorties de terre.

AngloGold Ashanti est un Firme Multinationale dont l'ouverture s'étend aussi sur son mode de gestion interne. Ses actionnaires d'origines diverses influencent aussi la manière dont cette Firme Multinationale recrute ses cadres et ses employés. Les employés qualifiés d'AngloGold Ashanti à Obuasi peuvent au besoin aller travailler dans toute autre filiale dans le monde. À la tête d'AngloGold Ashanti à Obuasi, il y a les cadres dirigeants, environ une douzaine. Ils sont de différentes nationalités : européenne, asiatique, américaine et africaine et ils peuvent être affectés sur un autre site de production. C'est aussi un facteur de promotion, car chez AngloGold Ashanti, le changement de site est plus une promotion qu'une décision disciplinaire. Les cadres chez AngloGold Ashanti n'ont pas bénéficié de bourses d'AngloGold Ashanti. Ce sont des personnes formées dans les universités, pas forcément en Occident, puisqu'il y a des cadres formés en Afrique du Sud ou en Inde et recrutées par la suite par AngloGold Ashanti.

Après les cadres, les ingénieurs en géologie et en électrotechnique forment la couche de cadres intermédiaires. AngloGold Ashanti n'a pas de préférence nationale à ce niveau de l'organigramme ; elle opte pour l'excellence en recrutant plus large, sur tous les continents. C'est un recrutement sur dossier. Les contrats sont particuliers. Ce n'est ni un contrat à durée déterminée, ni un contrat à durée indéterminée. Tant que l'ingénieur est efficace, il garde son poste. Mais lorsque sa productivité baisse, il est remplacé.

En dessous des ingénieurs, il y a les techniciens et les employés d'administratifs. Ils sont très qualifiés, car les recrutements des techniciens et des agents administratifs sont très rigoureux. Les appels à candidatures sont lancés et les candidats passent un test en anglais et en français. Chez les agents administratifs, la langue est très importante, notamment la maîtrise de l'anglais est source d'élimination très rapidement, car les employés sont souvent amenés à changer de pays. Les techniciens sont évalués dans leurs domaines respectifs ; ils dirigent les ouvriers. À Obuasi, bien qu'il n'y ait pas de préférence nationale comme chez Firestone Rubber Company, presque tous les ouvriers sont des Ghanéens. Cela est dû au fait que la population d'Obuasi empêche les étrangers d'avoir accès aux emplois convoités par les nationaux. Chez AngloGold Ashanti, l'emploi dans les domaines les moins qualifiés est très communautarisé.

Les relations entre AngloGold Ashanti et la Collectivité Territoriale d'Obuasi

L'ambition ici est d'expliquer l'engagement réciproque Collectivité Territoriale d'Obuasi – AngloGold Ashanti qui a su se développer sur un marché de l'or en plein essor alors même qu'elle avait des concurrences sur place en la personne d'exploitants traditionnels des mines d'or. A part quelques accrochages, les conflits entre la population vivant du commerce de l'or et AngloGold Ashanti ont toujours trouvé des solutions sans qu'AngloGold Ashanti ne renonce à son expansion sur le territoire. Les mêmes thématiques évoquées dans les deux premiers cas permettront de comprendre comment AngloGold Ashanti est parvenue à se faire accepter par la population.

La plupart des entreprises d'extraction d'or en Afrique de l'Ouest se sont installées dans des régions où l'extraction artisanale de l'or était déjà pratiquée avant leur arrivée. Les relations entre les chercheurs d'or artisanaux et les entreprises minières sont déjà conflictuelles, ce qui généralement explique la crainte d'AngloGold Ashanti, car son implantation a engendré de la concurrence pour l'accès aux mêmes ressources. Ces conflits ont contraint AngloGold Ashanti à limiter ses activités aux surfaces rocheuses parce qu'aller vers les terres plus tendres les amplifient avec la population locale, notamment les galamesey (exploitants traditionnels d'or) susceptibles de saboter les installations de la Firme Multinationale. AngloGold Ashanti était considérée comme « faiseur de misère » parce qu'elle empêchait les petits exploitants de « gagner leur pain », c'est-à-dire un manque à gagner pour l'économie locale, voire régionale, puisque les commerçants venaient de partout acheter de l'or sur place.

Certes, à Obuasi, AngloGold Ashanti a su anticiper les incidents. Ce que la Firme Multinationale n'a pas su faire en Guinée dans la région de Siguiri où elle est entrée en conflit avec les orpailleurs artisanaux que le gouvernement avait étiqueté de « voleurs » pour soutenir AngloGold Ashanti. En criminalisant l'exploitation artisanale de l'or alors qu'elle faisait partie de la vie quotidienne des habitants avant AngloGold Ashanti, cela a causé beaucoup de tort à la Firme Multinationale et a déstabilisé la région. Mais en réalité, cette pratique n'est pas vraiment critiquée par les autorités tant que les acteurs n'interfèrent pas dans le même espace qu'AngloGold Ashanti. Mais à Siguiri, comme partout en Haute Guinée, le problème foncier est très sensible, car à chaque changement de pouvoir, les nouvelles élites politiques s'arrogent le droit de spolier une partie de la terre pour exploiter l'or à leurs comptes. Ainsi, AngloGold Ashanti a signé des contrats d'exploitation depuis la chute du Président Sékou Touré en 1984, mais c'est 20 ans plus tard que la Firme Multinationale a creusé son premier puit, non sans mal. Même avec plusieurs baux dans la zone, AngloGold Ashanti fait toujours face à des sabotages et à des pillages des sites d'exploitation. Souvent, l'État guinéen réagit en mettant en prison quelques personnes.

L'or est exploité depuis des centaines d'années dans l'ancienne colonie encore sous l'appellation de Gold Coast rebaptisée Ghana. L'or est la plus populaire des ressources et doit sa réputation aux colons anglais. Ce n'est qu'à la fin du XIXe siècle que l'extraction commerciale de l'or à grande échelle à Obuasi a commencé avec le contrat signé entre l'ancienne puissance coloniale et l'entreprise Ashanti Goldfields. Mais c'est dans les années 90 que les conflits ont commencé entre la population autochtone et la Firme Multinationale lorsqu'elle a commencé à exploiter à divers endroits et auxquels la Firme Multinationale a du mal à faire face jusqu'à aujourd'hui. Cela a obligé AngloGold Ashanti à impliquer la population en proposant des investissements sociaux.

AngloGold Ashanti avance comme argument que les Communautés d'Obuasi sont dépendantes de l'or. Les ménages ou les familles tiraient la majeure partie de leurs revenus de l'exploitation artisanale et ces Communautés contribuaient fortement à l'économie d'Obuasi et de ses alentours. Les ressources n'étaient pas seulement destinées aux ménages, mais une partie allait à la Chefferie traditionnelle qui servait pour rendre des services aux plus pauvres ou pour des évènements communautaires. On pense que, de 1482 à la fin du XVIe siècle, les Portugais échangeaient des marchandises européennes contre de l'or d'Andase de sorte que la dépendance vis-à-vis des ressources minières était depuis longtemps établie. Les Galamesey (miniers artisanaux) sont caractérisés par de petites opérations relativement peu sophistiquées. Cette activité est non seulement l'épine dorsale de l'économie rurale de la subsistance d'Obuasi, mais aussi fournit des centaines de milliers d'emplois. Donc, le fait de priver la Collectivité Territoriale de cette magne financière crée déjà des tensions. La tranquillité et la survie d'AngloGold Ashanti dépendent aujourd'hui des commodités sociales qu'elle peut fournir à la population d'Obuasi. Chaque fois que les Galamesey sont contraints de quitter une zone d'exploitation, c'est une famille qui perd un important apport financier, c'est le chômage qui augmente et c'est la Collectivité Territoriale qui perd des entrées d'argent. Le partenariat compense donc ces pertes.

Chaque demande et chaque objectif de la Collectivité Territoriale d'Obuasi incluent l'idée de contribuer à l'objectif de croissance inclusive de la population locale. Chacun des investissements contribue également à renforcer les capacités de résilience permettant d'atteindre et de soutenir la croissance et d'autres objectifs de bien-être face aux chocs et au stress commun lorsque AngloGold Ashanti s'accapare une partie du territoire d'Obuasi. Pour les populations et les responsables locaux, AngloGold Ashanti doit contribuer à la croissance inclusive parce qu'elle a créé un environnement où les chocs de dépossession sont une caractéristique constante. Des « grands » agriculteurs se sont retrouvés salariés chez AngloGold Ashanti ou reconvertis en commerçants parce qu'ils n'avaient plus de terre. Cela a changé complètement leur vie et leur mode d'existence, puisqu'ils quittent un grand espace pour se retrouver dans une petite maison urbaine où ils sont obligés d'acheter certains aliments alors qu'ils vivaient directement de ce qu'ils cultivaient. Dans ce cas, il est essentiel que les investissements d'AngloGold Ashanti puissent résister aux impacts négatifs de ces chocs. Par conséquent, la Collectivité Territoriale d'Obuasi veut que la Firme Multinationale intègre dans ses objectifs à l'égard des Communautés locales des résultats durables, viables, fiables ou des activités contribuant à ces objectifs.

Pourquoi insister sur la résilience ? Avant l'arrivée des Européens en 1471, l'or était déjà exploité. Grâce à lui, Obuasi était connu de toute l'Afrique et de quelques pays européens. Le pays était tellement riche que les habitants n'avaient jamais envisagé d'autres activités. Les commerçants des environs et des autres pays d'Afrique venaient satisfaire sur place les besoins de la population qui payait en or. Les Chefs traditionnels pensent que c'est avec l'exploitation des mines à ciel ouvert débutée en 1957, qui s'est étendue à plusieurs sites dès les années 90, qu'Obuasi a commencé à connaître des difficultés. Les individus ne possédaient plus l'or, mais c'était ce grand groupe nommé AngloGold Ashanti. En signant des contrats avec l'État pour les zones déjà exploitées de façon artisanale, AngloGold Ashanti prive la Collectivité Territoriale des ressources financières qui faisaient tourner son économie. C'est pourquoi les Collectivités Territoriales ont voulu une compensation en acceptant un dialogue direct avec AngloGold Ashanti. L'objectif était donc la résilience des chocs liés à la perte de ces ressources financières qui étaient générées par l'or et qui permettaient à la Collectivité Territoriale de ne pas compter sur l'État du Ghana.

La diversification des moyens donnés à la Collectivité Territoriale par AngloGold Ashanti fournit ainsi des nouvelles sources de revenus et des moyens de subsistance qu'aurait eu la population si la part de l'or exportée était vendue sur place. Cela permet de réduire les risques touchant des Communautés vulnérables dont le revenu reposait sur l'or et dont la présence d'AngloGold Ashanti à certains endroits a réduit les ressources économiques. Ces options incluent également l'emploi à la Firme Multinationale ou l'octroi de marchés de services ou de biens exigés par la partie locale, l'agriculture et l'élevage, etc.

AngloGold Ashanti et la Municipalité d'Obuasi entretiennent des relations très dynamiques. Étant donné que, dans l'entendement des habitants d'Obuasi, l'or a été mis sous terre par les ancêtres, il doit servir à améliorer la vie des autochtones. Cette construction métaphysique a été comprise par AngloGold Ashanti. Même si AngloGold Ashanti est gérée par un ensemble de personnes très instruites, cela ne signifie pas qu'elles rejettent les croyances des Ashantis. En tout cas, ces croyances sont respectées par l'ensemble des cadres et des employés d'AngloGold Ashanti. D'ailleurs, les travailleurs de la Firme Multinationale se plient volontiers aux rites et aux coutumes Ashantis.

Le peuple Ashanti est très exigeant et très attaché à ses biens. Cela conduit la plupart du temps à des conflits, notamment des conflits fonciers, des conflits liés à l'eau et aux violations des coutumes. Il existe un tribunal à Kumasi, capitale régionale, compétent pour ces types de conflits. Mais les conflits sont risqués pour AngloGold Ashanti. Alors pour régler les différends, le représentant d'AngloGold Ashanti rencontre les Chefs traditionnels.

Les Ashantis sont un peuple pour qui la parole donnée a plus d'importance que les écrits. Lorsqu'un Ashanti donne sa parole à propos d'un différend, il ne revient plus là-dessus. Ainsi, cette culture est connue des responsables d'AngloGold Ashanti en tant qu'acteurs de la Collectivité Territoriale. Ce qui est intéressant, c'est qu'AngloGold Ashanti se comporte comme ce qu'on attend d'un vrai Ashanti. C'est-à-dire, d'abord soumettre les problèmes à la Chefferie traditionnelle. Si elle ne trouve pas de solution, les élus peuvent alors intervenir si le problème concerne toute la Collectivité Territoriale. C'est à ce moment-là seulement qu'en l'absence de solutions, le tribunal de Kumasi est saisi. Les jugements coutumiers sont donc la première instance pour de nombreux conflits qui opposent AngloGold Ashanti aux habitants d'Obuasi. Les Chefs traditionnels trouvent toujours des solutions pour les différends.

En réalité, les Chefs traditionnels au Ghana sont maîtres dans l'art de l'équilibre. Ils expliquent leurs décisions de telle sorte que toutes les parties soient convaincues de la sentence. Il ne s'agit pas juste de donner une décision, mais d'amener les protagonistes à reconnaître leurs torts et leurs droits. C'est ce qui fait la force de la justice traditionnelle.

Un autre cadre de rencontres concerne les projets. Contrairement à Margibi et à Arlit, c'est la partie ghanéenne qui demande à AngloGold Ashanti si elle peut participer à tel ou tel projet comme le font systématiquement les Chefs traditionnels à la diaspora. C'est pourquoi la connaissance des diasporas est importante pour comprendre le comportement d'AngloGold Ashanti en tant qu'acteur du territoire. AngloGold Ashanti se comporte comme les diasporas le font et les contributions de la Firme Multinationale peuvent être assimilées aux rémittences. La diaspora d'Obuasi contribue à construire des infrastructures et AngloGold Ashanti en fait autant. D'ailleurs, lorsqu'un projet est lancé, il y a la contribution des trois grandes parties prenantes : la Collectivité Territoriale, la diaspora et AngloGold Ashanti. L'échange AngloGold Ashanti – Collectivité Territoriale est devenu tellement naturel qu'il se fait de façon régulière.

Hormis les échanges relatifs aux litiges et aux investissements sociaux, les responsables de la Firme Multinationale sont régulièrement invités aux cérémonies traditionnelles telles que l'installation d'un nouveau Chef, les inhumations des personnes importantes, etc. Cela est important, car ces cérémonies sont réservées aux notables de la Collectivité Territoriale. Le lien entre les élus et la Firme Multinationale n'est pas très fort. C'est comme si la Firme considérait que les élus n'ont pas assez de pouvoirs. C'est une opinion personnelle parce qu'après les rencontres formelles entre les élus et la Firme Multinationale, les élus demandent toujours l'avis des Chefs traditionnels.

IV

Performances des Partenariats Décentralisés

Les performances du *Partenariat Décentralisé* signifient chercher les relations et d'en estimer les performances. Il s'agit dans un premier temps du cadre des relations entre les Firmes Multinationales et les Collectivités Territoriales, c'est-à-dire les caractéristiques des relations de partenariat, l'intensité et la nature des contacts de la population avec les Firmes Multinationales ; et deuxièmement de s'intéresser aux performances subjectives des partenariats telles que les parties prenantes les perçoivent : les Firmes Multinationales, les Collectivités Territoriales, les entreprises locales et la population. La synthèse des performances des partenariats présentée ici consiste à rassembler les avis des parties prenantes sur deux aspects : l'appréciation des résultats des projets financés par les Firmes Multinationales et les opinions regroupées sur les différents aspects du partenariat. Le bilan des partenariats est réalisé en cherchant des explications globalement positives et des recommandations sont formulées afin de pouvoir reproduire des situations similaires.

Les données statistiques doivent être considérées comme des ordres de grandeur. Cependant, la convergence des réponses signale une information robuste et la dispersion d'une région à l'égard des deux autres peut être expliquée de manière qualitative par d'autres facteurs extérieurs. En quoi les Collectivités Territoriales profitent de la présence des Firmes Multinationales ? Cela est important si l'on veut lever le doute ou s'il existe des réalités cachées au-delà de celles observées, c'est-à-dire les performances objectives. Est-ce que les réalisations ne sont pas des « éléphants blancs », à savoir des réalisations déconnectées de l'environnement et donc sans impact positif ? En général, il y a toujours un doute sur les investissements en Afrique Subsaharienne. Mais le ressenti de la population peut révéler leur caractère efficace et utile.

******

Le cadre des relations du *Partenariat Décentralisé*

Poser le cadre des relations entre les Firmes Multinationales et les Collectivités Territoriales consiste à montrer l'intensité et la nature des contacts de la population avec les Firmes Multinationales. Il s'agit des relations entre ces dernières et les acteurs locaux, le cadre formel et informel de la relation, les caractéristiques de l'engagement dans le partenariat, l'estimation des coûts du partenariat pour les Firmes Multinationales et enfin la gestion des conflits dans le partenariat.

Les caractéristiques des relations

Dans la définition du *Partenariat Décentralisé*, l'accent est mis sur l'aspect non conventionnel des relations. Le marché et l'organisation sont caractérisés par le formalisme et l'aspect professionnel des échanges qui sont encadrés par la loi. Or le partenariat peut se présenter sous une forme formelle et une forme informelle. Les contacts entre les dirigeants locaux et les Firmes Multinationales sont un point important de la relation. C'est pourquoi il est important de connaître le degré d'implication des dirigeants locaux dans la relation avec les Firmes Multinationales.

Le contact de la population avec la Firme Multinationale peut se développer dans un cadre professionnel et non professionnel. Cela est valable lorsqu'il s'agit seulement d'une institution, or la population n'est pas considérée comme une institution. C'est pourquoi on constate une hybridité des relations population – Firmes Multinationales.

Une part importante des personnes est employée par la Firme Multinationale de façon permanente ou temporaire depuis quelques années, ce qui est une source d'information informelle sur laquelle il faut s'appuyer pour voir l'évolution de l'implication de la Firme Multinationale dans la vie de la Collectivité Territoriale. Cela a un impact considérable sur l'économie locale. La recherche d'emplois est aussi importante d'autant plus que l'emploi dans les Firmes Multinationales est recherché à cause du salaire élevé par rapport aux salaires payés par les entreprises locales et la fonction publique.

100% des personnes ont eu une relation d'une manière ou d'une autre avec la Firme Multinationale installée dans la Collectivité Territoriale. Toutefois, les personnes interrogées restent vagues quant aux types de relations. En moyenne, la moitié des expatriés s'inscrivent dans une installation de longue durée. Il faut dire que la connaissance de la population locale par les expatriés facilite les décisions les concernant. Ce sont aussi eux qui sont les gestionnaires des Firmes Multinationales, donc qui peuvent influencer les politiques des Firmes Multinationales sur le plan local. La durée de la présence des expatriés africains et d'Outre-mer permet l'accumulation de la connaissance des cultures locales et la constitution de réseaux-ressources qui vont contribuer au succès des partenariats.

Plus d'un tiers affirme avoir de bonnes relations avec ses collègues locaux. Ces bonnes relations leur permettent d'apprendre beaucoup du territoire et d'intégrer les réseaux locaux. Une autre façon d'intégrer la Collectivité Territoriale est la participation aux activités culturelles et sportives. Certains expatriés font des cadeaux aux petits clubs de football de quartier. Il y a aussi des manifestations culturelles qui sont organisées dans les trois Collectivités Territoriales et qui sont l'occasion pour les expatriés de côtoyer les responsables locaux et les jeunes. Certes, il y a la question de l'insécurité, mais ne pas se mélanger à la population est pour cette dernière un mépris. Ainsi, en cas de troubles, ces expatriés seront dans une position de vulnérabilité par rapport à ceux qui côtoient facilement la population locale.

Il y a aussi d'autres voies comme mentionnées précédemment. Cela peut être à l'occasion de déplacements. Certains expatriés passent le week-end dans des lieux aménagés hors de leur zone d'activité. À cette occasion, ils sont amenés à rencontrer d'autres personnes, notamment dans les villages environnants, qui leur expliquent souvent la « vraie histoire » de la Collectivité Territoriale.

Il faut remarquer que très peu d'expatriés ont des contacts avec l'administration locale. Dans chaque Firme Multinationale, un service s'occupe de ces relations. Cela signifie que les administrations apportent très peu aux expatriés des Firmes. Il y a aussi les artisans et les commerçants qui sont les interlocuteurs privilégiés des expatriés qui profitent des offres de services ou des marchandises pour tisser des relations souvent très solides. Cela leur permet d'assurer la fluidité des services demandés et de garantir la régularité de leurs commandes.

Les contacts entre les dirigeants locaux et les Firmes Multinationales sont un point important du *Partenariat Décentralisé*. C'est pourquoi il est nécessaire de connaître le degré d'implication des dirigeants locaux dans le partenariat avec les Firmes Multinationales. Ainsi, la question est de savoir si les Chefs traditionnels ou les élus locaux ont eu au moins une fois dans l'année un contact avec les dirigeants des Firmes Multinationales.

On constate une différence de comportements entre les Élus locaux et les Chefs traditionnels à l'égard des Firmes Multinationales. Les Firmes Multinationales et les dirigeants locaux ont pu apprendre à se connaître. Mais comme dans les *Collectivités en construction* il y a plusieurs Chefs traditionnels. Chacun garde son autonomie et son autorité sur son groupe ethnique, cela multiplie les demandes et les revendications.

Les rencontres sont informelles à 90% des cas. Cela signifie que chaque partie utilise ses réseaux qui sont très utiles ici, car l'essentiel est informel en Afrique Subsaharienne : les promesses, les réalisations, etc. Les rencontres formelles ne représentent en moyenne que 1/10e des rencontres Firmes Multinationales – Collectivités Territoriales. Ce sont pour 85% environ des inaugurations ou des représentations officielles, pour 3% des contentieux juridiques et pour 12% des rencontres tripartites entre l'Administration, la Collectivité Territoriale et la Firme Multinationale.

Il s'agit des rencontres entre les Collectivités Territoriales et les Firmes Multinationales, à savoir l'ensemble des contacts y compris pour des échanges économiques, politiques ou sociaux. Ce résultat est très aléatoire, car il s'agit d'une moyenne d'autant plus que les chiffres donnés par les Firmes Multinationales sont différents des données fournies par les personnes ayant eu des contacts sur la période. Le constat est que dans une *Collectivité forte*, les contacts informels sont plus fréquents parce que les demandes sont plus clairement définies et les actions sont plus suivies. Ce qui signifie que le partenariat y est le plus actif. Néanmoins, il faut remarquer qu'à tout moment, les parties peuvent activer le réseau afin de provoquer des rencontres, quel que soit le motif. Cela signifie que les parties gardent leur indépendance dans le partenariat. Le nombre est aussi élevé dans les *Collectivités en construction*.

Plus de la moitié des contacts se font physiquement. Cela dénote la complexité des relations d'affaires non conventionnelles et aussi un trait culturel du sous-continent. Comme il n'y a pas de contrat détaillé, tout est basé sur la négociation et la vérification physique des arguments. Malgré les bonnes relations entre les Firmes Multinationales et les Collectivités Territoriales, il existe une méfiance résiduelle qui découle de l'histoire entre l'Occident et l'Afrique et aussi des précédents dans d'autres pays tels que le Nigeria où les comportements changent selon qui est au pouvoir dans le pays (Nigeria : présidence tournante Nord et Sud). Le contact physique est donc nécessaire afin de tomber d'accord sur une situation et de donner sa parole de façon définitive.

Une autre remarque est qu'en Afrique, le contact physique est signe de respect et de considération. Cela fait partie des bases de la culture africaine où l'on rend visite aux personnes importantes en apportant des présents et en accomplissant des rituels. Ce pan de la culture est aussi adopté par les dirigeants des Firmes Multinationales qui ont opté pour le contact physique. Pour être plus clair, cela n'est pas forcément dû à un déficit de confiance, mais à un contexte culturel. Par ailleurs, il faut aussi remarquer un déficit en moyens de communication dans la zone et les coûts que cela engendre. Si pour les Firmes Multinationales, les coûts de communication restent plus que raisonnables, ce coût est élevé pour le territoire et sa population. C'est pourquoi les autres moyens de communication, tout confondus, ne représentent que 1/5e des contacts. Si le courrier atteint 12%, c'est que les lettres ne sont pas toujours acheminées par la poste. La lettre est remise en main propre par l'intermédiaire d'un coursier. Les seules lettres envoyées par la poste sont souvent des invitations par voies officielles, souvent pour des litiges ou chaque partie a besoin de preuves écrites.

Le cadre formel ne peut pas seulement se décliner dans une seule forme de relation interinstitutionnelle. Ce partenariat est aussi animé par la population qui en l'occurrence fait partie de la vie de la Firme Multinationale. Comme le marché, la relation de partenariat repose sur l'intérêt mutuel des parties. Mais comme le partenariat est un contrat incomplet, la réalisation des engagements ne peut se faire que dans la durée, et il n'y a pas vraiment d'autorité extérieure qui va en contrôler la mise en œuvre, à la différence du marché. Le partenariat est un contrat incomplet à contrôle interne. C'est une des formes des organisations hybrides de Williamson. Ce sont les parties prenantes qui vont s'intéresser elles-mêmes à la réalisation des engagements. L'essence du partenariat, c'est justement cette Communauté qui constitue un équipement chargé de veiller à la réalisation des objectifs attendus qui est l'essence du partenariat.

Les accords étant souvent informels et définis en cours de route, il ne s'agit pas ici d'interroger les Firmes Multinationales et les Collectivités Territoriales sur les projets fixés comme les conditions d'installation des Firmes Multinationales. Dans ce domaine, c'est l'État central qui signe les contrats d'exploitation des ressources et en même temps fixe de façon formelle les conditions de cette exploitation.

La fixation des objectifs des Firmes Multinationales reste la préservation de l'exploitation, quel que soit le type de Collectivité. Le partenariat pour les Firmes Multinationales est fondé sur la protection des investissements. C'est la problématique au cœur de l'*Investissement Territorialisé*. Les Gouvernements signent les contrats d'exploitation avec elles, mais ne garantissent pas la sécurité. Le coût de la sécurité est énorme pour les Firmes Multinationales en Afrique et un accord avec le territoire permet d'amortir ces coûts et les risques encourus. On constate que la préservation de l'exploitation reste la principale préoccupation de plus de la moitié des cadres pour l'ensemble des Firmes Multinationales. La réputation représente, en moyenne, le 1/5e des préoccupations des Firmes Multinationales, ce qui n'est pas négligeable. Cela signifie que pour les Firmes Multinationales, les pressions des Organisations Non Gouvernementales et de la société civile dans les pays développés et les pays en développement occupent une place importante. Il y va de leur crédibilité. Dans un autre sens, la captation du savoir-faire local occupe une place aussi importante que la réputation. Mais ce résultat doit être relativisé et dépend de l'activité de l'entreprise. C'est pourquoi, les Firmes Multinationales ayant des activités spécifiques n'ont pas de fort pourcentage pour les attentes en matière de captation des ressources humaines, mais par rapport au nombre d'employés, cela prend une proportion importante. Les préoccupations relatives au développement, composantes de l'Indice de Développement Humain, sont très minoritaires.

Une des remarques est que l'attente est plus forte chez les dirigeants des *Collectivités Territoriales fortes*. Dans les *Collectivités fortes*, la confiance et l'attente des dirigeants locaux sont très fortes, d'autant plus que cette *Collectivité forte* étant composée de *Communautés fermées*, les dirigeants ne peuvent être que des autochtones à qui la population a confié son destin soit par élection, soit par lignée. Cette confiance et cette attente se répercutent aussi sur le comportement des dirigeants.

Depuis les années 2000, les Firmes Multinationales et les Collectivités ont trouvé le moyen de faire baisser le nombre de conflits fonciers grâce à la confiance mutuelle et à la bonne gestion de ces conflits parce qu'il s'agissait de conflits ouverts entre la société civile et les Firmes Multinationales qui se sont soldés par des manifestations populaires et/ou des revendications. Il s'agit aussi de conflits directs entre une partie de la population et les Firmes Multinationales qui se sont soldés par des révoltes et des agressions. La diminution régulière des conflits témoigne de l'efficacité de la relation de *Partenariat Décentralisé* comparée à d'autres modes de présence étrangère : le marché ou l'organisation.

La résolution par voie de conciliation se fait grâce à un réseau local qui a pour axe les Chefs traditionnels, c'est-à-dire la plus haute autorité coutumière autour de laquelle gravitent les responsables des autres institutions. Il s'agit d'un réseau local qui vise à promouvoir les intérêts de la Collectivité Territoriale. Ces personnes sont conscientes de l'asymétrie existant entre les Firmes Multinationales et les Collectivités Territoriales. Il s'agit d'un combat inégal lorsque le territoire essaie de porter une affaire devant les juridictions, car l'issue n'est jamais certaine. Il y a une unanimité pour la résolution par voie de conciliation à travers ce réseau, d'une part pour ne pas décourager les investissements et d'autre part parce ce que les procédures judiciaires sont longues et coûteuses pour la Collectivité Territoriale. Or, les territoires ont besoin d'une solution immédiate en cas de conflits.

C'est la résolution par voie de conciliation qui est aussi privilégiée par 100% des opérateurs économiques locaux qui craignent qu'en cas de conflit judiciaire, ils n'obtiennent plus de commande de la part des Firmes Multinationales. La préoccupation des opérateurs économiques est donc la sécurité et la régularité des marchés des Firmes Multinationales. En réalité, les Firmes Multinationales n'ont pas intérêt à ce que les affaires qui les concernent soient portées devant les juridictions, même si elles ont les moyens d'y faire face. D'une part, cela pourrait ternir leur image à cause de la mauvaise publicité des médias, d'autre part les Organisations Non Gouvernementales pourraient organiser des campagnes afin de conscientiser l'opinion publique internationale et surtout les clients qui pourraient se détourner des produits concernés. Enfin, sur le plan local, la mauvaise publicité suscitée par un long procès pourrait provoquer des manifestations au niveau local, allant jusqu'au sabotage des sites d'exploitation.

Quel que soit le type de Collectivité, la population privilégie le mode de règlement non judiciaire. D'une part parce que les juridictions en Afrique ne sont pas libres de rendre les sentences comme les juridictions occidentales et d'autre part parce que la population n'a pas les moyens de s'engager dans des contentieux qui peuvent être longs et coûteux. L'État a toujours été au côté des Firmes Multinationales à cause des rentes. Or les juridictions en Afrique, notamment en Afrique de l'Ouest obéissent toujours au pouvoir en place. Même si un contentieux peut être engagé, le jugement prendrait du temps et le préjudice continuerait de courir. Le choix d'une résolution non judiciaire dans les trois types de Collectivités permet d'une part d'avoir un résultat immédiat et d'autre part économiser de l'argent aux protagonistes.

En termes de démarches, il y en a deux types : l'initiative d'une démarche à l'amiable de la résolution d'un conflit peut venir de la partie Collectivité Territoriale et elle peut venir aussi de la partie Firmes Multinationales. Ainsi, il y a une différence entre la *Collectivité forte* et la *Collectivité en construction* ou *faible* quant à l'initiative de la résolution à l'amiable. Dans la *Collectivité forte*, c'est plutôt la Collectivité qui contacte la Firme Multinationale pour engager les négociations en cas de litige. Cela ne signifie pas que les

Firmes Multinationales ne respectent pas la Collectivité, mais cela découle même de la manière dont cette Collectivité est gérée. Dans la *Collectivité en construction*, la population a tendance à régler les conflits elle-même. Ainsi, on peut dire que la *Collectivité forte* est plus active dans le règlement des conflits, alors que la *Collectivité en construction* et *faible* est plus passive. D'autre part, le mode d'aborder les conflits dans la *Collectivité forte* est plus doux, alors que celui de la *Collectivité en construction* est plus violent. Dans la *Collectivité faible*, le mode d'aborder les conflits est plus subtil.

******

La perception des performances du *partenariat Décentralisé* par les parties prenantes

Comment les parties prenantes apprécient les investissements réalisés dans le cadre de ce type de relation ? Cette appréciation permet de connaître le niveau atteint des objectifs de façon subjective par la gouvernance locale, les Firmes Multinationales, les entreprises locales et la population. Cette démarche est guidée par le fait qu'il est important de savoir, selon les opinions des parties, quels sont les facteurs sur lesquels sont fondés les sentiments de réussite ou d'échec.

Qu'est-ce que les Firmes Multinationales gagnent ?

Pour déterminer la perception, le choix s'est porté sur trois variables qui paraissent importantes pour mieux connaître la place des infrastructures. Ces variables sont :

- les routes,
- l'éducation,
- l'eau et l'électricité.

Les routes sont une véritable dynamique d'échanges pour ces Collectivités Territoriales. Un autre type d'infrastructures est la construction de réseaux électriques et de réseaux d'eau. En effet, les forages sont régulièrement contrôlés et traités afin que l'eau soit potable à la consommation. Les conduites d'eau sont elles aussi contrôlées et réparées en cas de besoin. L'eau a aussi créé des activités commerciales par la vente d'eau qui devient un véritable business. D'autres activités comme la construction où les maçons avaient du mal à s'approvisionner en eau ont vu leur activité dynamisée par la facilité d'accès à l'eau.

Sur le plan économique, l'accès à l'électricité permet un grand nombre d'activités. L'importance ici, c'est aussi le lien entre santé et électricité. L'électricité n'a pas seulement amélioré le quotidien des habitants, elle permet d'éviter la pollution des lampes à pétrole et des feux de bois qui causent la déforestation en même qu'ils sont sources de pollution. Elle permet aussi le fonctionnement des hôpitaux et des petits cabinets médicaux qui peuvent rester ouverts toute la nuit. Ces cabinets ont de plus en plus d'équipements modernes gourmands en électricité.

Les efforts faits dans le domaine de l'éducation, c'est-à-dire la construction des écoles et des bibliothèques et leurs équipements ainsi que la prise en charge des études sont des facteurs de développement. C'est la partie visible du partenariat. C'est pourquoi si l'on veut comprendre les motivations de la population, il faut auparavant savoir ce que le partenariat a apporté au territoire en matière d'infrastructures, d'éducation, de santé et de développement économique.

Le développement local se trouve au centre du *Partenariat Décentralisé*. Les recherches dans ce domaine se sont toujours focalisées sur une approche systémique où les Collectivités Territoriales articulent l'indépendance du territoire et les interactions spatiales. Contribuer au développement au niveau local par des investissements est un processus évidemment complexe. Néanmoins, au travers d'un certain nombre d'investissements, on cherche à formuler des hypothèses, des valeurs et des constats à partir desquels on parvient à une autre approche du développement.

Une Collectivité Territoriale en voie de développement serait donc celle qui dispose d'un certain nombre d'investissements regroupés en quatre types de projets : infrastructures matérielles, éducation, santé et économie. Dans ce contexte, l'analyse des investissements issus du partenariat prend alors toute son importance et le partenariat ne peut se concevoir sans eux. Dans une optique de développement, il est indispensable de déterminer la nature des infrastructures dans chacune des Collectivités Territoriales. Ces formes d'investissements sont toujours faciles à identifier lorsqu'on pénètre sur le territoire. Cependant, les données chiffrées sont rares et imprécises.

Les projets en faveur de l'éducation font appel à des objets matériels et à d'autres immatériels, donc à des programmes de soutien. Ils impliquent une structure basée sur une cohérence, c'est-à-dire que ce ne sont pas les Firmes qui décident dans quel secteur de l'éducation elles vont investir, mais ce sont les dirigeants locaux qui vont faire des propositions qui seront plus ou moins incluses dans le *Partenariat Décentralisé*. Cette cohérence est d'autant plus importante à signaler parce que les donateurs ont tendance à fixer les objectifs eux-mêmes sans consulter souvent les pays.

La construction d'écoles et la rénovation d'anciens établissements scolaires sont l'un des piliers du *Partenariat Décentralisé*. L'incertitude qui caractérise les États centraux dans ce domaine procure une certaine confiance dans le *Partenariat Décentralisé*. L'absence d'établissements publics et l'incertitude des parents d'obtenir les ressources financières nécessaires excluent les enfants des familles précaires, même dans les systèmes officiels. On peut imaginer aussi que le *Partenariat Décentralisé* concerne le capital humain des Collectivités Territoriales, y compris les adolescents et les jeunes majeurs, par la mise en place de parrainages pour l'éducation des jeunes. En fait, il existe réellement des différences de revenus dans la population indépendamment du niveau d'instruction et de l'emploi occupé par les parents. Selon leur niveau et le revenu de la famille, les jeunes n'ont pas les mêmes opportunités d'accès aux formations. Dans ce cas, il est difficile de choisir un autre métier que celui du père, surtout si c'est un métier manuel ou sans qualification. Des opportunités de progression dans le domaine de la formation sont offertes aux jeunes des Collectivités Territoriales afin de poursuivre leurs études sous la forme de bourses ou de prises en charge des frais d'inscription dans le cadre des Partenariats Décentralisés

La perception des performances des Partenariats Décentralisés par la gouvernance locale

4/5e des dirigeants pensent que sans investissement des Firmes Multinationales, la Collectivité Territoriale se retrouverait avec un déficit important de ressources pour son bien-être. Il s'agit bien ici des ressources de base telles que l'eau, l'électricité, les routes, etc. Ici, on a une convergence d'opinions, quelle que soit la Collectivité : *en construction*, *forte* ou *faible*. Cette convergence favorable des opinions des autorités locales confirme le fonctionnement des *Investissements Territorialisés*. Les stratégies d'investissements d'une partie de la rente territoriale par les Firmes Multinationales semblent à même de pouvoir sécuriser les actifs très spécifiques des Firmes Multinationales.

Il faut dire que les Firmes Multinationales, même si elles n'ont pas une bonne réputation dans l'ensemble du pays, ont tout de même l'estime de l'ensemble des Chefs traditionnels et des élus à 78%. Certes, les discours tenus par ces dirigeants montrent que cette proximité est une assurance du maintien de la Firme Multinationale dans le pays et sur le territoire. La confiance instaurée entre les dirigeants locaux et la Firme Multinationale ne se résume pas simplement aux investissements, mais à des invitations réciproques entre ces deux institutions. Le fait que ces dirigeants estiment à 77% que les Firmes Multinationales respectent les rites et les coutumes des Communautés stimule encore la relation entre les Chefferies traditionnelles et les Firmes Multinationales.

Une des raisons primordiales invoquées par les dirigeants locaux interrogés est relative à la spécificité du traitement des employés de la Firme Multinationale. On parle ici des employés permanents et non des intérimaires. En effet, 74% d'entre eux estiment que les employés sont mis dans de bonnes conditions sociales et économiques. La plupart des actifs souhaitent travailler pour la Firme Multinationale. Cela, par faute d'emplois locaux, mais aussi simplement pour les avantages perçus par ses employés qui, de façon générale, disposent d'habitats et d'équipements technologiques ainsi que d'avantages quant à la prise en charge des enfants. Cela prouve que les dirigeants traditionnels sont dans une démarche très sociale. D'autres pratiques des Firmes Multinationales sont également plébiscitées par les Chefs traditionnels et les élus, comme le respect des coutumes, celui des fournisseurs locaux et plus généralement des engagements, oraux, ainsi que leur implication dans la vie de la Collectivité Territoriale. En moyenne, l'engagement dans les affaires de la Collectivité Territoriale est apprécié à 65 %. La stratégie d'Investissements Territorialisés des Firmes Multinationales est d'autant plus efficace que le pouvoir des

Chefs traditionnels est solidement installé dans les Collectivités Territoriales. Cela donne tout son sens à la relation de *Partenariat Décentralisé*.

La satisfaction des entreprises locales à l'égard des Partenariats Décentralisés avec les Firmes Multinationales

Le point négatif dans le bilan est lié souvent au scepticisme des Firmes Multinationales qui ne sont pas sûres que les entreprises locales soient compétentes pour traiter les actifs spécifiques et garantir l'information. L'approche de l'impact du partenariat entre les entreprises locales et la Firme Multinationale passe avant tout par une compréhension de la satisfaction entre les deux parties. Pour la Firme Multinationale, l'objectif est de participer à la dynamique du territoire en offrant des opportunités aux entreprises locales.

La première des satisfactions évoquée par les entreprises locales interrogées est relative à la régularité des commandes qu'elles peuvent satisfaire. En effet, en moyenne 53% de ces entreprises estiment que le critère principal de la réussite du partenariat est la régularité de la collaboration. Cela reflète le fait que les entreprises locales disposent de ressources humaines et de moyens financiers nécessaires à la production de services et ont à disponibilité les produits qui font l'objet d'accords avec la Firme Multinationale. Cela montre que les entreprises locales s'inscrivent dans une démarche de « gagnant-gagnant » qui contribue non seulement à satisfaire une commande, mais aussi à dynamiser l'économie locale. Elles disposent donc de moyens adéquats qui permettent d'assurer la qualité du service ou du produit. Cela a son sens, car les entreprises interrogées opèrent dans le territoire et s'adaptent aux besoins des Firmes Multinationales.

Tout compte fait, les prix des prestations et du matériel livré localement restent moins élevés pour les Firmes Multinationales. Dans ce cas, elles n'hésitent pas à mettre le prix afin d'inciter les entreprises locales à collaborer avec elles et ainsi instaurer un climat de confiance. Sécuriser les prestations et la fourniture des marchandises permet aux Firmes Multinationales de ne pas importer elles-mêmes des marchandises de l'extérieur ou de faire venir des prestataires de l'Occident à des coûts très élevés.

Les entreprises interrogées accordent beaucoup d'importance au partage des tâches et des responsabilités ainsi qu'aux types de tâches ou de commandes. Mais, en moyenne, elles ne sont satisfaites qu'à 8,5%. Cette insatisfaction est due au mode d'attribution des marchés. En effet, s'il s'agit des marchés de gré à gré, les règles d'octroi ne sont pas clairement définies. Pour 53% des entreprises, le marché est obtenu grâce aux relations c'est-à-dire l'appartenance à un réseau qui aurait de l'influence sur les dirigeants des Firmes Multinationales. Tout de même, 70% des Entreprises disent que ce sont toujours les mêmes entreprises qui bénéficient des marchés des Firmes Multinationales. Parmi ce pourcentage, la moitié explique que les Firmes Multinationales ne changent ni de prestataire, ni de fournisseur, tant que la demande est satisfaite par ces entreprises avec lesquelles elles ont l'habitude de travailler. Les Firmes Multinationales privilégient donc la régularité et la sécurité des prestations et non le fait de se lancer dans des appels d'offres à chaque fois qu'elles ont besoin d'un service.

Une satisfaction mitigée en ce qui concerne le type de tâches ou la quantité de commandes, la régularité des prix, les prix et le partage des tâches ne doivent pas être interprétés comme une critique de la part des opérateurs économiques locaux. Ce résultat dénote la volonté de ces opérateurs économiques d'aller plus loin dans les relations parce qu'ils se disent compétents pour satisfaire toutes les commandes des Firmes Multinationales, même celles qui sont souvent octroyées à des sous-traitants occidentaux pour des raisons de spécificité et de confidentialité des actifs. Parce que les prix sont fonction des tâches, les entreprises locales souhaiteraient qu'on leur confie des tâches dont les prix sont élevés. Malgré cela, le degré de satisfaction des opérateurs locaux est largement positif d'autant plus que les Firmes Multinationales ne peuvent apporter que de l'argent aux entreprises. Chacun a à l'esprit cet adage africain qui dit : « mieux vaut un peu que rien » repris dans plusieurs dialectes d'Afrique de l'Ouest.

L'opinion favorable des entreprises locales et leur intégration progressive dans les chaînes de la valeur des Firmes Multinationales sont des composantes essentielles de l'intégration des Firmes Multinationales dans les jeux des acteurs territoriaux. C'est un des éléments de leur stratégie *d'Investissement Territorialisé* et de leurs réponses au pouvoir de négociation local pour le partage de la rente et de la quasi-rente qui en découlent.

La perception des performances des Partenariats Décentralisés par la population

Il est évident que les territoires ne sont pas motivés par le *Partenariat Décentralisé* à cause de la croissance macro-économique que les Firmes Multinationales apportent au pays ou simplement pour une reconnaissance mondiale du territoire. La réussite de ce partenariat est explicitement exprimée par la population en termes d'autosatisfaction. Si, d'une part, les objectifs attendus par la Firme Multinationale sont très clairs, courts et précis, pour la population, ces objectifs sont riches et multiples. Pour les Firmes Multinationales, le partenariat réduit les coûts liés aux risques d'exploitation et à la perte des investissements et c'est cela la véritable finalité des Firmes Multinationales. Dans ce cas, l'objectif principal est d'une part endogène, c'est-à-dire la recherche de la paix et le consensus autour de leur présence sur les terres de la Collectivité Territoriale. Il est d'autre part exogène au territoire, c'est-à-dire le désir de se faire une bonne réputation et de satisfaire aux exigences des activistes dans le monde, en particulier dans les pays du siège des Firmes Multinationales.

Dans la *Collectivité forte*, on privilégie le développement global avec une forte pertinence pour les infrastructures, l'environnement, l'habitat et le développement rural. Pour la *Collectivité en construction*, les droits de l'homme, le développement rural, la sécurité, l'éducation et la formation sont plus pertinents avec une moyenne de 70%. C'est l'état de guerre latente, donc de la situation post-conflit et de l'inquiétude encore présente qui expliquent ce chiffre. On voit donc que dans la *Collectivité faible*, les habitants privilégient le développement personnel à travers le *Partenariat Décentralisé*.

Il y a une unanimité sur le maintien du respect des traditions et le respect des dirigeants traditionnels. Seules 10% des personnes estiment que le respect des traditions est affecté par la présence des Firmes Multinationales dans les Collectivités Territoriales alors que seuls 2% estiment que la présence des Firmes Multinationales engendre un manque de respect des dirigeants traditionnels. Les valeurs concernant l'organisation de la société et l'ordre social n'ont donc pas été touchées par les Firmes Multinationales. Il s'agit d'un socle de valeurs stratégique et intouchable qui conditionne le succès du *Partenariat Décentralisé*.

Le respect et la valorisation peuvent aussi être analysés du point de vue de la typologie des Collectivités Territoriales. 57% des personnes interrogées attendent du respect dans le partenariat. Mais cette attente est plus forte dans la *Collectivité forte* jusqu'à 85%, un peu moins dans la *Collectivité en construction*, 51% et la *Collectivité faible*, 36%. Par contre, la valorisation du territoire est très faible dans la *Collectivité forte*, un peu plus faible dans la *Collectivité en construction*, mais beaucoup plus forte dans la *Collectivité faible*.

******

L'explication et l'interprétation des performances des *Partenariats Décentralisés*

La dynamique des *Partenariats Décentralisés* amène à se poser des questions sur les facteurs du succès ? Le terme « succès » n'est pas exagéré parce que de façon objective comme de façon subjective, pour l'ensemble des parties prenantes il y a une appréciation favorable à la fois des projets précis et des *Partenariats Décentralisés* en général. On peut résumer les chiffres obtenus :

- Les performances ressenties par les *Partenariats Décentralisés* en général :
  - 85% des répondants des Firmes Multinationales disent que tous les objectifs sont réalisés,
  - 66% des pouvoirs locaux sont de cet avis,
  - 83 % des entreprises locales apprécient de traiter avec les Firmes Multinationales,
  - la population est satisfaite des résultats concernant l'eau, l'électricité, les infrastructures, l'habitat, le développement rural, l'emploi et les Technologies de l'Information et de la Communication,
  - les secteurs insatisfaisants sont l'artisanat, l'accès au crédit, l'environnement et les conflits régionaux,
  - la satisfaction globale est de 73% à 92%.

- Les projets financés par les Firmes Multinationales :
  - ils apportent les résultats attendus : mobilité, éducation, santé, économie locale,
  - les effets ressentis sont de 60% à 80% favorables.
- Tous les avis consolidés donnent comme résultat : 85% considèrent comme positifs les *Partenariats Décentralisés* Firmes Multinationales - Collectivités Territoriales.

Le succès des relations doit être d'abord d'expliquer les réussites par la nature même des *Partenariats Décentralisés* approchés à travers les types des structures sociales et à travers les caractéristiques mêmes de ces *Partenariats Décentralisés*. Pour les raisons déjà indiquées, il ne s'agit pas d'une analyse quantitative au sens strict à l'aide de déterminants, mais de manière qualitative, rapporter les résultats positifs des *Partenariats Décentralisés* à un certain nombre de facteurs, qui va bénéficier du choix d'une stratégie d'*Investissement Territorialisé* par les deux protagonistes. Ensuite, on va interpréter l'analyse obtenue du point de vue du développement économique de l'Afrique et de la coopération internationale, pour en déduire enfin quelques recommandations.

Comment est perçue cette nouvelle relation par les parties prenantes ?

Les opérateurs locaux sont parties prenantes dans la réalisation des projets de développement. Ils contribuent à la construction et à l'approvisionnement ainsi qu'à la mise en œuvre des savoir-faire. La synergie est générée par la mise en commun des ressources financières et non financières pour les opérateurs économiques locaux qui ne pourrait se réaliser si chacun se contentait de ses seules ressources. Ce qui ressort des trois types de Collectivités (*fort*, *faible*, *en construction*) est que le partenariat témoigne donc de la dynamique des opérateurs économiques locaux qui engagent leurs moyens dans les objectifs du partenariat. Si l'effort de montrer que le partenariat a permis aux Collectivités Territoriales d'obtenir des réalisations, il est montré aussi qu'il a suscité la collaboration entre les opérateurs économiques locaux.

En tant qu'acteur économique de la Collectivité Territoriale, les entreprises locales utilisent leur savoir-faire ou ont recours à d'autres entreprises locales. Cet accord peut aussi s'étendre comme une « toile d'araignée » afin d'impliquer des entreprises ou des personnes de façon indirecte. Ainsi, les entreprises qui n'ont pas de ressources suffisantes peuvent mettre en commun leurs ressources existantes.

Dans le recours à la sous-traitance, il peut s'agir d'un apport en savoir-faire et/ou en ressources financières. La bonne santé financière d'un entrepreneur peut lui permettre d'avancer les frais. Il est difficile de savoir réellement si l'attribution des marchés est due à la puissance financière de l'entrepreneur, son savoir-faire, ou à l'efficacité de son réseau.

La réussite de cette nouvelle relation est donc une mise en commun des ressources des entreprises locales. Il existe un lien fort entre la sensation de réussite et la mise en commun des ressources. Sur ce plan, les entreprises s'associent, car leurs dirigeants ont des liens de parenté ou viennent du même village ou de la même Communauté, que ce soit en zone rurale ou en zone urbaine. Tout se passe sur la base de la confiance. Les affaires sont réparties selon les ethnies et les Communautés : telle ethnie fait du commerce, l'autre ethnie est dans la pêche, etc. Le facteur communautaire ou ethnique est très important dans les Collectivités Territoriales africaines. C'est-à-dire que le sentiment de réussite résulte du développement communautaire ou ethnique.

Il ressort que les Firmes Multinationales ont intégré les relations avec les Collectivités Territoriales dans leur stratégie de développement. Les Firmes Multinationales ont donc tout intérêt à avoir ces dirigeants à leurs côtés et non le contraire. Le deuxième point fort est aussi la question du foncier. On constate sur place qu'il y a une extension des sites alloués par l'État aux Firmes Multinationales, mais cela ne pose plus de problèmes selon une bonne partie de la population d'autant plus que, pour elle, les Firmes Multinationales font maintenant partie du paysage économique local.

Une large majorité des parties prenantes interrogées estiment que le bilan est positif. À travers ce bilan de performance, les Firmes Multinationales sont amenées à poursuivre cette collaboration. Cela suppose que les Firmes Multinationales ont fait l'étude d'une situation non coopérative et d'une situation coopérative. Les Firmes Multinationales ont des ressources pour ce type d'évaluation.

Le bilan, bien que largement positif, présente tout de même des disparités entre les Collectivités. Ceci n'est pas totalement lié au type de Collectivité. Le partenariat n'a apporté que des choses pouvant aider au bien-être de la population ; il s'agit entre autres de l'amélioration des revenus, de la sécurité, des investissements matériels et immatériels et surtout de rendre les habitants fiers. La plupart du temps, on traite ces habitants vivant près des grandes Firmes de matières premières, comme des passifs, laissant filer leurs ressources sans rien faire.

Les Firmes Multinationales ont à leur tour réussi à substituer le dialogue au conflit, même dans les cas difficiles. Elles ont su gagner la confiance en construisant un réseau qu'on appelle le *Partenariat Décentralisé* qui concerne un marché spécifique qui ne fonctionne qu'à un niveau local avec ses propres règles où l'informel est accepté. En devenant un acteur du territoire par cette forme hybride d'organisation williamsonienne, les Firmes Multinationales ont réussi à gagner un deuxième permis d'exploitation, mais cette fois de la part des vrais propriétaires des ressources parce qu'en Afrique la terre appartient aux autochtones, surtout les ruraux qui sont prêts à mourir pour leur terre.

Un autre facteur est également à prendre en compte. Comme souligné, le mode d'organisation en lien avec le type de Collectivité joue un rôle important dans le bilan. Dans la *Collectivité forte*, la gouvernance locale arrive à mobiliser les personnes-ressources afin de cibler et de mieux formuler les projets de développement dont l'impact va atteindre l'ensemble des habitants de la Collectivité. Par contre, dans la *Collectivité en construction*, on n'a pas cette cohérence dans la formulation des demandes. Les Chefs de la Communauté n'arrivent pas à se mettre d'accord pour décider ce qui serait optimal pour l'ensemble. Même les réunions politiques sont difficiles parce que les problèmes ethniques et communautaires ressurgissent à chaque rencontre. Dans la *Collectivité faible*, même si tous les investissements ont un impact positif sur le développement, il reste que la Collectivité elle-même ne fait pas beaucoup de propositions.

L'explication des performances des Partenariats Décentralisés

Il existe deux types de structures sociales en Afrique Subsaharienne : la Collectivité Territoriale et la Communauté. Pour rappel, les Communautés composent la Collectivité Territoriale. La variable Collectivité Territoriale est formelle alors que la variable Communauté est informelle. Le premier succès réside dans la Décentralisation. Dans les Collectivités Territoriales Décentralisées, le développement ne se décide pas du haut vers le bas, mais du bas vers le haut. Les Collectivités Territoriales proposent à l'État central, qui accepte ou non, de participer au développement économique et social. La Décentralisation donne plus de liberté dans le choix de leur développement, mais elle est loin d'être généralisée dans la réalité. Sans doute la présence des Firmes Multinationales a permis aux Collectivités Territoriales d'avoir un degré d'autonomie supérieur. Ainsi, le succès du *Partenariat Décentralisé* des trois Collectivités Territoriales peut être recherché dans la Décentralisation.

En évoquant les concepts de *Collectivités Territoriales fortes*, *faibles* et en *construction*, on ne cherche pas simplement à montrer la supériorité d'une Collectivité Territoriale sur l'autre, car ces caractéristiques n'ont pas empêché le succès du *Partenariat Décentralisé* dans ces trois Collectivités Territoriales. Il s'agit de montrer que, malgré le degré de cohésion, si certaines conditions sont remplies, le *Partenariat Décentralisé* connaîtra le succès. La structure d'une Collectivité Territoriale n'est pas un problème dès lors que celle-ci est dans une situation de paix. Le temps des négociations varie selon que l'on a une *Collectivité forte*, *faible* ou *en construction*. Il est plus long dans la forte parce qu'il y a un seul interlocuteur qui parle au nom de toutes les Communautés. Il doit les consulter et recueillir leurs assentiments pour qu'une décision soit prise. Mais l'existence même des Collectivités Territoriales dans leur forme formelle est un facteur de convergence communautaire qui s'interprète en ces termes « tout ce qui est à la Collectivité Territoriale appartient à toutes les Communautés ». C'est pourquoi on peut interpréter la construction des Collectivités Territoriales comme un convecteur des Communautés qui sont souvent diverses par leurs religions, leurs pratiques culturelles et leur éducation.

Un autre facteur de réussite dans le ressenti populaire est l'implication de l'aristocratie rurale. Lorsque tous les Chefs traditionnels sont impliqués dans un projet, toutes les Communautés le soutiennent alors. On sait à travers les statistiques analysées que les Chefs traditionnels ne sont pas assez instruits pour monter, contrôler ou mettre en œuvre des projets. Mais le fait de les impliquer simplement peut présager de leur réussite. Dès lors que les Chefs traditionnels sont directement impliqués dans les projets dont les points de vue sont très importants, alors le niveau d'instruction de la gouvernance locale peut constituer un facteur d'échec. Au-delà de l'instruction, les Chefs traditionnels sont garants de certains rites et tabous qui peuvent les empêcher de donner leur accord pour tel ou tel projet, notamment lorsque ces rites et tabous interdisent d'agir sur les terres des ancêtres.

Cela dit, les succès ne sont ni immédiats, ni automatiques. C'est surtout cette construction territoriale intégrant toutes les Communautés qui doit être retenue comme facteur de succès du *Partenariat Décentralisé*. Mais, même si les projets aboutissent, leurs conséquences sur le développement ne peuvent pas encore être garanties. Il y a des réticences dans les Collectivités Territoriales à impliquer les Firmes Multinationales dans la gestion des projets. Une fois ces projets construits, les Firmes Multinationales n'ont pas beaucoup de regards sur la gestion des biens. Elles interviennent pour refinancer les projets en échec. Or, il ne suffit pas de construire, il faut aussi inscrire les investissements dans la durée. Les responsables locaux chargés de la gestion des projets ne sont pas pour la plupart suffisamment qualifiés pour la bonne gestion des investissements. Pire, ces derniers voient en eux une simple amélioration des conditions de vie, pas un facteur d'attractivité des Investissements Directs Etrangers ou une quelconque préparation à l'arrivée des Investissements Directs Etrangers. Les dirigeants locaux ont une vision partielle des objectifs du *Partenariat Décentralisé* ou ce qu'ils peuvent tirer des investissements des Firmes Multinationales pour les Collectivités Territoriales.

Par ailleurs, dans la *Collectivité faible* et la *Collectivité en construction*, les différentes Communautés ont du mal à s'asseoir à la même table pour discuter du développement. Chaque Communauté pose ses propres conditions. Or l'intérêt d'une Communauté n'est pas forcément l'intérêt de l'autre. Prenons l'exemple du cas des routes qui permettent de rapprocher un village du centre-ville, mais qu'un autre village n'accepte pas parce que cette route traverse des terres sacrées. L'investissement n'est alors pas réalisé. Cette situation peut aussi se poser dans la *Collectivité Territoriale forte*, mais la notoriété du Chef traditionnel peut permettre de désamorcer la crise.

Une autre difficulté du *Partenariat Décentralisé* réside dans la mésentente possible entre les Élus et les Chefs traditionnels. Les Élus travaillent dans un cadre formel et les Chefs traditionnels dans un cadre informel. Les Élus sont obligés de se conformer à un cadre législatif et règlementaire, ce qui bloque souvent les projets qui sont vus autrement par les Chefs traditionnels. Les Chefs traditionnels perçoivent le *Partenariat Décentralisé* dans un cadre socialement profitable, alors que les Élus essaient de l'encadrer en tenant compte des lois du pays et des bénéfices que pourraient tirer leurs partis politiques respectifs.

Les Firmes Multinationales souhaitent pérenniser leurs investissements et leurs installations, se construire une bonne réputation auprès des populations et pouvoir disposer de main-d'œuvre dans les qualifications souhaitées. Les Collectivités Territoriales souhaitent obtenir des investissements dans les infrastructures des territoires et une dynamisation de l'économie locale. Voilà le contrat implicite du *Partenariat Décentralisé* : il a été rempli, il est donc un succès. Comme c'est à l'évidence un contrat incomplet, c'est-à-dire un contrat dont les termes précis ne peuvent être définis à l'avance, une relation et des structures de concertation sont mises en place pour accompagner sa réalisation : c'est l'essence du *Partenariat Décentralisé*. Ainsi donc, le *Partenariat Décentralisé* est l'une des formes d'organisation hybride dont parlait Williamson qui permettrait de gérer le contrat incomplet. Le *partenariat Décentralisé*, en tant qu'organisation hybride, peut ainsi s'expliquer comme une stratégie de stabilité permettant d'exploiter et de partager des rentes et des quasi-rentes et de neutraliser des puissants facteurs de déséquilibres provenant des asymétries initiales.–Dans les termes avancés, les organisations hybrides peuvent minimiser les coûts de transaction, tout en conservant la rentabilité et en sécurisant les investissements.

Les relations sont de type informel ; en Afrique règle informelle signifie efficace. Elles se soustraient à la bureaucratie. Dans les trois *Partenariats Décentralisés*, 90% des relations entre les Firmes Multinationales et les territoires ont un caractère informel. 60% des contacts ne sont pas écrits, mais passent par des rencontres physiques. 90% des conflits qui apparaissent dans le cadre du *Partenariat Décentralisé* se règlent par la conciliation. En réalité, les Collectivités Territoriales n'ont pas les moyens de s'engager dans une relation formelle ; d'ailleurs, le côté formel est un facteur qui peut décourager le *Partenariat Décentralisé*. C'est pourquoi les relations informelles entre les Collectivités Territoriales et les Firmes Multinationales sont un facteur de réussite. Comme dans beaucoup de sociétés, les règles qui s'imposent le plus fort en Afrique sont des règles non écrites, inscrites dans la tradition ou des routines. Les *Partenariats Décentralisés* ont réussi, car les Firmes Multinationales ont su s'adapter et accepter de travailler avec l'informel comme norme de gestion. Mais dans ce type de relations informelles, il faut une dose de formel. En réalité, à qui appartiennent les réalisations ? Aux Collectivités Territoriales ou aux États ? C'est le cas des écoles et des hôpitaux où l'on se demande qui doit fournir le personnel nécessaire. C'est l'une des limites des relations informelles. C'est pourquoi, malgré l'extension de l'hôpital de Margibi, les activités supplémentaires n'ont pas été réalisées parce qu'il n'y avait pas de coordination avec le Ministère de la Santé. Mieux, aucun document officiel ne liait l'État à l'extension de l'hôpital. Les Collectivités Territoriales apprennent également qu'un minimum de formel dans la gestion peut, non pas accroître, mais réduire les coûts de transactions. Mais en plus des particularités sociétales, il faut reconnaître que l'informel comme règle de gestion est très fonctionnel quand il s'agit de contrats incomplets. Comme l'expliquait North, l'acceptation de l'informel fait partie de cette évolution où, à mesure que l'organisation évolue pour capter les rendements potentiels, elle va progressivement modifier les contraintes de l'intérieur.

Le choix de l'informel comme norme de gestion est également un message culturel bienveillant à l'égard des sociétés locales. La réussite du *Partenariat Décentralisé* est due à la prise en compte des spécificités de chaque Collectivité Territoriale. Il ne s'agit pas là de faire la distinction entre les caractères des Collectivités Territoriales, mais de reconnaître des valeurs culturelles spécifiques à chacune d'entre elles. Les Firmes Multinationales ont donc relevé le défi d'une approche multiculturelle des négociations. Dans ces Collectivités Territoriales, la religion a un rôle prédominant. Il ne s'agit pas seulement de religions monothéistes étant donné que dans les Collectivités Territoriales comme Obuasi existent également des Chefs religieux des nouvelles églises, des prophètes et des féticheurs qui sont très respectés et très écoutés. Le sentiment d'appartenance à une culture est très important en Afrique Subsaharienne. Pour ces populations, l'entrée dans la Collectivité Territoriale signifie l'acceptation de sa culture. Pour la réussite du *Partenariat Décentralisé*, les Firmes Multinationales ont dû s'adapter à la spécificité et à la diversité culturelle de chaque Collectivité Territoriale. En général, la plupart des défenseurs des cultures africaines opposent ces cultures à celles de l'Occident. Les Africains veulent la multi-culturalité, mais celle des cultures originelles, pas celle des cultures importées. Or, la venue des Firmes Multinationales provoque le sentiment d'une fronde culturelle. Les Firmes Multinationales peuvent s'imposer sur le plan culturel d'autant plus qu'il existe une grande asymétrie des forces financières et technologiques avec les Collectivités Territoriales. C'est pourquoi les Firmes Multinationales, en suivant le schéma traditionnel des relations dans la tradition de ces Collectivités Territoriales, ont réussi à projeter une image relativement positive.

Mais comme on l'a vu, une partie de la population et des Organisations Non Gouvernementales se plaignent des nuisances apportées par les Firmes Multinationales et des revenus qu'elles distribuent. Le progrès social fonctionne comme un aimant en attirant de plus en plus de personnes de l'extérieur vers l'intérieur. À Obuasi par exemple, il est fréquent d'entendre les habitants se plaindre de la présence d'AngloGold Ashanti parce que l'entreprise attire beaucoup d'actifs de la sous-région ouest-africaine. Cette immigration n'est pas bien vécue par les Collectivités Territoriales fermées comme Obuasi et Margibi. La contrepartie de la puissance économique et politique des Firmes Multinationales est le fait qu'elles respectent la société africaine et les cultures locales spécifiques. Des tensions apparaissent, car les Firmes Multinationales amènent le matérialisme occidental là où règne la solidarité communautaire. Les *Partenariats Décentralisés* sont d'autant plus réussis que les Firmes Multinationales manifestent non seulement du respect, mais prennent en compte et acceptent les cultures locales.

Ce qui frappe, c'est la convergence des situations entre les trois *Partenariats Décentralisés*, la proximité que les Firmes Multinationales sont arrivées à réaliser avec les gouvernements locaux, les entreprises locales, les populations et les Organisations Non Gouvernementales. C'est tout le contraire d'une vision bureaucratique ou top-down. Les Firmes Multinationales ont su descendre de leur piédestal et se mettre au niveau des Collectivités Territoriales, au plus près des besoins des habitants. Il n'y a pas eu besoin d'appareil administratif ; les structures de concertation mises en place dans les *Partenariats Décentralisés* ont suffi pour que les moyens apportés par les Firmes Multinationales puissent pénétrer aux fins fonds des territoires. Cela tranche avec l'approche de l'aide internationale qui, à part les projets d'assistance technique des donateurs internationaux, reste concentrée dans la capitale puis disparaît dans les réseaux de clientélisme et de la corruption. La corruption est très peu mentionnée par la population, sinon, à côté de la prostitution, comme une conséquence des concentrations locales des revenus élevés engendrés par les Firmes Multinationales. Cela ramène justement à la coordination du *Partenariat Décentralisé*. Ce sont les Chefs traditionnels qui défendent les intérêts des Communautés. Parce qu'ils sont plus proches des habitants, ils ont toute la légitimité pour le faire. Cela ne signifie pas qu'ils ne rendent pas de compte. Au contraire, il y a dans chacune des trois Collectivités Territoriales une sorte d'assemblée populaire où les Chefs de famille viennent défendre leurs intérêts et émettre des idées. Cela se perçoit à travers l'implication dans les projets et la protection des infrastructures. C'est d'ailleurs pourquoi le *Partenariat Décentralisé* a gagné en popularité. Il est inclusif, car il amène directement sur le terrain, non seulement des moyens financiers intacts, mais aussi un substitut aux capacités administratives défaillantes d'identification et de gestion des projets, avec des procédures d'identification au plus proche des populations locales et de leurs autorités reconnues.

Dans le *Partenariat Décentralisé*, il y a un partage équitable de la quasi-rente issue des Investissements Directs Étrangers : la Firme Multinationale répond aux demandes des Collectivités Territoriales, dont les chefs expriment les attentes des entreprises, des

Communautés et des populations, qui en retour affichent un soutien aux Firmes Multinationales et sécurisent leurs investissements. Reste à comprendre comment se traitent les deux situations d'asymétrie décrites par Williamson : celle liée à la puissance de la Firme Multinationale, et celle liée au pouvoir exorbitant de la Collectivité Territoriale qui peuvent faire échouer les Investissements Directs Étrangers, ce qui lui donne, d'après l'auteur, la capacité de réaliser un « hold-up » dans le partage des rentes et des quasi-rentes. Afin de réduire l'asymétrie initiale et les risques de « hold-up », les Firmes Multinationales vont développer une stratégie d'*Investissement Territorialisé* en s'intégrant dans le territoire à travers la reconnaissance des chefs traditionnels, la réponse à leurs demandes et en veillant à ce que leur impact économique et culturel soit acceptable par les entreprises et la population. Mais le clou de la stratégie consiste à s'intégrer comme partie prenante dans le jeu d'acteurs du territoire en dynamisant les entreprises locales et en participant aux choix et à la réalisation des infrastructures du développement économique local au plus près des besoins des populations. À cette stratégie participe aussi le choix de la culture locale comme norme de comportement et comme norme de gestion du *Partenariat Décentralisé*. Ce choix s'observe par exemple dans les sélections des Chefs traditionnels comme interlocuteurs, une gestion informelle de l'organisation hybride ou encore un mode informel de gestion des conflits. L'efficacité de la stratégie des *Investissements Territorialisés* pour réussir le *Partenariat Décentralisé* va dépendre du type de Collectivité Territoriale. *La Collectivité Territoriale forte* est la mieux capable de gagner le soutien des Communautés, des entreprises locales et de la population au *Partenariat Décentralisé*. Cela tient beaucoup à sa capacité supérieure à exprimer les besoins prioritaires réels des populations.

Que signifie du point de vue théorique la stratégie des Firmes Multinationales de s'intégrer dans les territoires dans le cadre du double contrat de l'*Investissement Territorialisé* ? Comment se sont négociés avec succès en fin de compte les *Partenariats Décentralisés*, porteurs pourtant d'asymétries puissantes entre les Firmes Multinationales et les Collectivités Territoriales ? On peut considérer que cette réussite est d'abord celle des Collectivités Territoriales qui ont su faire accepter par les Firmes Multinationales leurs attentes en projets d'infrastructures et leur soutirer non seulement la quasi-rente de l'image, mais également une partie significative de la rente ricardienne pour financer les projets. Il faut noter d'ailleurs que l'efficacité de la stratégie d'*Investissement Territorialisé* pour réussir le Partenariat Décentralisé va dépendre du type de Collectivité Territoriale. Les *Collectivités Territoriales fortes* sont les mieux capables de capitaliser la quasi-rente issue de ce partenariat.

Mais le véritable bilan des partenariats demande de considérer non pas les rentes et les quasi-rentes partagées, mais les possibilités de « hold-up » compte tenu des asymétries de départ, en l'occurrence les vulnérabilités structurelles des Firmes Multinationales issues de risques symboliques élevés menaçant des actifs très spécifiques. Pourquoi les Collectivités n'ont-elles pas réalisé ce hold-up qui était à portée de main compte tenu du besoin d'image des Firmes Multinationales ? La réponse est que les Firmes Multinationales ont en quelque sorte contourné les Collectivités Territoriales en gagnant directement des territoires, des entreprises, des populations et même des cadres des Collectivités une appréciation positive. Ce faisant, elles réduisent considérablement l'incertitude sur leur image, et donc le pouvoir de « hold-up » des Collectivités. Les réticences minoritaires exprimées par les populations à l'égard des Firmes Multinationales sur quelques thèmes montrent bien que c'est là que s'est déroulé l'arbitrage le plus critique concernant le partage des rentes et des quasi-rentes. Dit dans le système de pensée de Williamson : en s'intégrant directement au plus profond des territoires, les Firmes Multinationales ont dévolu aux populations locales le rôle de « moniteurs » du partage des rentes. Cela pourrait procurer une définition théorique du *Partenariat Décentralisé*.

Le Partenariat Décentralisé et le développement économique en Afrique Subsaharienne

Le *Partenariat Décentralisé* est un facteur de renforcement des capacités du pays de façon générale. En réalité, ce n'est pas la quantité des Investissements Directs Étrangers qui est importante, mais leur qualité, comme expliquée dans cette synthèse. Sur le plan local, l'analyse des résultats des données a montré que les territoires ont bénéficié d'un apport en savoir-faire. La sous-traitance explique cette approche parce qu'à travers les demandes, les artisans locaux ont appris de nouvelles façons de travailler. Ils ont aussi bénéficié de capitaux des Firmes d'autant plus que les relations Firmes Multinationales – entreprises locales ont été dynamiques. Il s'agit là d'un double transfert, d'une part du savoir-faire et d'autre part des capitaux. Cette connaissance a été diffusée aux autres entreprises de la Collectivité Territoriale par le biais de la sous-traitance.

Les Firmes Multinationales pouvaient être à l'origine de violations des Droits de l'Homme. Mais l'implication des Chefs traditionnels dans le *Partenariat Décentralisé* permet de les éviter. À travers la coordination, les propriétés ont été bien définies. Cela a permis de lever les préoccupations au niveau des conflits liés au foncier des agriculteurs qui ont fait l'objet de nombreuses critiques et ont été considérés comme l'une des craintes des populations locales.

À partir des données sur les relations Firmes Multinationales - Collectivités Territoriales, il ressort qu'il existe un « couloir » activités agricoles – activités salariales. Par manque d'emplois, certains jeunes diplômés (niveau universitaire) s'étaient tournés vers l'agriculture. Grâce aux Firmes Multinationales, ces personnes ont pu exercer un emploi salarié. D'ailleurs, les trois Firmes Multinationales emploient de nombreux jeunes ayant un très bon niveau de qualification, même s'ils ne sont pas tous des cadres. Ce qu'il faut retenir, c'est que ces jeunes font la fierté de leurs parents parce que le fait de travailler pour les Firmes Multinationales est une référence au niveau local.

Il n'y a pas de rente foncière, donc pas de conflit. Étant donné que l'argent liquide ne circule pas, il n'y a ni corruption, ni détournement. Étant donné que les effets du *Partenariat Décentralisé* sont visibles au quotidien, cela dissuade tout sentiment d'hostilité envers les Firmes Multinationales et entre les Communautés. L'accès aux fondamentaux est donc un désinhibiteur de conflits.

La construction d'infrastructures et l'appui au système d'éducation ont permis d'augmenter le nombre de personnes ayant une qualification. L'attachement au territoire fait que la plupart des jeunes ayant bénéficié de bourses d'études sont revenus. Cela prépare les Collectivités Territoriales à aborder tous les types d'Investissements Directs Étrangers. Les investissements des Firmes Multinationales vont préparer les Collectivités Territoriales à attirer d'autres Investissements Directs Étrangers. Dans le cas de l'accès aux infrastructures, les investissements pionniers des Firmes Multinationales vont servir à attirer d'autres Firmes Multinationales. Les routes étant un problème majeur, leur accès est attractif pour un certain nombre d'entreprises nationales ou transnationales. L'énergie est aussi un problème de développement industriel. Comment attirer des industries sans un accès facile à l'eau et à l'électricité ? Il faut savoir que les investissements ont une propriété d'attractivité qui est une propriété sociale.

Ce sont les entreprises qui rentrent dans le territoire qui feront l'économie des Collectivités Territoriales. Sinon qu'adviendra-t-il des investissements si les Firmes Multinationales quittaient le territoire ? Les Collectivités Territoriales ont-elles les moyens d'entretenir les infrastructures sans les ressources tirées des taxes et des impôts ? Pour que les taxes et les impôts soient suffisants, les Collectivités Territoriales ne peuvent se contenter des prélèvements nationaux. Il est clair aussi que les écoles et les équipements doivent être renouvelés. Or la seule dotation des Collectivités Territoriales ne peut suffire à cela. Se pose donc la question d'amener des moyens financiers supplémentaires dans les territoires.

Grâce au *Partenariat Décentralisé*, les pays ont gagné en investissements productifs. Ces pays qui sont riches en ressources naturelles n'ont pas les moyens financiers et techniques de les exploiter. En plus, l'attractivité de ces territoires fait que la population croît rapidement. Cela fait de ces Collectivités Territoriales des lieux de consommation qui ont un impact sur le taux de recouvrement des taxes, notamment celles sur certains produits de consommation. Dans ces conditions, la croissance va reposer sur la formation de capitaux qui devront rester dans le pays.

L'absence de cadre législatif et règlementaire n'est pas forcément importante d'autant plus que si les Firmes ne veulent pas respecter ce cadre, elles trouveront le moyen de le contourner. Les Collectivités Territoriales elles-mêmes sont capables de poser un cadre de coopération avec les Firmes. Cela évite au pays la mise à niveau des lois d'autant plus que dans la plupart des pays ces lois sont fortement influencées, non pas directement par les Firmes Multinationales, mais par les élites politiques. Il y a une faiblesse de l'État qui est atténuée par le fait que le pouvoir central a délégué une partie de son pouvoir aux Collectivités Territoriales. Dans ce cas, les États n'ont plus à élaborer d'incitation fiscale pour accroître leur attractivité.

On peut avoir de la croissance et du développement. D'un côté, la croissance est présente ; cela est évident, d'autant plus que les ressources sont exploitées sans aucune dépense de l'État concernant les opérations d'exploitation. L'État reçoit en plus des compensations. Mais le phénomène nouveau est qu'une partie des revenus issus des exploitations des matières premières est investie dans des réalisations matérielles. Les Firmes Multinationales vont donc permettre aux États de se vanter d'un double effet des Investissements Directs Étrangers, c'est-à-dire statistiquement performants et socialement performants.

On peut maintenant prolonger la réflexion sur les plans théoriques et des politiques économiques. Le modèle asiatique de développement a reposé sur des États éclairés et soucieux de l'intérêt général. Ils ont équipé leurs pays en infrastructures matérielles : énergie, réseaux, transports, et en infrastructures sociales : éducation, santé. Cela à la fois pour répondre aux besoins fondamentaux de la population, mais aussi à ceux de l'économie, à savoir les entreprises domestiques et étrangères. Cela a été théorisé par le modèle de la croissance endogène selon lequel les nouveaux économistes classiques acceptaient le principe d'une politique non seulement monétaire, mais aussi budgétaire des États. Il est frappant de voir que les exemples de partenariats Firmes Multinationales - Collectivités Territoriales portent justement sur ces biens publics (ou mixtes) qui sont du ressort de la croissance endogène. En ce sens, le *Partenariat Décentralisé* fait office de substituts aux États qui sont défaillants à remplir cette fonction. Le modèle de croissance porté par les *Partenariats Décentralisés* serait celui du *développement composite*, combinant ressources domestiques et ressources exogènes.

Les recommandations relatives au partenariat Firmes Multinationales - Collectivités Territoriales

Il y a très peu de discours politiques sur la présence des Firmes Multinationales et aucun de ces discours ne traduit les effets des rendements de leurs investissements dans les territoires. Les discours ne font pas non plus allusion aux échanges commerciaux entre les populations locales et les Firmes Multinationales ni n'évoquent les changements engendrés en termes positifs. Les États d'Afrique ont des problèmes pour évaluer le potentiel de développement des Firmes Multinationales et identifier avec précision les ressources qu'elles peuvent offrir à des fins de développement et surtout pour traiter les données sur les Firmes Multinationales avec qui ils ont des contrats d'exploitation. En outre, il y a un déficit de communication entre l'État et les gouvernements locaux qui sont susceptibles de profiter de la présence des Firmes sur leur territoire pour assurer leur développement. Le travail État – Firmes Multinationales reste un problème majeur, en particulier dans les Pays en Développement où les Firmes Multinationales sont considérées seulement comme des valeurs d'ajustement budgétaire ; or cela pourrait en être autrement.

La dynamique des Firmes Multinationales est exprimée sur le plan macro-économique alors qu'il existe bien des modèles positifs localisés dans les zones de production de matières premières industrielles. Il est vrai que le niveau local a été choisi, mais les mesures de réussite peuvent être analysées à un niveau régional, départemental ou même sectoriel. Il est donc facile, avec un peu de volonté politique d'évaluer clairement et facilement les relations entre les populations et les Firmes Multinationales, d'autant plus que le contexte de Décentralisation en Afrique permet d'étudier les phénomènes localisés et leurs conséquences sur les habitants concernés.

L'objectif pour les États et même pour les décideurs locaux serait de mesurer les résultats de ces interactions et d'estimer le potentiel de compensation de politiques macro-économiques. La diffusion de ces résultats pourrait conduire la population du pays, voire au niveau international, à reconnaître l'importance de la confiance entre la population locale et les Firmes Multinationales et avoir une autre perception de leur image.

La stabilité politique et des institutions stables (formelles et informelles) sont nécessaires pour tirer la meilleure partie de l'exploitation des ressources au niveau local. Les institutions informelles doivent être étudiées en tant qu'institutions complémentaires aux institutions démocratiques. En effet, de nombreux États n'intègrent pas les institutions informelles dans les décisions politiques. Les arrangements menés par les élus politiques peuvent être insuffisants pour attirer et mobiliser les ressources et les politiques formelles défavorables. De plus, même les projets bien conçus peuvent rencontrer des problèmes dans leur mise en œuvre si ces projets n'ont pas l'adhésion de la population.

En outre, les Collectivités Territoriales devront s'entendre avec le pouvoir législatif et règlementaire pour définir le type d'incitations qui encouragera une Firme Multinationale à s'engager dans un territoire en fonction des besoins et des attentes. L'engagement politique doit être donc perçu comme la principale raison du succès, cela avec la légitimité des décisions locales et la reconnaissance des institutions formelles.

Le manque de collaboration entre les institutions dépendant de l'État (Préfecture, impôt, etc.) et les institutions locales est souvent une cause du retard dans les programmes initiés par le partenariat Firmes Multinationales – Collectivités Territoriales. Par conséquent, arriver à intégrer ce *Partenariat Décentralisé* dans une stratégie globale de développement macro-économique est un facteur important pour le succès des politiques de développement local. Cela poussera les Firmes Multinationales à un double engagement envers la Collectivité Territoriale et envers l'État. Ce double engagement peut bien fonctionner lorsque les Firmes Multinationales trouvent leurs intérêts. C'est le *Win-Win-Win* où l'État joue un rôle d'appui non bureaucratique aux partenariats Firmes Multinationales - Collectivités Territoriales, notamment en libérant des Collectivités Territoriales de la tutelle tatillonne des Ministères.

Concevoir un ensemble de politiques exhaustives sur les Firmes Multinationales est d'une importance majeure dans les relations Collectivités Territoriales – Firmes Multinationales, mais cela ne devrait pas conduire à négliger les transferts financiers des États vers les Collectivités Territoriales ; l'État doit continuer à jouer son rôle en offrant des gammes complètes de services et de compétences que le *Partenariat Décentralisé* ne pourrait offrir à la Collectivité Territoriale.

Les succès du *Partenariat Décentralisé*, de même que les leçons des insuccès mentionnés, peuvent certainement conduire à reproduire largement ce modèle de développement composite. Les acteurs centraux étant les Collectivités Territoriales, à savoir des entités de taille modeste, la question qui se pose est celle de la masse critique de *Partenariats Décentralisés* nécessaires pour avoir un impact macro-économique à même de provoquer un décollage économique. Une étude spécifique sur cette question serait nécessaire, mais on peut considérer que les Firmes Multinationales intéressées à investir dans des activités extractives ou même des industries lourdes à faible intensité de main d'œuvre ne suffiront pas. Un des avantages du *Partenariat Décentralisé* est aussi d'écarter la menace de « hold-up » en amont sur la rente ricardienne, qui devrait inciter à augmenter les investissements dans la capacité de production, engendrant une quasi-rente. Les Firmes Multinationales non seulement donnent les moyens aux Collectivités Territoriales de se développer, mais elles créent par là même les conditions pour prévenir les « hold-up » en réduisant le risque pour la réputation de la Firme Multinationale.

Il faut donc orienter la réflexion et l'expérimentation vers une recherche d'alternatives aux Firmes Multinationales pour devenir des investisseurs inclusifs dans le développement local en *Partenariat Décentralisé* avec les Collectivités Territoriales. Trois sources de capitaux existent. La première est l'Aide Publique au Développement qui est plutôt formatée, en direction des territoires, pour délivrer de l'assistance technique et des subventions. Des innovations institutionnelles seront sans doute nécessaires pour que l'Aide Publique au Développement puisse jouer ce rôle. Une deuxième source est représentée par des fonds d'investissement éthiques prêts à investir dans le développement à des conditions plus favorables que le marché. Ces fonds détiennent des centaines de millions de dollars américains, cherchent des projets de développement dans lesquels investir et des opérateurs de terrain pour gérer les opérations. United Nations Capital Development Fund (UNCDF) est actuellement sur ce créneau, mais peine à investir, car elle n'utilise pas le modèle du *Partenariat Décentralisé*. La troisième source est représentée par les « rémittences » envoyées dans les familles par les diasporas. Ces rémittences sont supérieures à l'Aide Publique au Développement, mais ces sommes sont dispersées et manquent de structures financières.

Voici une première liste, non exhaustive, des politiques qui accompagneront favorablement la multiplication des *Partenariats Décentralisés*. Les États d'Afrique doivent poursuivre et renforcer la démocratisation afin de garder la constance de leur politique économique. En effet, les changements brutaux de régimes en Afrique desservent les États sur le plan économique et social et font fuir les Investissements Directs Etrangers ; or les États africains ont besoin de ces investissements afin de rattraper leur retard. Jusque-là, les partis uniques n'ont pas réussi à l'Afrique. Ceux qui ont décidé d'être rois, empereurs, etc. ou qui se sont octroyés des pouvoirs divins ont été renversés par des révolutions populaires entraînant le pays dans l'instabilité. Ces renversements de pouvoirs sont suivis en général par des violences et des pillages. Cela a pour conséquence de créer un sentiment d'insécurité vis-à-vis des investissements des entreprises étrangères qui sont la plupart du temps des cibles privilégiées. La démocratie en Afrique est donc un facteur d'investissement des entreprises étrangères sur le continent, même si certaines d'entre elles profitent du chaos pour faire des affaires.

La meilleure stratégie macro-économique pour le développement des Collectivités Territoriales est la Décentralisation. Donner plus d'autonomie aux régions, aux villes, aux Municipalités permet de former des *Partenariats Décentralisés* à un niveau local et de mener à bien d'autres stratégies non globalisantes. Chaque localité doit avoir une certaine liberté d'action pour réagir rapidement aux problèmes locaux, mais aussi pour profiter des opportunités qui se présentent à elle afin d'assurer le bien-être. Les décisions ne doivent pas toujours être subordonnées à l'approbation du Ministère chargé des Collectivités Territoriales.

Le pouvoir des assemblées locales doit être renforcé et les décisions doivent être indépendantes du pouvoir central. Ces assemblées locales devront être libres de définir les stratégies locales de développement et de choisir le type de relations avec d'autres institutions ou territoires. Peu importe le mécanisme de gouvernance, qu'il soit formel ou coutumier. La dualité de gouvernance devra être possible dans une culture où le modernisme ne chasse pas le traditionnel.

La réflexion doit être portée sur la manière dont les entreprises étrangères ne vont pas être perçues comme de simples pilleurs de ressources. C'est ici que l'*Investissement Territorialisé* trouve tout son sens. De plus en plus d'entreprises se soucient de leur image de marque. Cela est dû à la multiplication des réseaux sociaux et au développement des technologies de l'information et de la communication. Les entreprises étrangères veulent donc opérer dans les meilleures conditions. Cela signifie que les efforts fournis par ces entreprises afin de donner une meilleure image d'elles sont à encourager.

Les Collectivités Territoriales, voire les États, ne doivent pas laisser aux seules entreprises étrangères, l'initiative de déterminer les secteurs d'investissements sociaux. En particulier, elles doivent avoir des ressources humaines compétentes pour guider ou conseiller les entreprises étrangères dans leurs démarches d'investissements sociaux. Or, souvent, ce sont celles-là même qui détiennent les fonds qui doivent identifier les secteurs d'intervention.

Si les Collectivités Territoriales veulent profiter pleinement des ressources mobilisées à leur profit par le partenaire, elles doivent renforcer leurs compétences en ressources humaines ou demander à l'État de mettre à leurs dispositions des compétences, c'est-à-dire des gestionnaires d'État. Rien ne justifie que les États refusent ce soutien aux Collectivités Territoriales alors que la Décentralisation est toute récente, car les projets réalistes sont au centre de la réussite du *Partenariat Décentralisé* qu'elles noueront.

Afin de donner une représentativité au secteur informel et de formaliser sa participation au développement local, la création de Groupements d'Intérêts Économiques doit être encouragée. La question de la répartition des quasi-rentes dans un contrat trilatéral se pose. Ainsi, le Groupements Intérêts Économiques peut être directement destinataire d'une partie des quasi-rentes soit directement, soit à travers une structure à l'image du micro-crédit ou d'une caisse d'avance. Cela permet de rentabiliser le système de solidarité traditionnel dans un cadre de production. Dans l'ensemble, les acteurs de l'informel entretiennent une culture de réseau (achat – vente – réparation, etc.). Le défi consiste donc à rendre le système traditionnel informel plus efficace et mieux valorisant. Cela va de pair avec un partenariat formel – informel. Les aides sont plus faciles pour le secteur informel lorsque les acteurs s'organisent sous forme d'entreprises. Cela permet également d'étendre leur pouvoir de négociation.

La Décentralisation permet aux Collectivités Territoriales de prélever un certain nombre de taxes dont le montant est fixé par l'État ; mais elles n'ont toutefois pas les mêmes perspectives économiques. Ce qui serait envisageable, c'est la possibilité pour elles de mener leur propre politique fiscale conforme aux ambitions et aux réalités qui sont les leurs. Se doter d'une autonomie fiscale au niveau local permet aux Collectivités Territoriales d'être épargnées des effets négatifs d'un choc macro-économique. Les avantages potentiels sont lorsque l'État est contraint de mener une politique macro-économique qui serait favorable à certaines Collectivités Territoriales et pas à d'autres. Elles devraient être capables de mener une politique fiscale permettant de faire face aux incohérences aux macro-niveaux.

Les États n'ont pas souvent les mêmes préoccupations que les Collectivités Territoriales. Dans ce cas, elles doivent se doter de mécanismes viables pour déterminer les préférences locales et accéder aux ressources nécessaires pour assumer leur politique. Lorsque l'opportunité d'un partenariat économique se présente aux Collectivités Territoriales, il est nécessaire pour elles de développer un processus de négociation avec l'État central afin de définir une stratégie telle qu'elles deviennent les partenaires de l'État afin d'arriver à un « Win-Win », puis un *Win-Win-Win*, État-Collectivité Territoriale-Partenaire extérieur. L'avantage est que les transferts de l'État aux Collectivités Territoriales pourraient être fonction des différences de capacités.

V

Interprétation théorique du Partenariat Décentralisé

L'*Investissement Territorialisé* est souvent caractérisé par une certaine dissymétrie entre les partenaires, avec une dépendance d'un partenaire envers l'autre. Le défi dans le *Partenariat Décentralisé* est ainsi de trouver la meilleure façon pour la partie dépendante de faire en sorte de compenser cette dépendance par des « contreparties satisfaisantes». La souplesse confère au *Partenariat Décentralisé* la capacité d'évoluer de façon créative alors que dans un contrat classique, les règles sont plus rigides, le contrôle est formel et peu favorable au développement des relations à long terme. Les relations d'un type particulier créées entre les deux acteurs contribuent à pénétrer la sphère de la culture traditionnelle africaine en ouvrant cette nouvelle relation nommée *Partenariat Décentralisé* qui devient un canal par lequel les Firmes Multinationales vont entretenir des relations avec les Institutions locales, notamment les Chefs traditionnels. Ainsi, l'accès à la Chefferie locale est lié à la maîtrise de cet outil dont les approches vont varier selon les Collectivités, les Communautés ou les ethnies, mais qui retrouve des convergences dans un certain nombre de théories économiques. L'implication forte des managers a une grande importance, d'autant plus que tout le processus repose sur des liens interpersonnels. Ces liens vont au-delà de l'aspect formel qui relie contractuellement les Firmes au territoire selon les termes des contrats de concessions ; et sont donc importants dans l'intégration même des Firmes en tant qu'acteurs des Collectivités Territoriales capables d'anticiper et de résoudre les conflits.

Pour mieux comprendre la persistance de cette relation, les théories économiques parcourues ont été à même d'apporter des éclaircissements sur ce type de comportement. L'analyse consacrée à la théorie des organisations hybrides de O.E. Williamson est un outil fondamental pour qualifier le *Partenariat Décentralisé*. Ensuite la théorie des règles informelles de D.C. North, aide à expliquer comment une institution aussi rigide que la Firme peut collaborer avec des Collectivités Territoriales dont les règles de fonctionnement reposent sur l'informel. Enfin, la troisième théorie mobilisée sera celle de P.M. Romer et Lucas qui ont établi deux des principales contributions fondamentales de la théorie de la croissance endogène.

L'utilisation de ces approches théoriques confirme la question du partenariat dans le paradigme du développement. On en déduit que le *Partenariat Décentralisé* doit être analysé à partir des organisations hybrides de O.E. Williamson. D.C. North qui appartient au courant de la Nouvelle Économie Institutionnelle a émis l'idée de règles informelles qui auraient la même contrainte que les règles formelles. Ici, il s'agit de société traditionnelle où les règles informelles dominent alors que les Firmes Multinationales sont générées par les règles formelles. Comment les Firmes et les Collectivités peuvent-elles entrer en relation alors qu'elles obéissent à des règles différentes ? D.C North répond en partie dans son approche qui est appropriée à ce travail. P.M. Romer et Lucas ont établi deux des principales contributions fondamentales qui ont établi la théorie de la croissance endogène. Cette théorie répond à la finalité du *Partenariat Décentralisé*. À quoi servent les investissements consentis dans le cadre du partenariat ? Les déficits en infrastructures et en éducation des Pays les Moins Avancés qui constituent les facteurs principaux du sous-développement ont été mis en avant. En comparaison des 4 dragons asiatiques, qui grâce à des investissements bien ciblés ont su attirer des Investissements Directs Etrangers. Les théories de P.M. Romer et Lucas montrent les processus par lesquels cette croissance endogène s'organise.

La théorie des organisations hybrides de Olivier Eaton Williamson

La théorie des organisations hybrides de O.E. Williamson peut permettre d'expliquer le comportement des Firmes Multinationales dans les *Investissements Territorialisés*. La théorie des organisations hybrides de Williamson est une théorie très riche qui prend sa source dans les coûts de transactions. Avec les coûts de transactions, la pratique moderne des relations inter-organisationnelles a ouvert la voie à des formes de coopération qui facilitent l'intégration entre différents niveaux d'acteurs économiques. Selon C. Jurrilo (1988), le comportement coopératif d'une organisation devient un facteur de succès et de modernité. Il reconnait les aspects concurrentiels et de coopération des entreprises en tant qu'éléments compatibles d'une réalité unique. En outre, les relations de coopération deviennent la source de sa force concurrentielle. J.F. Hennart (1988) soutient que c'est pour éviter les coûts de transactions et les coûts de gestion que les entreprises entrent en Partenariat.

O.E. Williamson (1975) explique que les Firmes doivent choisir les solutions appropriées qui minimiseront leurs coûts de production et leurs coûts de transaction. En général, on parle de coûts de transaction (négociation, exécution et contrôle d'un contrat) pour tout ce qui n'entre pas directement dans la production (matières premières, composants, connaissances, capital, etc.). P. Beamish et J.C. Banks (1987) estiment aussi que le problème de l'opportunisme est minimisé en raison des intérêts stratégiques des partenaires à maintenir une coopération à long terme. Ils soutiennent qu'il est possible de résoudre le problème de l'incertitude par le biais d'échanges réciproques d'informations relatives notamment aux conditions locales des affaires.

Il a fallu attendre 1991 pour que O.E. Williamson reconnaisse l'existence des organisations hybrides entre le marché et la hiérarchie. Ces organisations hybrides qui recouvrent des approches telles que les entreprises en réseau, les franchises, les sous-traitances et d'autres formes d'interaction entre les entreprises, sont l'affirmation d'une généralisation de la pratique de l'alliance stratégique. En outre, O.E. Williamson (1991) a soutenu que la fréquence des perturbations due à l'incertitude de l'environnement a influencé le choix des formes de gouvernance organisationnelle. Pour lui, les organisations hybrides sont une forme de gouvernance viable dans un environnement en mutation rapide. Ces arguments ont le potentiel de mieux éclairer sur les raisons pour lesquelles les entreprises optent pour une alliance stratégique.

Tout commence avec la publication de l'article de R. Coase The Nature of the Firm paru dans le journal « Economica » en novembre 1937. Dans cet article R. Coase relève les limites du marché comme « mode d'allocation des ressources ». En 1960, il écrit un autre article intitulé The Problem of Social Cost, cette fois dans le « Journal of Law And Economics » où il explique qu'en l'absence des « coûts de transaction », le marché peut prendre en compte l'existence d'externalités. Pour lui, dès lors qu'il n'y a plus de coûts de transaction, il n'y a plus de divergences entre les coûts sociaux et les coûts privés. R. Coase (1937) va axer ses analyses sur l'organisation des marchés et sur le comportement des firmes. Il présente l'entreprise comme un acteur économique des marchés appelé à disparaître si les marchés sont efficients. Il va jusqu'à qualifier l'entreprise d'anomalie qui ne devrait pas exister dans une concurrence pure et parfaite.

R. Coase va associer des coûts de transaction à chaque mode d'organisation. Pour lui, tout achat de biens ou de service sur un marché recouvre des coûts de transaction. Il va plus loin en expliquant que l'intégration des entreprises a aussi des coûts de transaction. Sa théorie « make or buy », signifie que, compte tenu du fait que chaque opération a des coûts de transaction, les acteurs économiques ont le choix d'acheter sur le marché ou d'intégrer la production du bien ou du service dans sa chaîne. Tout d'abord en décidant d'acheter sur le marché, cela nécessiterait de trouver un fournisseur, de s'assurer de la qualité des biens ou des services et enfin de s'assurer du meilleur prix. Cela nécessite des coûts qui couvrent les coûts d'information, les coûts de négociation et les coûts du contrat. R. Coase explique que ces coûts pourraient être élevés si l'incertitude et l'asymétrie d'informations le sont également.

Les coûts d'intégration des activités concernent la dimension technique et la dimension organisationnelle. R. Coase explique qu'au-delà d'une certaine taille, l'entreprise connaîtra des déséconomies d'échelle. Il ajoutera que les coûts organisationnels de l'intégration dus aux effets négatifs liés à l'augmentation de la taille entraîneront un relâchement des comportements. L'entreprise sera obligée de créer une autre branche chargée de superviser les activités et de contrôler les comportements. Ce qui constitue des coûts complémentaires à l'intégration.

À partir de là, R. Coase fait la différence entre le marché et l'organisation : d'un côté, le marché en tant que mécanisme de « transfert volontaire de droit de propriété » reposant sur les prix et de l'autre, l'organisation comme un mode de « coordination centralisé des décisions » cette fois reposant sur la hiérarchie et l'autorité. Toutes les formes, marché et organisation génèrent donc des coûts de transaction comme décrits par R. Coase.

Dans le cas des *Investissements Territorialisés*, le « make-or-buy » dépend des Collectivités Territoriales, mais aussi de la spécificité des actifs et de la fréquence des transactions. La présence des Firmes Multinationales va aussi être à l'origine de la création de marchés liés à leurs activités qui les conduisent à externaliser certaines activités et à sous-traiter avec les opérateurs économiques locaux. Les Firmes Multinationales jouent une part active dans la création de ces nouveaux marchés en fournissant des informations sur les produits qu'elles désirent acquérir ou des informations sur le profil des compétences qu'elles ne peuvent former. L'effet d'apprentissage va être très important dès lors que les transactions sont fréquentes. Ainsi, avec elles, les opérateurs locaux vont s'améliorer et gagner la confiance des Firmes Multinationales qui vont de plus en plus déléguer des activités plus complexes misant sur cette dynamique d'apprentissage. Cela permet aux Firmes Multinationales de ne pas intégrer ces activités, « make ». L'effet direct est que les Firmes Multinationales réduisent les coûts qui pourraient être générés si elles faisaient appel à des sous-traitants extérieurs. L'effet indirect est que les Firmes Multinationales sont de plus en plus acceptées puisque l'argent va directement dans l'économie locale. Mais la spécificité des actifs fait que les Firmes Multinationales choisissent l'intégration pour l'activité principale parce que les informations sont sensibles et parce qu'il y a des risques pour la production. L'approche en termes de coûts de transaction concerne donc l'activité principale des Firmes Multinationales qui immobilisent un capital important, mais aussi des activités annexes qui peuvent être externalisées.

En 1970, O.E Williamson reprend les approches des coûts de transaction de R. Coase et va propulser cette théorie comme source de réflexion de la recherche d'un nouveau mode de gouvernance lié à ces coûts de transactions (O.E. Williamson, 1985, 1996, 2002, 2005). Williamson va d'abord se pencher sur les facteurs qui sont à l'origine des coûts de transaction. Pour lui, le premier facteur est l'incertitude. Il reprend les approches de J.M. Keynes et F.H. Knight sur les modèles d'incertitude radicale (J.M. Keynes, 1936 ; F.H. Knight, 1921) qui montrent que les coûts affectent la plupart des transactions. Mais O.E. Williamson ajoute qu'au-delà de l'incertitude il y a l'existence d'asymétries d'informations qui est source d'opportunisme des acteurs. Il explique que la tricherie et la ruse sont possibles dès lors que les partenaires n'ont pas un accès égal à l'information. Il ne s'agit pas seulement des biens ou des services sur le marché, mais aussi du comportement des partenaires lors des échanges qui volontairement peuvent cacher des informations lors des contrats, ce qu'il appelle « sélection adverse » ou le non-respect des contrats qualifié de « aléa moral ». O.E. Williamson explique que dans une relation, l'un des partenaires peut tirer profit de la dépendance de l'autre à son égard. Il utilise le terme de « hold-up » pour qualifier ce type de comportement entre partenaires. C'est pourquoi le souci de O.E. Williamson a toujours été de trouver la meilleure gouvernance pour limiter les effets du « hold-up ».

O.E. Williamson a analysé les effets du « hold-up » et a dégagé trois éléments qui favorisent ce type de comportement : l'incertitude, le degré de spécificité des actifs et la fréquence des transactions.

- L'incertitude pèse sur des actifs qui sont difficilement redéployables et dont le redéploiement va engendrer des coûts supplémentaires. Il ne s'agit pas seulement des actifs physiques, mais des actifs incorporels où le capital humain demandera à être formé.
- Le degré de spécificité dont la valeur interne est plus élevée que la valeur externe met l'un des partenaires dans une situation de vulnérabilité d'autant plus que ces investissements spécifiques sont difficilement réalisables ailleurs.
- La fréquence des transactions dont le « hold-up » génère deux résultats possibles. Dans un premier cas la fréquence est forte donc les risques d'opportunisme sont limités, car il sera facile de dénoncer le contrat si l'actif n'est pas spécifique ou si les coûts de redéploiement sont moins élevés que ceux du « hold-up ». L'opportunisme est fort si la fréquence est faible parce que les actifs sont fortement spécifiques.

O.E. Williamson, (1970) a ouvert une autre voie de recherche relative à l'organisation hybride où il introduit le terme de « quasi-rente » et de « moniteur » dans le cadre de son explication sur les « coûts d'intégration dans une logique unificatrice ». L'auteur explique que la création d'un mode spécifique de coordination peut entraîner la création d'une quasi-rente. Cette quasi-rente est la valeur supplémentaire apportée par cette coordination par rapport aux apports des facteurs individuels. Or O.E. Williamson explique en même temps que cette quasi-rente n'est pas « individualisable », là encore il y aura une velléité opportuniste de la part des partenaires parce que chacun veut accaparer cette quasi-rente. Dans ce cas, explique O.E. Williamson, deux comportements vont être observés :

- s'accaparer la quasi-rente au détriment des autres,
- renoncer à la quasi-rente et relâcher les efforts dans le cadre du partenariat, ce qui provoquera de l'inefficacité.

O.E. Williamson explique que la solution peut passer par un « moniteur » : les partenaires peuvent déléguer la surveillance et la répartition de la quasi-rente. Mais comme le « moniteur » est partie prenante, O.E. Williamson explique qu'il serait tenté à son tour d'accaparer une partie de la quasi-rente. Une autre solution est proposée par A.A. Alchian et H. Demsetz (1972) à la suite de O.E. Williamson. Ces auteurs proposent de désigner comme « moniteur » l'apporteur d'actifs les plus spécifiques (donc les plus vulnérables) ou les plus susceptibles d'être expropriés par les autres lorsqu'il y a plusieurs actionnaires.

Ainsi, les coûts existent dans toutes les transactions (R. Coase, 1937 ; O.E. Williamson, 1970, 1975 ; J.M. Keynes, 1936 ; F.H. Knight, 1921). Pour s'entourer de garanties dans le cas des actifs spécifiques, les partenaires vont avoir recours à des accords plus contraignants et plus personnalisés qu'on appelle « contrats » mieux écrits afin que les engagements soient tenus. Pour baisser les coûts des litiges, les partenaires vont prévoir des recours à l'arbitrage, moins coûteux qu'un contentieux devant les tribunaux. O.E. Williamson appelle ce type d'accord un contrat incomplet dans lequel une tierce personne peut intervenir : arbitrage ou tribunal qui ouvrira la voie à une théorie du contrat. Ainsi, O.E. Williamson explique qu'il est long et fastidieux de rédiger un contrat complet, c'est pourquoi le contrat incomplet est plus judicieux, ce qui implique qu'une partie aura plus de pouvoir qu'une autre (S.J. Grossman & O.D. Hart, 1986).

O.E. Williamson va proposer des formes d'organisation intermédiaires entre le marché et l'entreprise qu'il appelle « alliances stratégiques » et qui sont des formes hybrides ou organisations hybrides. C'est une structure qui a ses propres contraintes qui ne sont pas celles du marché ou de l'organisation. Son caractère est plus souple. À l'origine, elle portait plutôt sur des relations clients et fournisseurs ou encore des franchises, mais va être étendue à plusieurs types de coopération. Lorsqu'elle s'établit entre des entreprises concurrentes, elle ressemble à des collusions qui réduisent la concurrence et posent des problèmes d'appréciation aux autorités de régulation. Les organisations hybrides peuvent se faire sans que les autorités n'interviennent. Dans ce cas, elles l'encouragent comme lorsque ces alliances permettent le développement. C'est le cas du *Partenariat Décentralisé*.

Les partenariats qui concernent les investissements dans les pays d'Afrique sont plus complexes que la décision habituellement proposée par l'entreprise, par rapport au marché, à cause de la particularité des relations. Cependant, il y a une autre dimension importante à considérer : c'est l'accès à des ressources spécifiques et limitées dans le temps dont la décision d'exploitation reflète des coûts de transaction plus ou moins élevés. Il s'agit avant tout de la rente ricardienne tirée de l'exploitation des matières premières issues des investissements des Firmes Multinationales en Afrique, essentiellement consacrés à l'extraction de matières premières minières et agricoles. Se posera donc le problème du partage de la rente entre les parties prenantes.

Ces Investissements Directs Étrangers occasionnent également le versement aux Firmes Multinationales par les Collectivités Territoriales de rentes territoriales spécifiques composées :

- de rentes foncières liées aux bâtiments et autres artificialisations dues aux Investissements Directs Étrangers,
- de rentes énergétiques de localisation : ensoleillement, potentiel éolien,
- d'eau,
- de milieux naturels et d'écosystèmes,
- de rentes de localisation géographique (pour les transports, etc.).

Les organisations hybrides peuvent donc s'expliquer comme une stratégie de stabilité permettant d'exploiter des ressources spéciales :

- un type de relations avec la population locale dans une perspective de défaillance des activités qui rend les contrats formels peu fiables,
- un accès à des ressources partagées localement sans une généralisation,

- des ressources où une attention particulière doit être portée aux réalités sociales de terrain, en particulier le degré d'acceptation des Investissements Directs Étrangers par les populations des territoires des Collectivités. Les organisations hybrides peuvent minimiser les coûts de transaction, tout en conservant la rentabilité et la protection des investissements.

Selon la théorie de O.E. Williamson (1985 ; 2002), les organisations hybrides se développent à cause des avantages que les partenaires trouvent en liant certains de leurs investissements. Ce faisant, ils acceptent la dépendance mutuelle. Cependant, cette dépendance est souvent porteuse d'asymétries importantes dont la gestion est l'un des enjeux principaux du partenariat. Ils conviennent d'un commun accord des mécanismes permettant de sécuriser les investissements spécifiques et de déterminer le mode de partage des rentes attendues, y compris la quasi-rente.

Les mécanismes choisis pour contrôler ces accords impliquent des difficultés spécifiques dues à des partenaires qui restent juridiquement autonomes et à des décideurs indépendants (C. Ménard, 1996). La dépendance mutuelle est acceptée, car elle génère des gains. Les organisations hybrides vont donc se tourner vers des mécanismes capables de protéger les rentes en préservant la stabilité des accords. Pour cela, les partenaires vont décider du mode de gouvernance pouvant les mettre partiellement à l'abri des forces du marché (V.P. Goldberg, 1980 ; S. Gaucher, 2002). Ils vont aussi concevoir des dispositifs adéquats pour résoudre les litiges, en particulier ceux liés aux problèmes d'appropriation des rentes qui est essentiel à la stabilité des organisations hybrides (G.P. Pisano & al., 1988 ; J.E. Oxley, 1997 ; R. Gulati & H. Singh, 1998). En fait, les organisations hybrides existent parce que les partenaires doivent développer leur propre mode de coordination, qui nécessite des investissements interdépendants matériels et de forme.

Les *alliances stratégiques territorialisées* sont donc ces organisations hybrides dont parlait O.E. Williamson, (1991) au sein desquelles la perspective de réaliser d'importantes retombées économiques est liée au maintien d'un vaste domaine de coopération et de coordination. Ce qui importe pour comprendre quelle forme hybride est choisie dans le *Partenariat Décentralisé* est l'intensité de cette interdépendance et de son asymétrie. C'est-à-dire le degré de centralisation et de formalisation du mode de gouvernance requis pour la coordination et le contrôle de deux entités qui sont juridiquement indépendantes. En fait, on retrouve dans le *Partenariat Décentralisé* tous les facteurs dont parlait O.E. Williamson dont les organisations hybrides permettent d'atténuer les effets.

Dans les cas des investissements des Firmes Multinationales en Afrique, les Firmes Multinationales ont opté pour une stratégie d'*Investissements Territorialisés* qui prennent la forme d'un *double contrat.*

- Un contrat avec l'État, formel, qui définit les modalités de partage de la rente ricardienne issue de l'extraction de la matière première (or, latex ou uranium).
- Un contrat avec la Collectivité Territoriale qui héberge l'investissement : c'est le *Partenariat Décentralisé*. Ce contrat est informel et incomplet. Il porte sur le partage entre la Firme Multinationale et la Collectivité Territoriale d'une partie de la rente acquise par la Firme Multinationale avec l'État, de la rente spécifique délivrée par la Collectivité Territoriale et de la quasi-rente issue du partenariat. Du fait de l'existence du *Partenariat Décentralisé*, le contrat formel de la Firme Multinationale avec l'État est incomplet.

Le Graphique ci-après représente l'*Investissement Territorialisé* de la Firme Multinationale et les deux contrats qui le composent. On voit que le contrat avec l'État porte sur le partage de la rente ricardienne : une partie va à l'État, l'autre retourne à la Firme Multinationale. On remarque qu'une partie de cette rente est captée par la Collectivité Territoriale dans le cadre du *Partenariat Décentralisé*. Le deuxième contrat de la Firmes Multinationales est le *Partenariat Décentralisé* réalisé avec la Collectivité Territoriale : il est informel et il arbitre le partage des rentes territoriales et des quasi-rentes, avant tout symboliques entre la Collectivité Territoriale (flèche noire) et la Firme Multinationale (flèche rouge), ainsi que la part de rente ricardienne que la Collectivité Territoriale arrive à soutirer. Le véritable enjeu du *Partenariat Décentralisé* est la gestion des asymétries entre la Firme Multinationale et la Collectivité Territoriale qui peuvent provoquer des situations de « hold-up » williamsonien, qui menaceraient l'équilibre d'un partenariat. On note que ce « hold-up » peut aussi concerner une partie de la rente ricardienne.

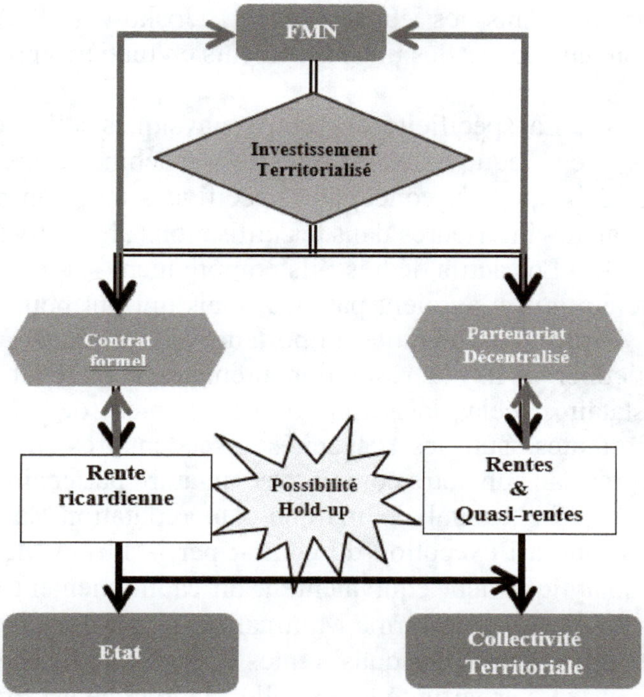

Dans le cas d'investissements des Firmes Multinationales en Afrique pour exploiter des matières premières, l'*Investissement Territorialisé* a recours à un *Partenariat Décentralisé* avec les Collectivités Territoriales, à travers qui il va gérer le partage de la rente ricardienne des matières premières, la rente territoriale spécifique versée par les Collectivités Territoriales et la quasi-rente issue de l'organisation hybride. Les particularités de l'*Investissement Territorialisé* étudié sont détaillées ci-après.

L'Investissement Territorialisé a un degré de spécificité des actifs élevés

Le degré de spécificité des matières premières du sous-sol et du sol amène les Firmes Multinationales à opérer seules. Ces spécificités qu'on retrouve dans les études de P.L. Joskow (1985) font leur réapparition dans le cas des investissements en matières premières :

- La spécificité des actifs physiques : l'investissement dans les équipements et les machines présente des caractéristiques de conception spécifiques aux transactions et à des valeurs inférieures dans les utilisations alternatives.
- Les actifs dédiés : ils comprennent les investissements généraux qui n'auraient pas lieu, mais qui ont pour perspective de vendre une quantité importante de produits à un client particulier. S'il y a résiliation prématurée du contrat avec un prestataire, cela laisserait à ce dernier des informations importantes sur les capacités excédentaires qu'il pourrait intégrer dans un autre contrat avec un autre partenaire.
- Le capital de marque : la réputation, la valeur très spécifique à l'exécution du contrat par la Firme Multinationale est analytiquement équivalente à un cautionnement confiscable mis en place par la Firme Multinationale qui devrait faire face à une appropriation des quasi-rentes liées aux actifs spécifiques.
- La spécificité temporelle : le marché est limité dans le temps, car les ressources disponibles ne le sont pas indéfiniment. Il y a aussi le phénomène de réhabilitation des sites qui sont des coûts irrécupérables.

De plus, les investissements d'exploitation de matières premières minières ou agricoles amènent un degré très élevé de spécificité des actifs, surtout les machines et les usines de traitements qui sont difficilement redéployables ailleurs. Plus le partenariat se développe, plus grandit cette spécificité par l'ajout de dimensions immatérielles de l'investissement. Toutes les initiatives prises pour sécuriser l'*Investissement Territorialisé* vont inéluctablement renforcer la spécificité des actifs.

L'Investissement Territorialisé a un degré d'incertitude très élevé

Une autre particularité est l'incertitude très élevée des *Investissements Territorialisés* en Afrique. Dans une économie de marché, il existe toujours des éléments d'incertitude selon lesquels les « informations connues » et « l'ensemble des informations non connues » peuvent changer considérablement ou autrement dit, contenir des informations, des connaissances ou des expériences substantielles qui pourraient à l'avenir modifier de manière significative le « jeu des informations connues ». Ainsi, « l'ensemble des informations inconnues » représente conceptuellement l'incertitude puisqu'il n'existe pas de connaissance ultime ; l'ensemble des prévisions ne peut jamais être complètement correct ou répondre au contrat.

Mais en Afrique, comme vus précédemment, les Investissements Directs Étrangers ont souvent été réalisés dans une optique prédatrice par les Firmes Multinationales, détruisant les sites et négligeant les besoins de développement des populations concernées et les effets collatéraux négatifs matériels et culturels de la présence des Firmes Multinationales. La présence des Firmes Multinationales et leurs pratiques ont été décriées de manière croissante par les populations et les Organisations Non Gouvernementales africaines, allant jusqu'à toucher l'opinion publique mondiale comme en a témoigné le film « Blood diamond » paru en 2006 et évoquant la guerre civile en Sierre-Leone. La sensibilité croissante des populations africaines, voire mondiales, à l'action des Firmes Multinationales en Afrique fait planer une insécurité très forte sur leurs investissements. Des changements d'ordre symbolique, comme une image négative lancée par une simple Collectivité Territoriale ou une Organisation Non Gouvernementale, peuvent menacer les Investissements Directs Étrangers qui se montent en centaines de millions de dollars américains, voire plus, en investissements matériels et en droits d'exploitation. Il va de soi que la forte spécificité des actifs renforce le risque associé aux investissements des Firmes Multinationales et va appeler des formes coopératives de gestion des Investissements Directs Étrangers. C'est pourquoi l'*Investissement Territorialisé* est la forme choisie qui va s'appuyer sur l'instrument que représente le *Partenariat Décentralisé*.

Le Partenariat décentralisé et la genèse des quasi-rentes

La rente ricardienne, rappelons-le, est un paiement pour les ressources naturelles comme la terre, les roches d'uranium, l'or brut. Une première interprétation de la quasi-rente est le revenu supplémentaire dû à l'organisation, aux machines et au process. Les grandes menaces de rupture contractuelle sont l'existence même des quasi-rentes (B. Klein & al., 1978). Les auteurs font l'hypothèse que la spécificité implique des quasi-rentes. Ils avancent que lorsque le montant des quasi-rentes augmente, les coûts de transaction augmenteront plus vite que les coûts des arrangements internes. Ces quasi-rentes conduisent donc à s'éloigner du marché et à chercher des formes coopératives durables entre les Firmes Multinationales et les Collectivités Territoriales.

La spécificité des actifs suscite non seulement des réponses incitatives complexes en amont, mais encore plus important, elle donne lieu à des réponses complexes de structure de gouvernance en aval. La répartition de ces rentes conduit à des négociations et à des situations d'incomplétude du contrat. L'approche de O.E. Williamson (1985) révèle que les connaissances humaines sont trop limitées (rationalité limitée) pour pouvoir élaborer des contrats complets entre les parties. L'ensemble du processus entraîne également des coûts de transaction. P.W. Schmitz (2001) souligne que la « théorie du contrat incomplet » peut aider à comprendre les limites de l'entreprise telle qu'énoncée par O.E. Williamson (1985). R. Coase pensait que l'acheteur et le vendeur négociaient et procédaient à des échanges si l'acheteur était disposé à couvrir les coûts de production du bien ou du service faisant l'objet d'échanges.

Dans l'approche des *Investissements Territorialisés* portant sur les matières premières, l'acheteur correspond aux Firmes Multinationales et le vendeur correspond à l'État. En raison de l'incertitude, les Firmes Multinationales ne disposent pas d'informations suffisantes sur la quantité et la qualité des ressources exploitées, ce qui aboutit à un contrat incomplet. R. Coase a supposé que si l'échange n'avait pas lieu, les gains seraient les mêmes pour tous. Cependant si les Firmes Multinationales savent que l'État n'a pas d'autres utilisations des ressources traitées, il en tirera parti et se comportera de manière opportuniste. De même, l'État sait que si les Firmes Multinationales se désistent, tout l'investissement sera perdu, ce que l'on appelle les « coûts irrécupérables ». Dans ce cas, le gain pour l'État lorsque la transaction n'a pas lieu est en réalité inférieur à zéro. Mais le contrat entre les Firmes Multinationales et l'État induit une troisième partie qui est la Collectivité Territoriale qui est partie prenante au contrat de façon implicite.

Le *Partenariat Décentralisé* est la structure de coopération de la gestion des incertitudes dans un contexte d'actifs très spécifiques. Fondamentalement, cette gestion porte sur l'extraction et le partage de la rente ricardienne, objet du contrat entre la Firme Multinationale et l'État. Elle est destinée à sécuriser l'*Investissement Territorialisé* de la Firme Multinationale en lui assurant un soutien territorial, quitte à engager une part de la rente ricardienne dans cette coopération. La théorie williamsonienne des organisations hybrides permet d'analyser en ces termes le *Partenariat Décentralisé*. Son contenu comme contrat implicite et incomplet est un échange de services et de rentes entre la Collectivité Territoriale et la Firme Multinationale. Comme il a été indiqué plus haut, « Selon la théorie de Williamson, les organisations hybrides se développent à cause des avantages que les partenaires trouvent en liant certains de leurs investissements. Ce faisant, ils acceptent la dépendance mutuelle. Ils conviennent d'un commun accord des mécanismes permettant de sécuriser des investissements spécifiques et de déterminer le mode de partage des rentes attendues ».

D'un côté, la Firme Multinationale va injecter dans le partenariat une part variable de la rente ricardienne à titre d'incitation. De l'autre, la Collectivité va permettre à la Firme Multinationale de bénéficier des rentes territoriales spécifiques. Mais comme l'indique Williamson, le *Partenariat Décentralisé* crée des *quasi-rentes* par sa spécificité. Il peut s'agir de :

– la spécificité des ressources humaines et de leurs relations résultant d'un apprentissage par la pratique qui augmentera la qualité de la production, dégageant des quasi-rentes ;

– la spécificité du site et la sécurité de l'exploitation conduisent à plus de performances qui satisferont le marché lorsque les concurrents ne sont pas dans la même situation conduisant à des quasi-rentes.

Dans le cas de l'*Investissement Territorialisé*, les quasi-rentes seront tous les biens non directement monétaires dont vont bénéficier la Firme Multinationale et la Collectivité Territoriale du fait du partenariat. Pour la Firme Multinationale, il s'agit avant tout de ce qui permet de réduire l'incertitude, c'est-à-dire de ce qui va faciliter sa relation avec les Chefs de la Collectivité Territoriale, avec les entreprises locales et avec la population, en termes de fluidité comme en termes monétaires. Pour la Collectivité Territoriale, il s'agit des bénéfices spécifiques que retireront les Chefferies, les entreprises locales et notamment les relations qu'elles vont tisser entre elles, et les populations et leurs Communautés et notamment les accès à de nouvelles infrastructures et à des biens publics. Mais puisque la raison d'être principale du *Partenariat Décentralisé* est la maitrise des risques associés aux Investissements Directs Étrangers, on peut synthétiser en indiquant que les principales quasi-rentes issues du partenariat sont dans la sphère symbolique. Il s'agit :

- d'une image favorable de la Firme Multinationale auprès de la Collectivité Territoriale, des populations locales et africaines et de l'opinion publique mondiale ;
- d'une image favorable des Chefs de la Collectivité Territoriale auprès des Communautés et de la population, auprès des entreprises locales, de l'État et des investisseurs potentiels.

La gestion des Partenariats Décentralisés et des risques de « hold-up »

Comment dans les Partenariats se règle le partage des rentes et des quasi-rentes ? C'est un problème, car les Collectivités Territoriales peuvent se retrouver dans une situation de légitimité à réclamer ces quasi-rentes du fait de l'incomplétude du contrat passé entre les Firmes Multinationales et les États. La difficulté vient surtout des asymétries qui existent entre les parties prenantes. En effet, c'est en situation de spécificité des actifs et d'incertitude élevées que se produit ce que Williamson appelle le « hold-up », c'est-à-dire la possibilité pour un partenaire de soutirer le maximum de quasi-rentes. Ce partenaire peut être capable de s'approprier une partie des investissements irrécupérables, faussant ainsi les incitations à l'investissement, soit vers trop peu d'investissements ou encore vers des investissements moins sujets à appropriation. Or les Firmes Multinationales ont besoin d'investir dans des actifs complémentaires nécessaires pour l'exploitation qui n'ont aucune valeur dans l'utilisation alternative des biens de produits. Le problème des « hold-up » peut fausser ces décisions d'investissement (O.E. Williamson, 1975 ; B. Klein & al., 1978 ; S.J. Grossman & O.D. Hart, 1986 ; O. Hart & J. Moore, 1990) et va surtout influencer la gestion de l'organisation hybride qu'est le partenariat, avec pour enjeu le partage de cette quasi-rente.

Dans le *Partenariat Décentralisé*, les investissements matériels, relationnels et symboliques (réputationnels) des unes et des autres parties sont interdépendants. Mais cette dépendance mutuelle prend la forme d'asymétries fondamentales. La première asymétrie est celle de la puissance : la puissance financière et technologique de la Firme Multinationale est immense, comparée à celle de la Collectivité Territoriale. Elle peut réaliser un « hold-up » sur le partenariat en ne cédant que des miettes de la rente ricardienne et en ne laissant à la Collectivité Territoriale que le minimum de quasi-rente pour renforcer son image, intérieure ou extérieure. En retour, la Collectivité Territoriale peut profiter de la grande vulnérabilité de l'image de la Firme Multinationale, compte tenu de ses actifs très spécifiques, pour s'approprier non seulement la plus grosse part de la quasi-rente, mais aussi d'une part importante de la rente ricardienne.

Une telle situation est dangereuse et explosive pour les deux parties. Tout l'objectif du *Partenariat Décentralisé* pour les Firmes Multinationales est d'écarter le risque du « hold-up » dans le partage de la quasi-rente en créant un sentiment de reconnaissance et de dépendance dans les investissements des Firmes Multinationales. Les Firmes Multinationales ont investi énormément dans le développement, mais certains de ces investissements sont inscrits dans la continuité des activités des Firmes Multinationales, par exemple les routes, les forages, les programmes d'éducation et les bourses d'études, la santé, etc. Les Firmes Multinationales non seulement donnent les moyens aux Collectivités Territoriales de se développer, mais elles créent par là même les conditions pour prévenir le « hold-up » en réduisant le risque pour leur réputation.

L'option du « moniteur » du partage de la rente pour celui qui a le plus à perdre est-elle praticable ? En fait, les Firmes Multinationales vont tenter de neutraliser la possibilité de « hold-up » des Collectivités

Territoriales en s'intégrant au territoire. En s'intégrant dans le territoire, les Firmes Multinationales anticipent ce problème en réduisant les risques et la gravité du « hold-up ». Les problèmes du « hold-up » dans les Collectivités Territoriales peuvent être corrélés avec les tentatives de maximiser les bénéfices attendus de la présence des Firmes Multinationales par la population pour qui la spécificité des opérations doit leur être profitable. D'un autre côté, cette intégration va augmenter la spécificité des actifs. Ce phénomène ne peut être contrecarré que si la stratégie d'intégration au territoire est accentuée et produit une réduction sensible et durable de l'incertitude.

Les règles informelles de Douglass Cecil North

Dans cette analyse, il est nécessaire d'éclaircir la notion d'institution, de règle et d'organisation. Pour D.C. North (1990a), les « institutions sont créées par des individus, évoluent et sont modifiées par les individus ». D.C. North distingue les institutions des organisations. Pour lui, les institutions sont les règles du jeu ; les organisations et les individus sont des acteurs du jeu.

À la fin des années 60 et au début des années 70, les premières idées de D.C. North portaient sur les coûts de transaction, les droits de propriété et les contrats qui ont par la suite été baptisés la Nouvelle Économie Institutionnelle (O.E. Williamson 1975). Les premières analyses de D.C. North prenaient leur racine dans le marxisme. Mais North a été influencé par la suite par la Seconde Guerre qui l'a amené à réfléchir profondément sur la violence et sur les sociétés. Il décide de rejoindre la marine marchande, selon lui, pour ne « tuer personne ». J. Schumpeter aussi a eu une forte influence sur la pensée de D.C. North. Dans ses ouvrages d'histoire économique de 1961 à 1966, D.C. North attribuait la croissance économique à trois facteurs : la technologie, le capital humain et l'organisation économique. De plus, D.C. North (1993 : 3) a conclu que les outils de l'économie néoclassique « n'étaient pas à la hauteur de la tâche d'explication du changement sociétal fondamental qui avait caractérisé les économies européennes à partir du moyen âge ». D.C. North s'est sensiblement écarté d'une approche strictement néoclassique dans son célèbre article de 1968 dans « Journal of Political Economy » qui renferme les travaux les plus cités de l'histoire économique selon le Comité Nobel.

La contribution principale de D.C. North dans cet ouvrage est l'évolution des règles. Il s'est d'abord posé la question de savoir pourquoi le marché politique ne fonctionne pas comme le marché économique. D.C. North a utilisé le concept des coûts de transaction pour résoudre les problèmes dans un État : pourquoi certains pays sont-ils riches et d'autres pauvres ? D.C. North (1990b) a étendu la notion des coûts de transaction pour expliquer l'État et certaines caractéristiques fondamentales. Le marché politique est plus enclin à l'inefficience que les marchés économiques. D.C. North fait valoir que les échanges sont plus élevés sur le marché économique que sur le politique. La concurrence joue un puissant rôle sur le marché économique et bien faible sur le marché politique où les représentants ne peuvent être tenus pour responsables que durant les élections. D.C. North utilise cette approche pour opposer les droits de propriété robustes des élites aux droits des citoyens qu'il estime vulnérables et qui ont peu accès à des recours juridiques ou politiques.

Dans le paradigme néoclassique, les contrats sont des accords entre des parties qui sont parfaitement appliqués et parfaitement achevés. D.C. North (1981) a insisté sur l'application et les règles nécessaires. C'est par la suite que l'application du contrat, en particulier le rôle de la coercition dans la protection des droits de propriété et les droits individuels sont devenus une théorie à part entière. D.C. North & al. (2009) ont souligné le compromis entre le coût élevé de la protection des biens privés par les moyens privés et la protection par les moyens de l'État qui pourraient réduire les coûts de la protection par les privés, mais pourraient empiéter sur les droits. North (D.C. North & R.P. Thomas, 1973 : I) affirmait déjà que « l'organisation efficace de l'économie est la clé de la croissance » et qu'une organisation économique impliquait « la mise en place d'arrangements institutionnels... ». D.C. North dans Institutions, Institutional Change, And Economics Performance (1990) est allé plus loin dans son abandon des hypothèses néoclassiques d'efficacité et de rationalité. Il balaie l'approche néoclassique sur la richesse et la pauvreté en disant que « les pays du tiers monde sont pauvres, car les contraintes institutionnelles définissent un ensemble de gains pour une activité politique ou économique qui n'encourage pas l'activité productive » (D.C. North 1990a : 110). Grâce à D.C. North, l'économie a découvert que les variables institutionnelles avaient statistiquement de fortes corrélations positives avec la croissance.

D.C. North (1990b) a longtemps soutenu que le changement de règles profondément ancrées était fondamentalement progressif. Le changement est progressif, car les croyances et les conventions de longue date sont généralement lentes à changer, bien que les règles officielles puissent changer rapidement en réponse à des politiques voulues. Le changement des règles informelles constitue également un défi pour sa théorie. Il décrit les règles formelles comme un ensemble de règles dans une hiérarchie normative similaire à celle des systèmes juridiques modernes. Les origines des règles informelles proviennent d'une réflexion des conditions culturelles qui prévalent. Les règles formelles selon D.C. North ont une structure hiérarchique telle que les normes juridiques qui vont de la Constitution aux lois, aux règlements et aux contrats. Selon l'auteur, l'ensemble des opportunités des acteurs économiques découle des structures des droits de propriété (D.C. North 1990a : 52).

Les règles informelles jouent un rôle important dans la théorie de D.C. North. Dans son ouvrage Institutions, Institutional Change, And Economics Performance (1990), D.C. North reconnaît l'importance des contraintes informelles, y compris les conventions, les coutumes et les codes de conduite. Mais il n'explique pas complètement l'origine des règles informelles. Pour D.C. North, les contraintes informelles proviennent de l'esprit et peuvent être recherchées dans les valeurs culturelles. Par conséquent, toute tentative visant à créer des changements économiques, sociaux ou politiques sera soit facilitée, soit bloquée par les facteurs culturels dominants. D.C. North explique que la raison pour laquelle tant de projets de réforme de l'économie échouent est que les réformateurs s'attachent à changer les règles officielles, mais ignorent les contraintes informelles. Ceux qui veulent amener le changement des règles doivent faire en sorte que les règles informelles de la société soient cohérentes avec les règles formelles qui doivent être imposées (D.C. North, 2006, pp. 54-55 ; 2005a, pp. 27-28 ; 1992, p. 27 ; 1994, p. 366). Ainsi, les choix faits par les individus sont façonnés par leur modèle intégré dans des systèmes de croyances largement partagés, qui sont à leur tour reproduits dans l'environnement social.

L'influence de la culture et des règles informelles est omniprésente. D.C. North, à travers l'analyse des histoires sociétales, explique que des sociétés n'ont pas réussi à évoluer parce qu'elles sont piégées par des règles qui ne sont pas incitatives à développer des échanges interpersonnels. En conséquence, elles sont incapables de bénéficier de la division du travail (D.C. North, 1994, pp. 363-364). D.C. North (2005a, p. 49 ; 2005b, pp. 24-26) reprenait que les systèmes de croyances sont la représentation interne de la réalité, tandis que les règles sont des structures que les individus imposent à la réalité ; ainsi donc, un changement de règles réussi nécessite un changement de conviction collective.

Parmi les règles informelles, D.C. North cite les superstitions, les religions, les mythes, les préjugés et les croyances fondamentales qu'il décrit comme un reflet de notre dépendance universelle à des explications non rationnelles de la réalité (D.C. North, 2005a, pp. 72, 83, 156). D.C. North explique que les règles formelles peuvent être changées d'un claquement de doigts alors que les règles informelles ne sont pas faciles à changer (D.C. North, 2005a, p. 50). C'est pourquoi les mêmes règles appliquées dans des sociétés différentes conduisent souvent à des résultats différents, alors que des règles différentes aboutissent souvent aux mêmes résultats (D.C. North, 1990a, p. 36). Pour D.C. North, il y a des cas où les règles informelles favorisent les résultats du marché, la croissance économique, même lorsque les règles formelles en vigueur ne sont peut-être pas favorables au marché et des cas où l'efficacité des règles formelles dépend des règles informelles favorables ; alors qu'il n'en va pas de même pour les règles informelles. Ainsi, l'individu est supprimé en tant que principale source des règles informelles (J. Knight & D.C. North, 1997, p. 218). Les règles informelles ne sont pas le produit d'acteurs isolés qui s'efforcent de maximiser leur utilité. Au contraire, les règles informelles émergent spontanément « d'un processus d'innovation et d'imitation qui a lieu dans un groupe social qui apprend ». (C. Mantzavinos & al. 2003 : 8).

Il est nécessaire d'analyser les relations entre les règles formelles et les règles informelles dans une approche northéenne. North dit que les règles sont créées et modifiées par les individus ; cependant, il n'adhère pas systématiquement à l'opinion selon laquelle les individus sont les seuls à l'origine des institutions. À partir des analyses de D.C. North, les règles informelles ne sont pas générées par l'action d'individus isolés, mais sont le produit de systèmes de croyances développées et validées par des valeurs culturelles et communautaires. Il est important de savoir comment les règles informelles et formelles devraient être correctement associées pour obtenir des résultats positifs. Sur ce point, D.C. North n'apporte pas une réponse bien construite. Il explique simplement que les règles formelles ne devraient pas ignorer les contraintes culturelles dominantes.

Mais D.C. North considère les entreprises comme une organisation. Or les organisations sont constituées de groupes d'individus liés par un but commun et sont soumises aux mêmes règles que les individus. Les organisations fournissent une structure pour l'interaction humaine. C'est l'individu, en tant que membre d'une organisation, qui prend les décisions qui conduisent à la création ou à la modification des règles (D.C. North, 2005a, p. 63). Au fur et à mesure que l'organisation évolue pour capter les rendements potentiels, elle va progressivement modifier les contraintes de l'intérieur (D.C. North, 1990b, p. 390). L'acceptation de l'informel fait partie de cette évolution. Ainsi D.C. North semble résoudre le problème des relations formelles et informelles qui existent entre les Firmes Multinationales et les Communautés traditionnelles, car il note que dans les sociétés pré-modernes caractérisées par des réseaux sociaux denses et un commerce localisé, la protection de la propriété et l'exécution des contrats n'étaient pas en cause, car ils ont été contrôlés par des contraintes des règles informelles (D.C. North, 1990a, p. 120).

Les règles informelles cohabitent avec les règles formelles. Les Chefs traditionnels sont les garants de ces règles informelles alors que les élus et les représentants de l'Administration centrale tentent de faire appliquer les règles formelles. Mais cette cohabitation est fonction du type de Collectivité Territoriale. Dans une *Collectivité Territoriale forte* comme Obuasi, les règles formelles ont plus de force parce que les Chefs traditionnels ont autant de pouvoir que les représentants de l'État. D'ailleurs, ils ont une reconnaissance constitutionnelle. Cela ne signifie pas qu'ils sont au-dessus de la loi, mais chaque règle à ses limites dans ce type de Collectivités Territoriales. Dans les *Collectivités Territoriales en construction*, les règles informelles existent, mais leurs applications sont multiformes et dépendent du groupe ethnique. Mais chaque groupe ethnique réagira toujours en fonction de l'autre, car ce qui est valable pour un groupe ne l'est pas pour l'autre. C'est pourquoi les règles formelles sont les bienvenues, puisqu'elles servent de convergence sociétale pour départager les ethnies en cas de conflits, d'autant plus qu'aucune autre règle ne peut convenir à toutes les ethnies. Dans les Collectivités Territoriales faibles, les règles informelles s'imposent malgré la présence des règles formelles. Mais l'enracinement des règles informelles n'est pas aussi fort pour régler tous les conflits. Les Firmes Multinationales se plient aux règles informelles quelle que soit la Collectivité Territoriale, elles ont un rôle positif dans les relations d'autant plus qu'elles sont aussi contraignantes que les règles formelles. Par exemple, lorsque les règles informelles défendent de toucher aux biens d'autrui ou d'attenter à la vie d'autrui à moins d'avoir des raisons qui peuvent être portées devant une cour traditionnelle (œil pour œil, dent pour dent). Les règles les plus importantes concernent la gestion du partenariat, car elles arbitrent largement le partage de la quasi-rente. On verra que le choix du mode de gestion du partenariat comme contrat incomplet suit une procédure informelle et que ce mode de gestion va largement privilégier lui-même des formes informelles de relation, de gestion des conflits, de choix des projets, etc. Ce double primat des règles informelles conduit, comme l'écrit D.C. North, à donner un rôle primordial à la culture locale.

La théorie de la croissance endogène de Paul Michael Romer et Robert Emerson Lucas

P.M. Romer (1990) et R.E. Lucas (1988) ont établi deux des principales contributions qui ont établi la théorie de la croissance endogène contrairement au modèle de Solow, R.M. (1956) dans lequel la croissance économique à long terme est provoquée de manière exogène. Le modèle de P.M. Romer (1990) repose sur l'accumulation technologique alors que le modèle de R.E. Lucas (1988) est basé sur la croissance du capital humain. Ces deux théories considèrent ces processus comme endogènes. Pour mieux comprendre la portée de cette théorie, il faut comprendre que la croissance est à l'origine de l'économie.

L'ouvrage The Wealth of Nations de Adam Smith (1776) est considéré par l'économie et les sciences de gestion comme le début de l'économie classique. Adam Smith (1776) faisait savoir dans cet ouvrage que la richesse des Nations n'était pas que basée sur l'or, mais sur le commerce, et sur le fait que deux parties acceptent librement d'échanger des objets de valeur. Pour lui, grâce au profit généré par les échanges, la richesse totale augmente. Cette théorie a été soutenue par d'autres chercheurs tels que David Ricardo (1772-1823), Thomas Malthus (1766-1834), John Stuart Mill (1806-1873), Jean-Baptiste Say (1767-1832), etc.

A. Smith a utilisé la métaphore de « la main invisible » qui déplace les marchés vers un équilibre naturel lorsque les acheteurs peuvent choisir entre différents fournisseurs ; les entreprises qui ne sont pas compétentes sur ce marché vont échouer. A. Smith (1776) a averti à plusieurs reprises des dangers du monopole et a souligné l'importance de la concurrence. Il a aussi lié la croissance de la richesse à l'amélioration des facteurs de production (terre, travail et capital) qui se reflètent dans la croissance de la productivité du travail et dans une augmentation de la taille du capital opérationnel. Il accordait une grande importance à la croissance démographique, à l'augmentation de la part des travailleurs dans la production matérielle, aux investissements, aux découvertes géographiques qui, selon lui, ont contribué à une croissance importante. A. Smith croyait que la croissance démographique était endogène et dépendait des moyens de subsistance disponibles. L'investissement était également reconnu dans sa théorie comme endogène et dépendait du travail acharné et de l'épargne des capitalistes. Pour lui, l'épargne c'est la somme des réserves utilisées non à des fins personnelles, mais à des fins d'industries. L'augmentation de la productivité selon Adam Smith a été principalement motivée par la division du travail et l'amélioration de la technologie. Il a estimé que l'économie peut croître rapidement grâce aux avancées technologiques, dont une partie est la division du travail.

D. Ricardo était un économiste politique britannique et l'un des plus influents de l'économie classique. Dans sa théorie des coûts comparatifs, D. Ricardo suggère qu'un pays devrait concentrer ses ressources uniquement dans les industries où il est le plus concurrentiel dans les échanges internationaux et commercer avec d'autre pays pour obtenir des produits qui ne sont pas fabriqués au niveau national. D. Ricardo a soutenu l'idée de l'existence d'un salaire naturel sur le marché et a assuré que l'introduction de nouvelles technologies entraîne une diminution de la demande en main d'œuvre.

J.S. Mill a intégré l'école classique en complétant la théorie de la dynamique économique qui prend en compte les tendances des économies à long terme. Pour lui, l'augmentation du capital entraîne une augmentation de la demande de travail, alors que sans une augmentation de la demande de travail (population stable), cela provoque une augmentation du salaire réel, ce qui stimule la croissance démographique à long terme. L'accumulation du capital est plus rapide que l'augmentation de la main-d'œuvre, ces deux processus peuvent en principe durer longtemps et donc provoquer une croissance.

Selon P.M. Romer (1994) le progrès technologique résulte « des choses que les gens font ». P.M. Romer a expliqué l'endogénéïté du progrès technologique en observant qu'aucun économiste ne peut soutenir l'idée selon laquelle le changement technologique est littéralement fonction du temps. Il explique que c'est plutôt les individus ou les entreprises qui ont un certain contrôle sur les informations produites par la plupart des découvertes. Donc, en prenant deux pays qui ont la même durée d'existence, la croissance technologique ne serait pas la même, sauf si les conditions sont similaires. Ainsi, alors que la théorie néoclassique de croissance ne considérait que deux facteurs de production, à savoir le capital et le travail, P.M. Romer ajoute celui de la technologie. Sa théorie de la croissance endogène se concentre sur le concept plus large de la technologie qui est exprimé à travers des idées, au lieu des objets ou des produits. Il disait : « Nous ne manquerons jamais de choses à découvrir ; un fait rassurant puisque le processus de découverte est le moteur de la croissance économique » (P.M. Romer, 1998 : 116).

Le modèle de P.M. Romer montre que la production de biens de consommation et de biens d'équipements pourrait générer des rendements constants et croissants sur le capital physique reproductible au niveau macro, mais pourrait aussi générer un rendement décroissant au niveau micro ou des affaires, d'autant plus que la connaissance va permettre à tous de dupliquer la technologie

(P.M. Romer, 1994b ; pp. 12-16). Déjà depuis 1990, P.M. Romer avait fait remarquer qu'en raison d'un brevet imparfait, le stock de connaissances est pratiquement libre comme un bien public. Le capital humain affiche une valeur croissante de productivité marginale (P.M. Romer, 1986, pp. 1018-1020 ; R.M. Solow, 1993, p.399). Ce processus fournit la possibilité pour la politique d'avoir des effets considérables et durables comme ceux qui semblent suggérés par les données observées chez R.M. Solow (1993 : 400). Le capital humain dans la théorie de P.M. Romer est donc le stock de connaissance d'une entreprise et fait référence à un ensemble de technologies endogènes et de progrès. Dans ce cas, il est possible que les taux de croissance augmentent indéfiniment au fil du temps avec l'augmentation de ces technologies et que les grandes économies se développement plus rapidement que les petites parce que ce sont elles qui accumulent ces technologies.

R.E. Lucas (1988) a construit son modèle sur l'accumulation intentionnelle de la connaissance. Les individus peuvent augmenter leur capital humain en consacrant du temps à l'apprentissage, ce qui réduirait le temps disponible pour le travail et les loisirs. Le capital humain (formation, éducation) est considéré comme un atout, et le retour sur investissement peut être comparé au rendement des actifs financiers non humains. Pour R.E. Lucas (1988), l'accumulation du capital humain possède un aspect social beaucoup moins présent dans la production du capital physique. En effet, le capital humain est développé et accumulé à travers les interactions des individus et des idées. Le modèle de Lucas suppose que l'investissement dans l'éducation mène à la production du capital humain qui est le déterminant crucial dans le processus brut. Il fait une distinction entre les effets internes du capital humain où le travailleur individuel en formation devient plus productif et ses effets externes qui ont des retombées et augmentent la productivité du capital et des autres travailleurs de l'économie. C'est un investissement dans le capital humain plutôt que le capital physique qui a des retombées qui augmentent le niveau de la technologie. Dans ce modèle, chaque entreprise est confrontée à des rendements d'échelle constants, alors que les rendements croissants concernent toute l'économie. En outre, l'apprentissage par la pratique ou la formation en emplois et les effets de contagion font intervenir le capital humain. Chaque entreprise bénéficie d'un niveau moyen de capital humain dans l'économie plutôt que de l'ensemble du capital humain. Ainsi, ce ne sont pas les connaissances ou l'expérience accumulée par d'autres entreprises, mais le niveau moyen de compétences et les connaissances dans l'économie qui sont essentielles à la croissance économique.

Pour Lucas, les effets d'entraînement qui accroissent le niveau de la technologie proviennent d'investissements dans le capital humain plutôt que dans le capital physique. Le modèle se concentre sur les compétences générales et en particulier celles qui ne peuvent être séparées des travailleurs qui les ont acquises. La connaissance grandit avec le temps consacré à l'éducation et à l'efficacité avec laquelle ce temps se traduit en capital humain. Cette efficacité est associée à différents facteurs selon que l'éducation est comprise comme une scolarisation ou comme un apprentissage mutuel. En ce qui concerne la scolarisation, l'efficacité augmente avec la qualité de la scolarisation qui, à son tour, s'améliore avec la connaissance générale accrue. Ici, le mécanisme de relance de la croissance à long terme est d'apprendre dans une école de formation plutôt que d'apprendre par la pratique. Les différences de croissance à long terme sont le résultat de différents taux d'accumulation de capital humain, résultant de différences dans les décisions de répartition temporelle des pays. En ce qui concerne l'apprentissage sur le tas, l'efficacité est associée au type de processus dans lequel les travailleurs sont engagés : « on pourrait penser que certaines activités entraînent avec elles un taux élevé de compétences par acquisition et d'autres, routinières ou traditionnelles, sont associées à un faible taux. Le mélange de produits qu'une société développe affectera son taux global d'accumulation de capital humain et de croissance » (R.E. Lucas, 1993, p. 258). L'avantage comparatif initial d'un pays détermine les biens qu'il produit, et par conséquent son taux d'accumulation et de croissance du capital humain.

Le modèle de Lucas suppose l'existence de cadres institutionnels pour la formation du capital humain. Il considère le capital humain comme un facteur de production. La croissance endogène dans la théorie de P.M. Romer (1990) est provoquée par l'accumulation de technologies. Il établit une relation entre le niveau de capital humain et la croissance économique. Dans la théorie de Lucas, c'est plutôt la formation du capital humain elle-même qui, par rendements marginaux non décroissants, crée une croissance endogène.

Selon Lucas, pour parvenir à une croissance endogène, l'effort nécessaire pour produire une unité supplémentaire de capital humain devrait être le même, indépendamment du niveau de capital humain existant. Une explication possible peut être que les personnes avec des niveaux d'enseignement supérieur reçoivent plus facilement des connaissances ou des compétences supérieures.

Mais il existe une similitude entre le modèle de P.M. Romer et celui de R.E. Lucas, c'est que le modèle de P.M. Romer (1990) est bâti sur la croissance des technologies qui elle-même dépend du capital humain. Aussi, comme R.E. Lucas (1988) n'a pas précisé par quels canaux l'accumulation du capital humain provoque une croissance endogène, alors on pourrait bien facilement dire que le modèle de Lucas rejoint le modèle de P.M. Romer par une adaptation du capital humain aux technologies importées amenant les deux théories à une croissance endogène par la croissance technologique. Le modèle de R.E. Lucas (1988) ne serait qu'un stade antérieur du développement du modèle de P.M. Romer (1990) parce que le modèle de R.E. Lucas (1988) étant établi sur des rendements marginaux d'accumulation du capital humain, il est peu probable que la croissance endogène de Lucas puisse durer indéfiniment. Or P.M. Romer (1990) a fondé son modèle sur l'importation des technologies, il pourrait être possible que la croissance endogène passe de la croissance de Lucas à la croissance de P.M. Romer quand un pays reçoit de la technologie.

Comme avec les quatre dragons d'Asie, il est probable qu'il existe des cadres institutionnels pour la formation du capital humain permettant d'adopter les nouvelles technologies qui font que les taux de croissance diffèrent selon les pays. C'est le cas des quatre dragons d'Asie, du Japon, de l'Inde, du Pakistan, qui ont bénéficié de l'importation des nouvelles technologies et qui ont une population très élevée. Mais alors que le Pakistan et l'Inde ont pris du retard, les quatre dragons d'Asie et le Japon se sont développés.

Ainsi il en ressort dans un premier temps que la théorie de la croissance endogène peut expliquer la différence entre les variables de capital humain. La théorie de R.E. Lucas (1998) est que le capital humain est considéré comme un facteur de production. Dans ce modèle, il y a deux secteurs : dans le premier secteur, il y a le secteur productif, le capital humain et physique qui sont utilisés pour créer un revenu ; dans le deuxième secteur seul, le capital sert à produire du capital humain qui peut être employé dans le secteur productif (biens) ou le secteur de production du capital humain. Si dans ce deuxième secteur, les rendements sont décroissants, le système se rapprochera d'un niveau de production stable et d'une croissance nulle. Si les rendements sont constants ou croissants dans ce secteur, il y a une croissance endogène (R.E. Lucas, 1988).

VI

Quels enseignements tirés ?

Mon objectif était de montrer que, sous certaines conditions, les Firmes Multinationales contribuent au développement des Collectivités Territoriales d'accueil et par conséquent ont le soutien de la population. C'est le cas des trois *Partenariats Décentralisés* dans trois Collectivités Territoriales d'Afrique de l'Ouest : Obuasi au Ghana, Margibi au Libéria et Arlit au Niger, ayant chacune leur spécificité culturelle, leur langue et leur histoire. Les trois Firmes Multinationales AngloGold Ashanti, Firestone Rubber Company et AREVA, en partenariat avec ces trois Collectivités Territoriales représentent trois cultures d'entreprises différentes et trois secteurs d'activités différents. L'objet était d'expliquer les raisons de la réussite des relations entre les Firmes Multinationales et les trois Collectivités Territoriales d'Obuasi au Ghana, de Margibi au Liberia et d'Arlit au Niger.

Ainsi, je construis la définition du *Partenariat Décentralisé* et je décris les modes d'action. Mon hypothèse centrale était qu'une relation équilibrée peut s'établir sous la forme d'un *Partenariat Décentralisé* entre des Firmes Multinationales et des Collectivités Territoriales qui vont se partager une partie de la rente issue des Investissements Directs Etrangers. Cette relation de partenariat est possible, même si en apparence les forces sont inégales, dans le cadre d'une stratégie de l'*Investissement Territorialisé* des Firmes Multinationales. Cette hypothèse a donc construit ma problématique qui a conduit à trouver des réponses sur la présence des Firmes Multinationales et le développement en Afrique, sur la définition du terme partenariat, sur la définition et les spécificités du *Partenariat Décentralisé*, sur les théories autour desquelles il se structure, sur les ressources qu'il génère et leurs impacts dans les Collectivités Territoriales d'accueil et sur la dynamique de l'implication de l'ensemble de la population locale.

Les cinq Chapitres élaborés ont eu pour objets de vérifier l'hypothèse principale de cet ouvrage, c'est-à-dire si une approche différente du développement en Afrique peut réussir avec le *Partenariat Décentralisé* Firmes Multinationales – Collectivités

Territoriales. Cela m'a conduit à analyser les problématiques suivantes.

1/ Pourquoi malgré une forte croissance économique et l'Aide Publique au Développement, les Pays les Moins Avancés ne se développent-ils pas, en particulier au niveau du Développement Économique Local ?

Pour répondre à cette question, l'économie de l'Afrique Subsaharienne a été caractérisée en montrant sa faiblesse. Le continent est riche en matières premières et en même temps, la demande dans ce domaine est très forte à cause de l'arrivée des pays émergents sur le marché des produits finis. J'ai abordé la question de la fragilité de la fiscalité et des budgets des pays d'Afrique Subsaharienne. À ces facteurs j'ai ajouté le faible État de droit, la corruption, la faible légitimité des institutions, l'instabilité politique et les guerres. Par ailleurs, ce sont aussi des économies de rentes. Ainsi, le primat de la rente et la faiblesse de la valeur ajoutée vont conduire le sous-continent à une quasi-absence des industries, notamment d'industries de transformation des produits de base avant exportation. Ces économies sont essentiellement communautaires, reposant sur la Subsistance et l'informel. Il y a aussi une quasi-absence du système bancaire. L'économie en Afrique Subsaharienne est aussi faiblement intégrée, c'est-à-dire que la plupart des capitaux circulant dans chaque pays d'Afrique Subsaharienne proviennent des Investissements Directs Étrangers. Cela entraîne une situation de domination et d'extraversion parce que ces pays sont envahis par les capitaux étrangers, et se caractérisent par une forte exportation de certaines ressources et une concurrence des importations. J'explique également que l'Afrique Subsaharienne a une économie désarticulée et duale, avec de faibles infrastructures de transports et une agriculture de subsistance non orientée sur les marchés urbains.

Malgré cela, l'Afrique a connu une croissance soutenue ces dernières années sans que cela améliore les conditions de vie des habitants ou amène les changements qui pourraient transformer la majorité des Pays les Moins Avancés en Pays en développement. Cette approche de la croissance sans développement en Afrique Subsaharienne est simple. D'une part, en Afrique, ce sont les pays riches en matières premières qui ont une forte croissance qui peut être obtenue par un premier mécanisme qui est la fluctuation des prix des matières premières. D'autre part, la fluctuation des devises étrangères, notamment le dollar américain, monnaie de référence dans les échanges internationaux, permet d'augmenter le Produit Intérieur Brut ; enfin les profits issus de l'exploitation des matières premières ne restent pas en Afrique.

Par ailleurs, le sous-continent reçoit l'Aide Publique au Développement pour les secteurs essentiels tels que l'agriculture, les transports, l'énergie et l'éducation visant à permettre à la population de mieux vivre. Cette aide s'avère insuffisante et n'a jamais pu atteindre son objectif de développement : les Aides Publiques au Développement n'ont pas beaucoup d'effets sur la vie des populations. Le fait est que l'argent n'arrive pas aux populations. En réalité, malgré le fort besoin en développement, les sommes allouées aux pays d'Afrique Subsaharienne ne sont pas totalement dépensées. Dans ces pays, le reliquat en fin d'exercice est très élevé. Cela montre les limites des Aides Publiques au Développement, auxquelles s'ajoutent les lourdeurs administratives.

2/ Pourquoi y a-t-il peu d'Investissements Directs Étrangers en Afrique Subsaharienne et pourquoi ces Investissements Directs Étrangers sont-ils autant critiqués ?

Les causes de la faiblesse des Investissements Directs Étrangers en Afrique Subsaharienne ont été largement développées. Trois phénomènes conduisent à cet état de fait : d'abord l'absence d'infrastructures, le déficit de main-d'œuvre qualifiée et le cadre institutionnel. En Afrique, le déficit d'infrastructures est un problème même à l'intérieur des pays pour la circulation des biens produits sur place, pour les moyens de communication, pour l'énergie et pour l'eau. L'Afrique souffre encore de l'état de ses infrastructures de transports. Les besoins dans ce domaine sont énormes. Sa densité spatiale moyenne est très faible par rapport aux normes mondiales de voies de transports. Le manque de moyens des États d'Afrique Subsaharienne fait que les réseaux sont très abîmés. Le problème concerne aussi les infrastructures de télécommunications. Comparativement aux autres régions du monde en matière de télécommunications, l'Afrique reste encore dernière en matière de téléphones fixes et de téléphonie mobile. En matière d'énergie, l'Afrique Subsaharienne n'a pas assez investi dans la fourniture d'électricité donc se retrouve avec une insuffisance des capacités de production, un manque de fiabilité des services et un coût élevé de ces services.

Le deuxième phénomène est lié à l'éducation et la formation professionnelle qui ne produit pas suffisamment de main-d'œuvre qualifiée pour attirer les Investissements Directs Étrangers. La véritable faiblesse du système éducatif en Afrique se situe au niveau secondaire et supérieur où les États n'arrivent pas à former des spécialistes. Parmi ceux qui accèdent au cycle secondaire, la plupart privilégient encore très souvent l'enseignement général au détriment de la formation professionnelle, car la plupart des parents pensent que cette formation n'est pas valorisante et qu'elle est une voie réservée aux élèves en échec. Or, en Afrique, de nombreux jeunes issus des universités n'arrivent pas à trouver de travail à l'issue de longues études. La plupart des pays africains souffrent du manque d'écoles et d'équipements adaptés, en particulier dans les zones rurales où l'école se passe dans des salles en plein air, sans eau potable, sans électricité, ni toilettes. Les centres de formation professionnelle sont peu nombreux et tous dépassent leurs capacités d'accueil. Les équipements matériels sont insuffisants au regard du nombre d'élèves inscrits et sont obsolètes.

Le troisième phénomène est la faiblesse et le manque de légitimité institutionnelle qui font courir des risques à des capitaux étrangers. Ce qui est d'abord pointé du doigt est la faiblesse de l'état de droit. La corruption est aussi présente dans le continent. Cette corruption est à l'origine de la faible légitimité de l'État, des instabilités politiques et des guerres qui font fuir les Investissements Directs Étrangers. L'Afrique Subsaharienne est connue pour son instabilité politique. C'est une partie du monde où il y a eu le plus de coups d'État militaires qui sont des changements brutaux à la tête des États. Toutes ces arrivées au pouvoir par la force donnent une faible légitimité aux différents régimes qui sont obligés d'asseoir leur pouvoir par la force, de peur d'un autre coup d'État. La démocratie dans les années 90 avait suscité l'espoir d'un pouvoir légitime. Or, dans la plupart des pays, les élections sont entachées d'irrégularités. Le cadre législatif relatif à l'entrée des Investissements Directs Étrangers n'est pas très clair et fait peur aux investisseurs. Comme il n'y a pas assez de stabilité dans les politiques publiques, il y a la crainte que le changement de pouvoir, même démocratiquement entraîne un changement de législation, notamment en matière d'exploitation des ressources naturelles. Chaque personne qui vient au pouvoir tente de tirer le maximum de rentes en remettant en question les accords signés par son prédécesseur.

Par ailleurs, les Investissements Directs Étrangers sont critiqués parce qu'ils n'ont, pour la plupart, pas d'impact positif, ou du moins n'apportent rien à la population. D'abord, la plupart des Investissements Directs Étrangers ne sont pas productifs et sont plutôt dirigés sur les matières premières. Les Firmes Multinationales prennent les matières premières et laissent la population à leur sort. Ces Firmes Multinationales sont « off-shore » d'autant plus qu'elles ne se préoccupent pas du local, mais sont plutôt tournées vers leurs clients qui sont à l'extérieur. Les bénéfices et les recettes sont payés sur des comptes dans les pays d'origine. Seules les parts réservées au paiement de la rente aux États et au fonctionnement de la filiale locale sont réintroduites dans le pays. Quand les ressources sont épuisées, les Firmes Multinationales quittent le territoire et les villes et les villages se retrouvent dans une situation pire qu'avant leurs arrivées, d'autant plus qu'aucun investissement pérenne n'a été effectué au profit de la population. Parfois, les Firmes Multinationales laissent derrière elles une décharge importante de déchets industriels, et les localités peuvent devenir des plaques tournantes de la drogue, de la prostitution où les gangs se livrent à une guerre de territoires pour exploiter les restes des exploitations non réhabilitées.

De toute évidence, une grande majorité des ruraux pauvres en Afrique gagnent leur vie directement grâce aux riches ressources naturelles, les terres et les forêts, grâce à l'agriculture, la chasse et aux activités connexes. Mais ces ressources peuvent rapidement devenir leur cauchemar parce que leur exploitation par les Firmes Multinationales peut entraîner divers types de problèmes monétaires, comme non monétaires. C'est pourquoi on parle de la « malédiction des ressources naturelles » pour montrer que leur exploitation n'est pas toujours bonne pour la population. De plus, les rentes qui sont versées aux États sont souvent la cause des coups d'État en Afrique Subsaharienne. Le problème est que les Firmes Multinationales sont accusées d'une part de violation des droits de l'homme, de corruption, de pollution de l'environnement et de dégradations, mais aussi elles profitent de l'asymétrie de pouvoir dont elles jouissent. En raison des avantages qui leur sont accordés, les décisions politiques et économiques des pays hôtes sont de plus en plus faites pour fournir un environnement favorable aux besoins des Firmes Multinationales. Ces préoccupations concernent la négligence des questions liées au droit foncier des agriculteurs, notamment les effets sur la réduction de la pauvreté et le développement durable. De plus, afin de rattraper leurs retards de compétitivité, des incitations sont mises en place par de nombreux États sur le plan national, afin d'attirer d'importantes quantités d'Investissements Directs Étrangers, ce qui nécessite une mise à niveau de lois favorables aux investisseurs étrangers, mais pas forcément protectrices des intérêts des pays d'accueil et de la population locale.

3/ Dans ce cas comment les Investissements Directs Etrangers pourraient-ils participer au développement local ?

L'objectif était aussi de montrer que le niveau local était à la recherche d'un nouveau type de relations décentralisées avec les Firmes Multinationales. Les pays africains ont connu deux périodes économiques qui ont été proposées, la plupart du temps imposées, comme systèmes économiques pouvant sortir l'Afrique du sous-développement. Il s'agit de la période des nationalisations et de la privatisation. La nationalisation s'est avérée inefficace à assurer le développement dans le sens où la mainmise des États sur l'économie du pays a contribué à la recrudescence de la corruption, à des détournements de fonds, à la gabegie et a augmenté la dette publique.

Face à l'inefficacité des entreprises publiques et à l'endettement des pays d'Afrique Subsaharienne, la privatisation a été imposée par les bailleurs de fonds internationaux, Banque Mondiale et Fonds Monétaire International, pour souligner le rôle bénéfique des marchés libres, des économies ouvertes et de la privatisation des entreprises publiques inefficaces. Cela a conduit à la libéralisation des marchés, au démantèlement de la propriété publique, au rejet de la planification étatique et à la règlementation gouvernementale des activités économiques. Malheureusement, la privatisation n'a eu qu'un impact ponctuel minimal sur les budgets ; le fonds de roulement des entreprises et la rentabilité ont généralement augmenté immédiatement après la privatisation ; l'emploi a été affecté par la privatisation, bien qu'elle n'ait pas donné lieu à des licenciements massifs en terme absolu ; les Investissements Directs Étrangers et les marchés boursiers ont joué un rôle limité dans les opérations de privatisation en dépit de quelques opérations de séduction ; la règlementation et la concurrence ont souvent été négligées dans le processus de privatisation ; enfin, la privatisation a donné de nouvelles possibilités de favoritisme politique, conduisant à de nombreux scandales de corruption qui ont terni la crédibilité du processus de privatisation.

Ensuite, il y a eu la Décentralisation qui devait permettre de mettre en œuvre le concept de Développement Économique Local. Or, on sait que la plupart des Collectivités Territoriales, notamment celles qui sont reculées, ne tirent pas suffisamment profit de la croissance potentielle du pays et cela, en grande partie du fait de l'insuffisante capacité des responsables locaux.

L'enjeu du travail était de montrer que le niveau local peut capter les Investissements Directs Étrangers pour en faire un outil de développement économique en créant un Partenariat Public Privé d'un type particulier. Ce partenariat est différent d'un Partenariat Public Privé classique. Ce partenariat n'est ni une externalisation, ni une concession ; il n'a pas non plus de caractère formel et pas de contrôle juridique. Son impact a pu être jugé à travers une enquête de terrain qui a permis d'évaluer son intensité et d'analyser la nature des contacts qui lient la population aux Firmes Multinationales à travers ce *Partenariat Décentralisé*. La convergence des attentes entre les territoires et les Firmes Multinationales a pu être évaluée par la suite.

En fait, l'économie de marché en Afrique Subsaharienne n'existe pas vraiment. Mais il existe un marché typique à l'Afrique dominé par l'informel et la communautarisation des activités qui n'est pas performant pour le développement. De plus, les Africains rejettent la privatisation. Le salariat est très vivement souhaité. Il y a aussi des facteurs liés à la bureaucratie qui rendent l'organisation inefficace. Il y a deux raisons à cela : la taille des organisations et leur fonctionnement. Il y a peu de relations entre l'objectif ou la quantité de travail à effectuer et la quantité du personnel.

C'est pourquoi l'option partenariat est plus performante puisqu'elle permet à l'argent d'arriver directement aux populations qui en ont besoin. La bureaucratie est un facteur important qui détache le partenariat de l'organisation et qui le détache aussi du marché par les coûts de transaction, même si dans l'apparence les trois concepts ne sont pas éloignés. Aussi, la collaboration entre les Firmes Multinationales et les Institutions locales, formelles et informelles, augmente l'impact sur le développement dans le territoire d'accueil et ses environs. C'est pourquoi, il a été important dans ce travail d'analyser les mécanismes de mise en œuvre du *Partenariat Décentralisé*, les particularités de la coordination et les défis à relever. L'objectif de ce type de coordination est de favoriser une meilleure allocation des ressources. La structure de l'interaction, les modes de fonctionnement, le processus de prise de décision et la flexibilité qui caractérisent le *Partenariat Décentralisé* semblent un atout indéniable, dans la mesure où l'on sait qu'il est inclusif dans l'utilisation des ressources humaines.

Ainsi, pour que les Investissements Directs Étrangers participent réellement au développement local, les investisseurs doivent s'adapter au local : avec des accords souvent informels et définis en cours de route et avec une gestion des conflits informelle. C'est dans ces conditions que les Investissements Directs Étrangers peuvent apporter aux territoires les moyens de se développer et se sécuriser à travers le *Partenariat Décentralisé*.

4/ Les menaces sur les investissements, l'incertitude liée à la spécificité des actifs, le niveau élevé des coûts de transaction qui donnent malgré tout aux Collectivités Territoriales un important pouvoir de négociation peuvent-ils contraindre les Firmes Multinationales à choisir une forme de relation autre que le marché ou l'organisation ?

Les analyses développées considèrent que deux types de spécificités vont amener les Firmes Multinationales à choisir une forme d'organisation autre que le marché ou l'organisation. Il s'agit des spécificités liées aux actifs et des spécificités liées à la relation avec le territoire. D'une part, les actifs liés à l'extraction de matières premières manifestent une très forte spécificité. Au-delà des spécificités des actifs, toutes les initiatives prises pour sécuriser les

Investissements Territorialisés vont inéluctablement renforcer cette spécificité des actifs. La théorie des organisations de Williamson a paru appropriée pour encadrer cette démarche analytique. Williamson explique que dans une relation, l'un des partenaires peut tirer profit de la dépendance de l'autre. Il utilise le terme de « hold-up » pour qualifier ce type de comportement entre les partenaires. Williamson a analysé les effets du « hold-up » et a dégagé trois éléments qui favorisent ce type de comportement : l'incertitude, le degré de spécificité des actifs et la fréquence des transactions. Les organisations hybrides peuvent donc s'expliquer comme une stratégie de stabilité permettant d'exploiter des ressources spéciales, dans des situations où le type de relations avec la population locale dans une perspective de défaillance des activités rend les contrats formels peu fiables ; où il y a un accès à des ressources partagées localement sans une généralisation et où une attention particulière doit être portée aux réalités sociales de terrain. Dans les termes avancés, les organisations hybrides peuvent minimiser les coûts de transaction, tout en conservant la rentabilité et en protégeant les investissements.

L'autre spécificité est la stratégie de l'*Investissement Territorialisé* des Firmes Multinationales qui vont établir un *Partenariat Décentralisé* avec les Collectivités Territoriales. Il y a un degré de spécificité des actifs élevé qui conduit à s'éloigner de plus en plus du marché. Ce sont des spécificités liées à la relation avec le territoire, d'où les termes suivants : rente ricardienne, rentes territoriales, quasi-rentes, contrat formel, *Partenariat Décentralisé*, *Investissement Territorialisé* et « hold-up » williamsonien, tous réunis dans un Graphique intitulé Le *Partenariat Décentralisé* et le partage des rentes. Il s'agissait pour moi d'expliquer le mécanisme qui permettait aux Firmes Multinationales d'échapper au « hold-up ». Il faut prendre la rente ricardienne comme étant un paiement pour des ressources naturelles comme la terre, les roches d'uranium, l'or brut ou toute autre matière première. Les rentes territoriales sont transférées aux Firmes Multinationales par les Collectivités à l'occasion des Investissements Directs Étrangers : elles peuvent être des rentes foncières (bâtiments ou terrains), des rentes énergétiques de localisation (soleil, abondance de pluie, vent), des rentes d'eau, des rentes environnementales (milieux naturels, écosystèmes) ou des rentes de localisation géographique (transports, interconnexions entre plusieurs pays). Les quasi-rentes sont des ressources supplémentaires dues à l'existence du *Partenariat Décentralisé*. Mais plus spécifiquement, dans les *Investissements Territorialisés*, ce sont des biens symboliques non monétaires comme l'image et la réputation de la Firme Multinationale ou de la Collectivité. Rappelons que les *Investissements Territorialisés*, tels que je les ai définis, sont des contrats formels passés entre l'État et un investisseur et qui impliquent une Collectivité Territoriale de façon implicite. Les *Investissements Territorialisés* sont donc un double contrat bipartite : Firmes Multinationales - État / Firmes Multinationales - Collectivité Territoriale. Cela donne lieu au partage de la rente ricardienne Firmes Multinationales - État.

Comme les Firmes Multinationales ont besoin également de sécuriser leurs investissements avec les Collectivités Territoriales, le *Partenariat Décentralisé* sera un autre contrat bipartite Firmes Multinationales - Collectivité Territoriale. Il est informel et incomplet ; son essence est un échange d'infrastructures contre une réputation. Toute la stratégie des Firmes Multinationales passe par la construction d'un *Partenariat Décentralisé* qui assure un partage équitable des rentes et des quasi-rentes et la préservation des investissements, d'autant plus que la dépendance vis-à-vis des matières premières, raisons des investissements, est souvent porteuse d'asymétrie dont la gestion est l'un des enjeux principaux de ce partenariat. Dans un premier temps, les Firmes Multinationales vont tenter d'échapper au « hold-up » des rentes en versant une partie des rentes ricardiennes aux Collectivités Territoriales à travers des projets de développement en contrepartie du bénéfice des rentes territoriales. Le *Partenariat Décentralisé* se construisant autour de l'utilisation de la rente ricardienne va engendrer des interactions entre les Firmes Multinationales et les Collectivités Territoriales qui vont se rapprocher à travers une synergie commune. Cette organisation hybride, par ses succès, va produire un autre type de rentes, les quasi-rentes d'images positives, ce qui va générer aussi des tentatives de « hold-up » de la part des deux parties dont chacune voudrait que la réussite lui revienne. C'est l'existence même de la répartition de cette quasi-rente qui est un problème, d'autant plus que les Collectivités Territoriales peuvent se retrouver dans une situation de légitimité à réclamer ces quasi-rentes du fait de l'incomplétude du contrat passé entre les Firmes Multinationales et les États.

5/ Quelles sont alors les attentes des Collectivités Territoriales vis-à-vis des Firmes Multinationales ?

Les Collectivités Territoriales veulent la reconnaissance de leurs spécificités. C'est pourquoi il faut les étudier en se référant aux caractéristiques de la société africaine subsaharienne : l'individu et le groupe, les autorités traditionnelles et le droit de propriété. Il a fallu d'abord caractériser la Collectivité Territoriale : il y a la *Collectivité Territoriale forte*, la *Collectivité Territoriale faible* et la *Collectivité Territoriale en construction.* Dans la *Collectivité Territoriale forte*, on peut s'attendre à ce que des réseaux denses et des liens forts facilitent l'ordre, car ces caractéristiques peuvent favoriser le partage des normes. La *Collectivité Territoriale forte* a également la possibilité de former des groupes d'intérêts qui peuvent la défendre à l'étranger. Les leaders peuvent également être appréciés parce qu'ils fournissent un sentiment de continuité et de stabilité. La *Collectivité faible* est incapable de fédérer tous les ressortissants autour d'une seule institution, parce qu'influencée par la diversité ethnique, tribale et la diversité des croyances. Une *Collectivité Territoriale faible* est celle dont l'ensemble des Communautés ne peut s'insérer dans des stratégies uniques. Les capacités de négociations s'inscrivent dans une stratégie dispersée. La *Collectivité Territoriale faible* a un faible niveau d'éventail des capacités de négociations. La raison de leur faiblesse réside aussi dans le cas particulier de la structure de leur société. Le haut niveau de diversité des groupes sociaux qui composent cette société est la raison de l'incapacité à former un bloc social solide. La *Collectivité Territoriale en construction* est le résultat des conflits, parfois elle en est aussi la cause. Dans le second cas, elle est le fait de la recherche du contrôle du territoire par un seul groupe. Ce sont des conflits latents qui sont alimentés par des niveaux élevés de pauvreté et des tensions politiques. La situation est compromise par une faible gouvernance et l'incapacité de développer un partenariat optimal, car aucun groupe n'est assez fort, ni assez organisé pour ce type d'interactions. Créer un partenariat dépend du rétablissement de la gouvernance et de la construction de la confiance.

Il y a aussi l'élaboration d'une typologie des Communautés : les *Communautés fermées* et les *Communautés ouvertes*. La typologie des Communautés a été élaborée à partir d'observations qui aboutit à révéler une différence de comportements selon les zones géographiques. Les Sahéliens sont des *Communautés ouvertes* alors que les Forestiers sont des *Communautés fermées*, ce qui joue sur les négociations entre les Collectivités Territoriales et les Firmes Multinationales. L'outil d'une typologie des contextes des partenariats, d'une grille de lecture des sociétés et des territoires africains doit être relié au *Partenariat Décentralisé*. Les partenaires extérieurs doivent en tenir compte en tant qu'un élément d'éthique essentiel, d'où l'importance de la dimension culturelle dans les partenariats.

L'engagement dans le partenariat n'est pas guidé par la force extérieure du contrat, mais par le moteur intérieur du bénéfice mutuel. Les attentes respectives des deux partenaires sont complémentaires et parfaitement compatibles. L'analyse a aussi porté sur le mode de coordination concernant le partage de ressources et la gestion des conflits. La question des ressources matérielles et non matérielles qui font partie des attentes des Collectivités Territoriales et des Firmes Multinationales a été traitée. Dans cette analyse, les Collectivités Territoriales et les Firmes Multinationales ont les unes et les autres quelque chose à offrir. Cela justifie l'utilisation du terme de partage des ressources. Les Collectivités Territoriales attendent des investissements des Firmes Multinationales et des actions en faveur de l'économie locale comme la valorisation du savoir-faire et des ressources locales comme la dynamisation des entreprises locales. De leur côté, les Firmes Multinationales attendent la sécurisation et la pérennisation de leurs activités, mais aussi la capitalisation d'une réputation ; elles comptent également sur une certaine catégorie de main d'œuvre. Ce sont les termes du contrat implicite que représente le *Partenariat Décentralisé* comme une organisation hybride williamsonienne. On y retrouve les caractéristiques d'un *Investissement Territorialisé* où se négocie le partage de la quasi-rente. L'une des pierres angulaires du partenariat est la résolution des conflits parce qu'une mauvaise gestion des conflits pourrait remettre en question le partenariat. Les populations ont toujours souhaité un règlement traditionnel des conflits parce que le droit moderne est « off-shore ». Je dis que les Firmes Multinationales ont compris cela en donnant aux Chefs traditionnels la place qui est la leur. C'est pourquoi l'interprétation des résultats des comportements insiste sur la résolution à l'amiable des conflits dont 92% se font sans l'ingérence des tribunaux.

Toutefois, il y a les attentes des dirigeants locaux, les attentes des populations et les attentes des entreprises locales. La recherche a montré qu'il y a une convergence dans les attentes des dirigeants locaux qui sont portées à 42% en moyenne pour les investissements matériels et à plus de 13% pour les investissements immatériels. Les autres attentes oscillent autour de 10%. En moyenne, les dirigeants locaux sont d'accord que l'implication des Firmes Multinationales dans le développement doit être d'environ pour les 2/3 concernée par des investissements matériels. Il s'agit de la construction des écoles, des hôpitaux, des adductions d'eau et du réseau électrique. Ce sont d'ailleurs les vœux de la population que les dirigeants expriment. Parmi la population interrogée, 57% des personnes attendent du respect dans le cadre du partenariat. Mais cette attente est plus forte dans la *Collectivité forte* jusqu'à 85%, et nettement moins dans la *Collectivité en construction*, 51% et la *Collectivité faible*, 36%, qui ont des priorités plus matérielles. Par contre, la demande de valorisation du territoire est très faible dans la *Collectivité forte*, un peu moins faible dans la *Collectivité en construction* et beaucoup plus forte dans la *Collectivité faible*. Cela s'explique par la caractéristique des Communautés. Tandis que la *Collectivité faible* recherche une reconnaissance ou une attractivité ; les Collectivités *fortes* et *en construction* qui sont composées de *Communautés fermées* ne veulent pas être connues et attirer des étrangers. De l'autre côté, la préservation de l'exploitation reste la principale préoccupation à plus de 50% pour l'ensemble des cadres des Firmes Multinationales. La réputation ensuite représente le 1/5e des préoccupations des Firmes Multinationales, ce qui n'est pas négligeable. Pour les entreprises locales, c'est la résolution des conflits par voie de conciliation qui est aussi privilégiée par 100% des opérateurs économiques locaux. Les attentes respectives des deux partenaires sont complémentaires et parfaitement compatibles.

6/ Comment pourrait-on amener les Firmes Multinationales à répondre à ces attentes ?

L'objectif du *Partenariat Décentralisé* est justement d'amener les Firmes Multinationales et les Collectivités Territoriales à discuter d'égales à égales afin que chaque partie exprime ses attentes. Il ne s'agit pas de contractualiser un accord, mais de tisser la confiance entre les parties afin d'éviter les conflits. Les Firmes Multinationales cherchent avant tout la stabilité et la paix ; elles veulent réduire les risques sur leurs investissements. Les Collectivités Territoriales veulent être associées aux bénéfices tirés des ressources comme une forme d'*Exploitation Solidaire des Ressources* par laquelle les Firmes Multinationales vont concéder une partie de la rente ricardienne aux Communautés sous forme de projets de développement. Ces projets consistent à collaborer avec les Communautés afin de les accompagner dans ce processus, d'aider les populations locales en tant qu'acteurs dans leur propre organisation et de jouer un grand rôle dans la redistribution des ressources. L'État encourage cette relation parce que le *Partenariat Décentralisé* est un moyen de faire face à l'incomplétude de la Décentralisation, car les pays d'Afrique n'ont pas suffisamment de moyens pour accompagner les Collectivités Territoriales. C'est pourquoi l'État laisse faire et devient souvent un acteur actif en facilitant la construction des infrastructures, la santé ou l'éducation : l'État envoie des agents hospitaliers et des enseignants dans ces structures, en même temps qu'il construit souvent des réseaux d'interconnexion avec les infrastructures routières construites.

Les Collectivités Territoriales ne demandent pas l'impossible aux Firmes Multinationales, sinon ce serait l'enlisement. Les populations locales attendent que la présence des Firmes Multinationales apporte le savoir-faire grâce aux transferts de technologies qui affecteront leur croissance économique. Une autre attente des populations locales est la formation des ressources humaines ou de la main-d'œuvre. Les populations locales s'attendent aussi à ce que les Firmes Multinationales contribuent à leur intégration dans l'économie mondiale, générant un développement qui permettra à d'autres entreprises de s'installer sur place. Il y a aussi le recours aux entreprises locales avec la valorisation du savoir-faire local qui a justifié l'utilisation du terme capital cognitif brut des Collectivités Territoriales avec un savoir-faire traditionnel à capter par les Firmes Multinationales ; notamment dans des travaux spécifiques tels que le travail souterrain ou la connaissance des plants d'hévéa.

Les Collectivités Territoriales et les Firmes Multinationales sont parvenues à ce résultat à cause de l'intensité des contacts. Les négociations qui aboutissent aux succès des projets d'infrastructures et à la préservation des investissements sont intenses et impliquent à la fois les Chefs traditionnels et les élus locaux.

Plus généralement, j'ai cherché à montrer que grâce au *Partenariat Décentralisé*, les attentes des territoires vis-à-vis des Firmes Multinationales ont été largement satisfaites. En effet,

- Les projets financés par les Firmes Multinationales concernant la mobilité, l'éducation, la santé et l'économie locale reçoivent de 60% à 80% d'opinions favorables.
- La population est satisfaite des résultats concernant l'eau, l'électricité, les infrastructures, l'habitat, le développement rural, l'emploi et les Technologies de l'Information et de la Communication. Les secteurs insatisfaisants sont l'artisanat, l'accès au crédit, l'environnement et les conflits régionaux.
- Tous les avis consolidés considèrent à 85% comme positifs les *Partenariats Décentralisés* Firmes Multinationales – Collectivités Territoriales.

7/ Comment les Firmes Multinationales peuvent-elles éviter de devenir les otages de l'opinion publique ?

Il y a une image controversée des Firmes Multinationales et des Investissements Directs Étrangers en Afrique Subsaharienne. Pourtant, sur place, il y a la constatation que les populations perçoivent positivement les Firmes Multinationales. L'observation a ainsi été portée sur l'atmosphère dans laquelle évoluent les relations entre les Collectivités Territoriales et les Firmes Multinationales. L'un des objectifs était également d'expliquer le mode d'ancrage local des expatriés, qui a son importance pour les relations avec les habitants et qui donne une autre image des Firmes Multinationales. La majeure partie des expatriés restent plus de 3 ans sur place. C'est un atout dans le partenariat, car ils ont le temps de connaître la culture locale et les aspirations de la population. La durée de la présence des expatriés africains et autres continents permet l'accumulation de la connaissance des cultures locales et la constitution de réseaux-ressources qui vont contribuer au succès des partenariats.

Reste à comprendre comment se traitent les deux situations d'asymétrie décrites par O.E. Williamson : celle liée à la puissance de la Firme Multinationale et celle liée au pouvoir exorbitant de la

Collectivité Territoriale qui peut faire échouer les Investissements Directs Étrangers, ce qui lui donne, d'après l'auteur, la capacité de réaliser un « hold-up » dans le partage des rentes et des quasi-rentes. Le *Partenariat Décentralisé* va donc corriger ces asymétries. Je me suis appuyé sur les règles informelles de North pour cette analyse. North reconnaît l'importance des contraintes informelles, y compris les conventions, les coutumes et les codes de conduites. Mais il n'explique pas complètement l'origine des règles informelles. Pour North, les contraintes informelles proviennent de l'esprit et peuvent être recherchées dans les valeurs culturelles. Les règles informelles doivent donc être acceptées par les Firmes Multinationales, d'autant plus qu'elles ont autant de valeur que les règles formelles. Les deux règles ne sont donc pas incompatibles. C'est pourquoi on a vu tout au long de ce travail que le choix du mode de gestion du Partenariat comme contrat incomplet suit une procédure informelle, et que ce mode de gestion va largement privilégier lui-même des formes informelles de relations, de choix des projets, etc.

Afin de réduire l'asymétrie initiale et les risques de « hold-up », les Firmes Multinationales vont développer une stratégie d'*Investissements Territorialisés* en s'efforçant de réduire au maximum leur extériorité, en s'intégrant dans le territoire à travers la reconnaissance des Chefs traditionnels, la réponse à leurs demandes, en veillant à ce que leur impact économique et culturel soit acceptable par les entreprises et la population, en s'intégrant comme partie prenante dans le jeu d'acteurs du territoire, en dynamisant les entreprises locales et en participant aux choix et à la réalisation des infrastructures du Développement Économique Local au plus près des besoins des populations. À cette stratégie participe aussi le choix de la culture locale comme norme de comportement et comme norme de gestion du *Partenariat Décentralisé*. Ces options s'observent par exemple dans les choix des Chefs traditionnels comme interlocuteurs, une gestion informelle de l'organisation hybride ou encore un mode informel de gestion des conflits.

Pourquoi les Collectivités n'ont-elles pas réalisé ce « hold-up » qui était à portée de main, compte tenu du besoin d'image des Firmes Multinationales ? La réponse est que les Firmes Multinationales ont en quelque sorte contourné les Collectivités Territoriales en gagnant directement une appréciation positive des territoires, des entreprises, des populations et même des cadres des Collectivités. Ce faisant, elles réduisent considérablement l'incertitude sur leur image, et donc le pouvoir de « hold-up » des Collectivités. Les réticences minoritaires exprimées par les populations à l'égard des Firmes Multinationales sur quelques thèmes montrent bien que c'est là que s'est déroulé l'arbitrage le plus critique concernant le partage des rentes et des quasi-rentes. Dit dans le système de pensée de Williamson : en s'intégrant directement au plus profond des territoires, les Firmes Multinationales ont dévolu aux populations locales le rôle de « moniteurs » du partage des rentes.

8/ Comment le Partenariat Décentralisé peut-il faire sortir les Pays les Moins Avancés de la trappe à pauvreté ?

La problématique du développement des Pays les Moins Avancés est différente de celle des Pays en Développement. La réflexion sur ce sujet a été que les pays d'Afrique ont tous connu la croissance ces dernières années, mais que la plupart des États restent encore pauvres et souvent très pauvres. Cela m'a conduit à expliquer la différence entre la croissance et le développement et à ajouter que la croissance seule ne suffit pas à assurer le développement. À cela, un phénomène dans les Pays les Moins Avancés, surtout en Afrique, est le problème de la transformation de la rente en actifs. Il y a surtout la corruption qui conduit les élites politiques et administratives à rechercher des rentes pour leur propre compte. Ainsi, l'exploitation des matières premières qui sont les principales ressources des pays d'Afrique Subsaharienne n'est pas reversée dans l'économie locale. Non seulement les matières premières ne profitent pas à la population, mais elles peuvent être aussi source de conflits ou de déstabilisation de l'économie des Pays les Moins Avancés d'où le terme « malédiction des ressources naturelles » en ce qui concerne l'Afrique Subsaharienne.

Deux facteurs qui sont essentiels à la fois au développement et à la croissance peuvent être apportés par le *Partenariat Décentralisé*. Cette argumentation s'appuie sur la théorie de la croissance de Romer et R.E. Lucas. La croissance endogène dans la théorie de P.M. Romer (1990) est provoquée par l'accumulation de technologies. Elle établit une relation entre le niveau de capital humain et la croissance économique. Le modèle de R.E. Lucas suppose l'existence de cadres institutionnels pour la formation du capital humain. Il considère le capital humain comme un facteur de production. Là où le modèle de P.M. Romer est similaire à celui de R.E. Lucas, c'est que le modèle de P.M. Romer (1990) est basé sur la croissance des technologies qui elle-même dépend du capital humain. Le modèle de développement de Lucas-Romer repose sur le rôle des dépenses publiques dans la mise en place des infrastructures matérielles et sociales capables de favoriser l'accumulation de capital humain et de technologies. Mon analyse m'amène à dire que par le *Partenariat Décentralisé*, les Pays les Moins Avancés peuvent sortir de la trappe à pauvreté.

Le modèle asiatique de développement a reposé sur des États éclairés et soucieux de l'intérêt général. Ils ont équipé leurs pays en infrastructures matérielles : énergie, réseaux, transports, et en infrastructures sociales : éducation, santé. Cela à la fois pour répondre aux besoins fondamentaux de la population, mais aussi à ceux de l'économie, à savoir les entreprises domestiques et étrangères. Cela a été théorisé par le modèle de la croissance endogène selon lequel les nouvelles économistes classiques acceptaient le principe d'une politique non seulement monétaire, mais aussi budgétaire des États. La condition est que ces derniers ne se substituent pas à l'investissement privé, mais en créent les conditions. Il est frappant de voir que les exemples des partenariats Firmes Multinationales – Collectivités Territoriales portent justement sur ces biens publics (ou mixtes) qui sont du ressort de la croissance endogène. En ce sens, les *Partenariats Décentralisés* font office de substituts aux États qui sont défaillants pour remplir cette fonction. Le modèle de croissance porté par les *Partenariats Décentralisés* serait celui du développement composite, combinant les ressources domestiques et les ressources exogènes.

Ce qui frappe, c'est la convergence des situations entre les trois *Partenariats Décentralisés*, la proximité que les Firmes Multinationales sont arrivées à réaliser avec les gouvernements locaux, les entreprises locales, les populations et les Organisations Non Gouvernementales. C'est tout le contraire d'une vision bureaucratique ou top-down. Les Firmes Multinationales ont su descendre de leur piédestal et se mettre au niveau des Collectivités Territoriales, au plus près des besoins des habitants tels qu'elles ont pu les exprimer. Il n'y a pas eu besoin d'appareil administratif ; les structures de concertation mises en place dans le *partenariat Décentralisé* ont suffi pour que les moyens apportés par les Firmes Multinationales puissent pénétrer aux fins fonds des territoires. Cela tranche avec l'approche de l'aide internationale qui, à part les projets d'assistance technique des donneurs internationaux, reste concentrée dans la capitale puis disparaît dans des réseaux de clientélisme et la corruption. Le *Partenariat Décentralisé* a gagné en popularité. Il est inclusif, car il amène directement sur le terrain, non seulement des moyens financiers intacts, mais aussi un substitut aux capacités administratives défaillantes d'identification et de gestion des projets, avec des procédures au plus proche des populations locales et de leurs autorités reconnues. Ce que ni l'Aide Publique au Développement, ni les rémittences des émigrés destinées à la consommation des ménages, ni les Investissements Directs Étrangers traditionnels ne sont arrivés à réaliser.

BIBLIOGRAPHIE

Aaron K. K. 2006. « Human Rights Violation and Environmental Degradation in the Niger Delta ». In E. Porter and B. Offord (eds) Activating Human Rights, New York : Oxford, Barne.

Acemoglu Daron ; Simon Johnson ; James A. Robinson. 2001a. « The Colonial Origins of Comparative Development: An Empirical Investigation ». American Economic Review, XCI, 1369-1401.

Acemoglu Daron ; Simon Johnson ; James A. Robinson. 2001b. « Reversal of Fortune: Geography and Institutions in the Making of the World Income Distribution ». NBER Working Paper No. 8460,

Ackley G. 1968. « Macroeconomic Theory ». The Macmillan Co. New York.

Addison Tony. 2002. « Structural Adjustment ». In Handbook on Development Policy and Management, eds. Colin Kirkpatrick, Ron Clarke and Charles Polidano. Cheltenham: Edward Elgar. (PDF) Neo-Classical Theory of Development, Neo-Liberalism and Experience of Kenya. https://www.researchgate.net/publication/5105011_Neo-Classical_Theory_Of_Development_Neo-liberalism_And_Experience_Of_Kenya

Agostinho D. ; Fielding P. ; Sowman M. ; Bergh M. 2005. « Overview and analysis of socioeconomic and fisheries information to promote the management of artisanal fisheries in the BCLME region – Angola » (Final Report and Recommendations). BCLME Project No.LMR/AFSE/03/01/B.

Aghion P. ; Howitt P. 1992. « A Model of Growth through Creative Destruction ». Econometrica, 60, p. 323-351.

Alchian Armen A. ; Harold Demsetz. 1972. « Production, Information Costs and Economic Organization ». American Economic Review, 62 (5): 777-795.

Amnesty International, Business and Human Rights. 2011. « Nigeria: Time to End Contempt for Human Rights », www.amnestyusa.org/research/reports/nigeria-time-toend-contempt-for-human-rights.

Auty Richard M. 1993. « Sustaining Development in Mineral Economies : The Resource Curse Thesis ».

Auty Richard M. 2001. Resource Abundance and Economic Development. Oxford: Oxford University Press.

Banerjee Abhijit ; Lakshmi Iyer. 2005. « History, Institutions and Economic Performance : The Legacy of Colonial Land Tenure Systems in India ». American Economic Review, 95 (2005), 1190–1213.

Banfield J. ; V. Haufler ; D. Lilly. 2003. « Transnational Corporations in Conflict Prone Zones: Public Policy Response and a Framework for Action » (London: Business and Conflict Program, International Alert).

Barbier Edward B. 2005. « Natural Resources and Economic Development ». Cambridge : Cambridge University Press.

Beamish, P. W. ; Banks, J. C. 1987. « Equity Joint Ventures and the Theory of the Multinational Enterprise ». Journal of International Business Studies, 18(2), pp. 1-16.

Bhattacharyya S. ; Collier P. 2013. « Public Capital in Resource Rich Economies: Is There a Curse? ». Oxford Economic Papers, pp. 1–24.

Bisin Alberto ; Thierry Verdier. 2000. « 'Beyond the Melting Pot': Cultural Transmission, Marriage, and the Evolution of Ethnic and Religious Traits ». Quarterly Journal of Economics, 115(3): 955–88.

Bisin Alberto ; Thierry Verdier. 2001. « The Economics of Cultural Transmission and the Dynamics of Preferences ». Journal of Economic Theory, 97(2): 298–319.

Bisin Alberto ; Thierry Verdier. 2008. « Cultural Transmission ». In The New Palgrave Dictionary of Economics, ed. Steven N. Durlauf and Lawrence E. Blume. New York: Palgrave McMillan.

Blomstrom M. ; Kokko, A. 1996. « The Impact of Foreign Investment on Host Countries: A Review of the Empirical Evidence », Policy Research Working Paper 1745.

Blomström M. ; Kokko A. (1998). « Multinational Corporations and Spillovers ». Journal of Economic Surveys Vol 12 Issue 3 .

Bourdieu P. 2001. « The Forms of Capital. in The Sociology of Economic Life ». Granovetter, M., Swedberg, R., Eds.; Westview Press: Oxford, UK; pp. 96–111.

Bourque D. 2008. « Concertation et partenariat. Entre levier et piège du développement des Communautés ». Presses de l'Université du Québec, Collection Initiatives, 142 p.

Boyd Robert ; Peter J. Richerson. 2005. « The Origin and Evolution of Cultures ». New York: Oxford University Press.

Burton J. 1990. « Conflict Resolution and Prevention ». New York : St. Martins Press, 295 p.

Carley K. M. 1991. « A Theory of Group Stability ». Am. Sociol. Rev. 1991, 56, 331–354.

Christian Aid. 2003. « Fueling poverty: oil, war and corruption ». Christian Aid UK. 35 Lower Marsch, London SE1 7RL.

Coase R. H. 1937. « The nature of the firm », Economica, Volume 4, pp. 386-405.

Coase R. H. 1960. « The problem of social cost », Journal of Law and Economics, Vol. 3, pp.1–44.

Cohen J. 2008. « Rethinking Human Rights, Democracy, and Sovereignty in the Age of Globalization », Political Theory 36.4: 578-606.

Colin Kahl H. 2006. « Les États, la rareté et la guerre civile dans le développement du monde ». Princeton: Princeton University Press.

Collier P. 2000. « Ethnicity, Politics and Economic Performance ». Economics and Politics, 12 (3): 225–45.

Collier P. ; Hoeffler A. 2002. « Greed and grievance in civil war ». The Centre for the Study of African Economies Working Paper Series,160. Retrieved from
http://www.bepress.com.ezproxy.library.dal.ca/csae/paper160/

Collier P. ; Elliott V. ; Hegre H. ; Hoeffler A. ; Reynal-Querol, M. ; Sambanis N. Breaking. 2003. « the conflict trap ». Washington, DC: World Bank.

Collier P. ; B. Goderis. 2007. « Commodity Prices, Growth, and the Natural Resource Curse: Reconciling a Conundrum ». Working Paper 274 Oxford: Centre for the Study of African Economies, University of Oxford.

De Bruijn M. ; D. Foeken ; R. van Dijk. 2001. « Mobile Africa, Changing Patterns of Movement in Africa and Beyond ». eds Leiden: Brill

Dumont L. 1980. « Homo hierarchicus: The caste system and its implications ». Chicago: University of Chicago Press

Easterlin, Richard A. 1981. « Why Isn't the Whole World Developed? » Journal of Economic History. March, 41:1, pp. 1–19.

Ernest B. ; Adeola A. 2006. « Impact of China and India on Sub-Sahara Africa; Evaluating Asian Drivers Impacts on Sub-Saharan Africa Oil and Gas industries: A Methodological Framework ». Final Report Submitted to the AERC November 2006.

Escribano A. ; Guasch L.J.; Pena J. 2010. « Assessing the impact of infrastructure quality on firm productivity in Africa: Cross-country comparisons based on investment climate surveys from 1999 to 2005 ». Policy Research Working Papers, vol. 1, n° 5191, The World Bank, Washington D.C., 117 p.

Feyrer James D. ; Bruce Sacerdote. 2009. « Colonialism and Modern Income: Islands as Natural Experiments », Review of Economics and Statistics.

FMoE, NCF, WWF ; CEESP-IUCN. 2006. « Niger Delta Natural Resource Damage Assessment and Restoration Project Phase 1-Scoping Report ». Federal Ministry of Environment, Nigeria Conservation Foundation, WWF UK and CEESP-IUCN Commission on Environmental, Economic and Social Policy.

Gareth Austin. 2016. « The State and Business in Ghana: Pre-colonial, Colonial, Post-Colonial (1807 - 2000) », AEHN

Gaucher S. 2002. « Organisation de filière et politiques d'approvisionnement. Analyse appliquée au cas des filières agroalimentaires », Ph.D., Ecole des Mines de Paris

Gilpin Robert. 1987. « War and Change in World Politics; and Paul Kennedy, The Rise and Fall of the Great Powers ». New York: Random House

Goldberg V. P. 1980. « Relational Exchange: Economics and Complex Contracts », American Behavioral Scientist, 23, 337–352.

Graham E.M. ; Krugman, P.R. 1995. « Foreign Direct investment in the United States ». Washington: Institute for International Economics.

Green A. 1997. « Education, Globalization and the Nation State ». Macmillan, London. (Japanese translation by N. Ota, Tokyo Metropolitan University Press, 1999; Chinese translation by Zhu Xudong, Education Science Publishing, Beijing, 2003).

Grossman S. J. ; Hart O.D. 1986. « The Costs and Benefits of Ownership: A Theory of Vertical and Lateral Integration », Journal of Political Economy, Vol. 94, August, pp. 691-719.

Gulati R. ; H. Singh. 1998. « The Architecture of Cooperation: Managing Coordination Costs and Appropriation Concerns in Strategic Alliances », Administrative Science Quarterly, 43, 781–814.

Guyer J. 1991. « Representation without Taxation: An Essay on Democracy in Rural Nigeria », 1952– 1990. Working Papers in African Studies No. 152: 591–605.

Gylfason T. 2000. « Resources, Agriculture, and Economic Growth in Economies in Transition ». Kyklos, 53(4): 546–80.

Gylfason T. 2001a. « Natural Resources, Education and Economic Development ». European Economic Review, 45(4-6): 847–59.

Gylfason T. ; G. Zoega. 2002. « Natural Resources and Economic Growth: The Role of Investment ». Working Paper 142. Chile: Central Bank of Chile.

Hart Oliver ; John Moore. 1990. « Property Rights and the Nature of the Firm », Journal of Political Economy, 98, 1119–1158.

Hennart J.F. 1988. « A Transaction Costs Theory of Equity Joint Ventures ». Strategic Management Journal, 9(4), 361-374.

Helmke G. ; Levitsky S. 2003. « Informal institutions and comparative politics: a research agenda », Working Paper 307

Hill C. 2000. « International Business - Competing in the Global Marketplace ». University of Washington: Irwin McGraw-Hill.

Hubert D. 2001. « Human Security: Safety for people in A changing World », in R.A. Akindele and B.E. Ate (Edited) „Beyond Conflict Resolution: Managing Africa Security in the 21st Century', Lagos: NIIA.

Huillery Elise. 2008. « History Matters: The Long-Term Impact of Colonial Public Investments in French West Africa », American Economic Journal: Applied Economics.

Isaksson A. 2009a. « Telecommunications and Industrial Development. Research and Statistics Branch ». Programme Coordination and Field Operations Division UNIDO. Working Paper 14/2009.

Jobin W. 2003. « Health and equity impacts of a large oil project in Africa ». Bull World Health Organ, 81(6):420-426.

Joskow, Paul L., 1985 « Vertical Integration and Long Term Contracts: The Case of Coalburning Electric Generating Plants », Journal of Law, Economics and Organization, Spring, 1, 33-80.

Jurillo J. C. 1988. « Str. Manag ». J., 9, pp. 31-41

Kamminga Menno T. 2016. « Company Responses to Human Rights Reports: An Empirical Analysis », Business and Human Rights Journal, Cambridge University Press, vol. 1(01), pages 95-110, January.

Kant, C. 2002. « What is Capital Flight? » The World Economy. Vol. 25, pp. 341-358.

Keynes J.M. 1936. « The General Theory of Employment, Interest and Money », Macmillan

Kibble S. 2006. « Angola: can the politics of disorder become the politics of democratisation and development? » Review of African Political Economy 2006, 109:525-542.

Klein B. ; Robert C. Crawford ; Armen A. Alchian. 1978. « Vertical Integration, Appropriable Rents, and the Competitive Contracting Process ». Journal of Law and Economics. 21: 297-326.

Kneller G. F. 1971. « The impact of culture ». In Foundations of education. G. F. Kneller, ed. New York: Wiley and Sons, Inc

Knight J. ; North, D. C. 1997. « Explaining the complexity of institutional change ». In D. L. Weimer (Ed.), The political economy of property rights: institutional change and credibility in the reform of centrally planned economies (pp. 349-354). Cambridge: Cambridge University Press.

Knight F.H. 1921. « Risk, Uncertainty and Profit », Univ. of Chicago Press

Kouyaté Seydou B. 1972. « Sous l'orage suivi de la mort de Chaka », Edition présence africaine, p.253

Krumova Kremena. 2011. « Land grabs in Africa threaten greater poverty ». http://farmlandgrab.org/post/view/19301

Lee Jong-Wha ; Lee Hanol. 2016. « Human capital in the long run », Journal of Development Economics, Elsevier, vol. 122(C), pages 147-169.

Lucas, Robert E. 1993. « Making a miracle », 'Econometrica', Vol. 61, No. 2, pp. 251–272.

Lucas Robert E. 1988. « On the Mechanics of Economic Development », Journal of Monetary Economics, 22, 3–42.

Maass P. 2009. « Crude World: The Violent Twilight of Oil ». Allen Lane.

Mantzavinos C. ; North D.C. ; Shariq S. 2003. « Learning, institutions, and economic performance ». Max Planck Institute for Research on Collective Goods.

Mbaya E.R. 1990. « Le passé et l'avenir et l'avenir des droits africains », Rabat, RJPEM, n°24 (Spécial), p.13-27

Mark N. P. 2003. « Culture and Competition: Homophily and Distancing Explanations for Cultural Niches ». Am. Sociol. Rev. 68, 319–345.

McMillan John. 2005. « The Main Institution in the Country is Corruption: Creating Transparency in Angola", Working Paper no 36. Center on Democracy, Development, and the Rule of Law. Stanford, CA.

Mehlum H. ; Moene, K. ; R. Torvik. 2006. « Institutions and the Resource Curse ». In Economic Journal 116(508), pp 1–20.

Ménard C. 1996. « On Clusters, Hybrids and Other Strange Forms: The Case of the French Poultry Industry," Journal of Institutional and Theoretical Economics, 152, 154–183.

Migdal J. 1988. « Strong Societies and Weak States: State-Society Relations and State Capabilities in the Third World ». Princeton, New Jersey: Princeton University Press.

Mill John Stuart. 1965 (1848). « Principles of political economy: with some of their applications to social philosophy » : Books III-V and Appendices. In Collected works of John Stuart Mill, Vol. 3, ed. John M. Robson. Toronto: University of Toronto Press.

Neumayer E. 2004. « Does the Resource Curse Hold for Growth in Genuine Income as Well? ». World Development, 32(10): 1627–40.

North Douglas C. (2006). « Cognitive science and the study of the 'rules of the game' in a world of uncertainty ». In: Drobak JN (ed) Norms and the law. Cambridge University Press, Cambridge, pp 48–56

North Douglas C. 2005b. « Institutions and the performance of economics over time ». In: Ménard C, Shirley MM (eds) Handbook of new institutional economics. Springer, Dordrecht, pp 21–30

North Douglas C. 2005a. « Understanding the Process of Economic Change ». Princeton, NJ: Princeton University Press

North Douglas C. 1994. « Economic performance through time ». Am Econ Rev 84(3):359–368

North Douglas C. 1993. « the Sveriges Riksbank Prize in Economic Sciences ». In Memory of Alfred Nobel 1993: Autobiography." Vol. 2010. The Nobel Foundation.

North Douglas C. 1994. « Economic Performance Through Time », American Economic Review, 84 (3), juin, pp. 359-368.

North Douglas C. 1990b. « A Transaction Cost Theory of Politics ». Journal of Theoretical Politics 2(4): 355-367.

North Douglas C. 1990a. « Institutions, Institutional Change and Economic Performance ». Cambridge: Cambridge University Press.

North Douglas. 1981. « Structure and Change in Economic History ». Cambridge [UK]: Cambridge University Press.

North Douglass C. 1961a. « The Economic Growth of the United States 1790–1860 » . Englewood Cliffs: Prentice-Hall.

North Douglass C. ; Robert Paul Thomas. 1973. « The Rise of the Western World: A New Economic History ». Cambridge, U.K.: Cambridge University Press.

North Douglass C. ; John J. Wallis ; Barry R. Weingast. 2009. Violence and Social Order: A Conceptual Framework for Interpreting Recorded Human History. New York: Cambridge University Press.

Opoku K. O. 1978. « West African traditional religion ». Accra: International Private Press Ltd

Opukri C. O. ; Ibaba I. S. 2008. « Oil induced environmental degradation and internal population displacement in the Nigeria's Niger Delta », Journal of Sustainable Development in Africa 10 (1): 173-193.

Ovwasa L. 1999. « Oil and the Minority Question », in Saliu, H. A (ed.) Issues in Contemporary Political Economy of Nigeria, Ilorin: Sally and Associates.

Oxley J. E. 1997. « Appropriability of Hazards and Governance in Strategic Alliances: A Transaction Cost Approach » Journal of Law, Economics and Organization, 13, 387– 409

Papyrakis E. ; R. Gerlagh. 2004. « The Resource Curse Hypothesis and Its Transmission Channels ». Journal of Comparative Economics, 32(1): 181–93.

Pisano G. P. ; M. Russo ; D. Teece. 1988. « Joint Ventures and Collaborative Agreements in the Telecommunication Industry » pp. 23–70 in: D. Mowery (ed.), International Collaborative Ventures in U.S. Manufacturing, Ballinger: Cambridge, MA.

Reed K. 2009. « Crude existence: environment and the politics of oil in Northern Angola ». University of California Press.

Robertson B. ; P. Pinstrup-Andersen. 2010. « Global land acquisition: neo-colonialism or development opportunity? », Food Security, 2(3): 271-283.

Rodrik D. 2008. « The real exchange rate and economic growth » in Brookings Papers on Economic Activity, Fall, pp. 365–412.

Rodrik D. 2009. « Growth After the Crisis », CEPR Discussion Papers. 7480, CEPR Discussion Papers.

Rodrik D. 2002. « Institutions rule: The primacy of institutions over geography and integration in economic development » NBER Working Paper no. W9305

Romer Paul M. 1998. « Innovation: The New Pump of Growth ». Blueprint: Ideas for a New Century (Winter, 1998)

Romer Paul M. 1994. The Origins of Endogenous Growth. Journal of Economic Perspectives, 8(1), 3-22.

Romer Paul M. 1994b. « New goods, old theory and the welfare costs of trade restrictions ». Journal of Development Economics 43: 5.

Romer Paul M. 1990. « Endogenous Technical Change », Journal of Political Economy 98(5), October 1990, Part II, S71–S102. (The Paul Romer model closest to the model in David Romer's section 3.5.)

Romer Paul M. 1986. « Increasing Returns and Long-run Growth », Journal of Political Economy, Vol. 94, pp. 1002-1037.

Rosenstein-Rodan Paul. 1943. « Problems of Industrialization of Eastern and Southeastern Europe ». Economic Journal 53(210-211) June-September: 202-211.

Rostow W.W 1960. « The Stages of Economic Growth ». Cambridge University Press. Traduction française, les étapes de la croissance économique, 1963, Editions du Seuil.

Ruggie J. 2006. « Interim Report of the Special Representative of the Secretary General on the Issue of Human Rights and Transnational Corporations and Other Business Enterprises », UN Doc. E/CN.4/2006/97, http://hrlibrary.umn.edu/business/RuggieReport2006.html

Ruggie J. 2008a. « Protect, Respect and Remedy: A Framework for Business and Human Rights ». Report of the Special Representative of the Secretary-General on the Issue of Human Rights and Transnational Corporations and Other Business Enterprises, A/HRC/8/5,

Sachs Jeffrey D. ; Andrew M. Warner. 1995. « Natural Resource Abundance and Economic Growth ». Development Discussion Paper no. 517a, Harvard Institute for International Development, Cambridge, MA.

Sachs Jeffrey D. ; Andrew M. Warner. 2001. « Natural Resources and Economic Development: The Curse of Natural Resources ». European Economic Review 45: 827–38.

SERAC/CESR. 1996. « Legal communication to the African Commission on Human and Peoples' Rights ». www.cesr.orvg/downloads/nigeriapetition.pdf.

Shane H. 2001. « Chad Oil Pipeline to Cameroon and Its Impacts ». TED Case Studies, Number 650.

Sheppard Daniel ; Anuradha Mittal. 2009. « The great land grab: Rush for world's Farmland threatens food security for the poor ».

Singer Hans W. 1983. « The Role of Human Capital in Development » Pakistan Journal of Applied Economics 2(1): 1-11.

Sinkala T. 2009. « Mining and Environment in Africa ». www.scribd.com/doc/23618617/Minig-and-Environment-in-Africa

Smith A. 1776. « An Inquiry Into The Nature and Causes Of The Wealth Of Nations ». Cadell, London

Schmitz P.W. 2001. « The hold up problem and incomplete contracts: a survey of recent topics in contract theory », Bulletin of Economic Research, 53(1) : 1-17

Solow R.M. 1993. « Sustainability: an economist's perspective ». In: Dorfman RM, Dorfman NS (eds) Economics of the environment—selected readings. Norton

Solow R.M. (1956). « A contribution to the theory of economic growth ». 'Oxford Review of Econom-ic Policy', Vol. 23, 1, pp. 3–14

Stern A. 2005. « Who Won the Oil Wars: Why Government Wage War for Oil Rights ». London: Collins and Brown.

Strau, S. 2011. « Infrastructure and development: A critical appraisal of the macro level literature ». Journal of Development Studies, Taylor & Francis (Routledge), 2011, vol. 47, No 5, pp.683-708.

Todaro M. P. ; Smith S. C. 2006. « Economic Development ». Addison Wesley;

Torvik R. 2002. « Natural Resources, Rent Seeking and Welfare ». Journal of Development Economics, 67(2): 455–70.

Turner Terence Hulme. 1997. « Governance, Administration and Development: Making the State Work ». MacMillan: Basingstoke, Hampshire.

Wang Jian-Ye. 1990. « Growth, Technology Transfer, and the Long-Run Theory of International Capital Movements ». Journal of International Economics 29:255- 71

Westen D. 1985. « Self and society: Narcissism, collectivism, and the development of morals ». Cambridge, UK: Cambridge University Press.

Williams J. Michael. 2004. « Leading from Behind: Democratic Consolidation and the Chieftaincy in South Africa ». Journal of Modern African Studies 42 (1): 113-136

Williamson O.E. 2005. « The Economics of Governance », AER Papers and Proceedings, mai p. 1 à 18.

Williamson O.E. 2002. « The Theory of the Firm as Governance Structure: from Choice to Contract », Journal of Economic Perspectives, vol. 16, n° 3, p. 171 - 195.

Williamson O.E. 1996. The Mechanisms of Governance (New York: Oxford University Press).

Williamson O.E. 1991. « Comparative Economic Organization: The Analysis of Discrete Structural Alternatives », Administrative Science Ouarterly, 36 , pp. 269-296

Williamson O.E. 1985. « The Economic Institutions of Capitalism: Firms, Markets and Relational Contracting ». The Free Press, a Division of Macmillan, Inc., New York, traduit en français (1994) Les institutions de l'économie, InterEdition, Paris.

Williamson O.E. 1975. « Markets and Hierarchies: Analysis and Antitrust Implications ». Free Press, a division of Macmillan, Inc., New York.

Williamson O.E. 1970. « Corporate Control and Business Behavior ». Englewood Cliffs, N.J., Prentice-Hall, 1970.

Wily L.A. 2010. « Whose land are you giving away, Mr. President ? » paper presented at the Annual

Zhao Liming 1995. Thesis Website. http://www.seas.upenn.edu/liming/thesis.html

Revue « Marché et Organisations »
L'Harmattan

Cahiers d'économie et de gestion thématiques dont le but est de promouvoir la recherche originale sur les relations de plus en plus étroites qui se tissent entre le marché et les organisations. Les acteurs économiques de taille, de puissance et de pouvoir différents dont les intérêts peuvent être convergents, complémentaires ou, le plus souvent, antagoniques, ont tendance à organiser les marchés. La raison du marché, pourtant, est la référence stratégique pour l'entreprise ainsi que pour les institutions publiques de décision économique.

Numéros parus :

N°1 : Artisanat. La modernité réinventée, 2006
N°2 : La petite entreprise, elle a tout d'une grande. De l'accompagnement aux choix stratégiques, 2006
N°3 : Tourisme et Innovation. La force créative des loisirs, 2007
N°4 : Le travail. Formes récentes et nouvelles questions, 2007
N°5 : Les universités et l'innovation. L'enseignement et la recherche dans l'économie des connaissances, 2007
N°6 : Entrepreneuriat et accompagnement. Outils, actions et paradigmes nouveaux, 2008
N°7 : Développement durable des territoires. Economie sociale, environnement et innovations, 2008
N°8 : Développement durable et responsabilité sociale des acteurs, 2009
N°9 : Gouvernance : exercices de pouvoir, 2009
N°10 : Le travail collaboratif. Une innovation générique, 2009
N°11 : Economie sociale et solidaire. Nouvelles trajectoires d'innovations, 2010
N°12 : Relations à la marque et marques de la relation. Regards croisés sur le management relationnel de la marque, 2010
N°13 : Les contrats au service de la recherche ?, 2011
N°14 : Le potentiel économique de l'Afrique subsaharienne, 2011
N°15 : Management de la distribution, 2012
N°16 : Territoire Vert. Entreprises, Institutions, Innovations, 2012
N°17 : Eco-conception, conception et innovation. Les nouveaux défis de l'entreprise, 2013
N°18 : Intelligence économique : entreprises et territoires, 2013
N°19 : La finance globale. Un monde fini, 2013
N°20 : La crise du « développement », 2014
N°21 : La Chine innove. Politiques publiques et stratégies d'entreprise, 2014
N°22 : Go East! Nouvelles Economies de Marché, 2015
N°23 : L'économie du changement, 2015
N°24 : Le temps des artisans. Permanences et mutations, 2015
N°25 : Innovations de proximité et esprit d'entreprise, 2016
N°26 : L'avenir des économies du Maghreb : entre inertie structurelle et envie de rupture, 2016/3 (n° 27)
N°27 : Le sport aux frontières du marché du travail, 2016
N°28 : Dynamiques internationales des entreprises, 2017
N°29 : L'univers du risque, 2017
N°30 : Les petites entreprises dans l'histoire industrielle, 2017
N°31 : Economie sociale et *social business* ? Au défi d'entreprendre et se financer, 2018
N°32 : Éducation et fertilisation des économies africaines, 2018
N°33 : L'entrepreneuriat innovant dans les pays du Maghreb, 2018
N°34 : L'entrepreneuriat scientifique : institutions et innovation, 2019
N°35 : Le champ économique de la culture, 2019
N°36 : Economie sociale et solidaire ? Modèles d'innovation et modes de gouvernance

Collection « L'esprit économique »
fondée par Sophie Boutillier et Dimitri Uzunidis en 1996

Dernières parutions

► ***Série Economie et Innovation***
M.-J. POLLET-VILLARD, *L'innovation dans les services. Cadre d'une analyse dynamique fondée sur les réseaux*, 2017.
B. CHRISTOPHE, *La décroissance écologique transforme l'entreprise*, 2017.
G. ACHERMANN, *Territoires d'innovation en Russie, Ambitions et contraintes d'une politique de clusterisation*, 2018.
C. ABDOU LAHAD THIAW, *Innovation localisée pour le développement économique du Sénégal*, 2018.
N. ANIDO FREIRE, *Tradition et innovation : de l'opposition à la complémentarité*, 2018.
C. BERGHMANS (dir.), *Intelligence et compétences émotionnelles en entreprise : perspectives multiples*, 2018.
T. MICHAUD, *La réalité virtuelle : de la science-fiction à l'innovation*, 2018.
B. LAPERCHE, M. LIMA, E. SEULLIET, B. TROUSSE (dir.), *Les écosystèmes d'innovation. Regards croisés des acteurs clés*, 2019.

► ***Série Le Monde en Question***
C. BASTIDON, O. GBAGUIDI A. GHOUFRANE, A. SILEM (dir.), *Commerce, investissement et développement durable en Afrique*, 2017.
L. BOURQUIN, *Europe 3.0 : le grand réveil*, 2017.
A. ROSOWSKY, *De l'économie de pillage a la société désagrégée, un essai sur la révolution thatchérienne*, tomes 1 & 2, 2017.
M. AMAN, *Currency board* (caisse d'émission) à Djibouti. Quelles implications économiques ?, 2018.

► ***Série Krisis***
M. LAUDET, *Aux origines de l'économie politique : Antoine de Montchrestien et son « traicte de l'oeconomie politique »*, 2016.
J. HUERTA DE SOTO, *La théorie de l'efficience dynamique*, 2017.
Y. LEVANT, S. TREBUCQ, *Théorie comptable et sciences économiques du XVe au XXIe siècle, mélanges en l'honneur du professeur Jean-Guy Degos*, 2018.
M. WIELEZYNSKI, *Retour sur l'origine du profit : et si l'économie changeait de paradigme…*, 2018.
G. MINART, *Benjamin Constant, économiste*, 2019.

► **Série *Clichés***
S. BOUTILLIER, D. UZUNIDIS (dir.), *La Russie européenne. Du passé composé au futur antérieur*, 2008.
R. VOLPI, *La négociation. Pain, paix, liberté*, 2009.

► ***Série Cours Principaux***
P.-Y. CARASCO, Prix de transfert et stratégies d'optimisation fiscale de la firme multinationale, 2017.
O. ESNEU, *Fondements de droit. Manuel d'initiation*, 2018.
B. LANDAIS, *Les fluctuations économiques, une synthèse nouvelle*, 2017.
S. FREZAL, *Quand les statistiques minent la finance et la société. Risque, responsabilité et décision*, 2018.
O. ESNEU, *Le droit du transport routier de marchandises (TRM)*, 2018.
G. DUTHIL, *Economie publique et métamorphoses sociales*, 2019.

► ***Série L'économie formelle***
F. BISMANS, *La grande récession : un autre regard sur des temps troubles (2007-2013)*, 2016.
B. SCHWENGLER, *De l'inflation à la dette publique : analyse des discours politiques*, 2016.
S. PARK, *Les abus de puissance économique dans les relations commerciales déséquilibrées*, 2018.
C. JADEAU, *La Finance inclusive. Manuel du post-capitalisme financier*, 2019.
A. BELMADANI, *Monnaie et systèmes de paiement. Mutations, enjeux et risques*, 2019.
É. CHAUMETON, *Pour une économie au service de la personne. Pistes d'avenir pour l'économie, la monnaie et la fiscalité*, 2019.

Structures éditoriales du groupe L'Harmattan

L'Harmattan Italie
Via degli Artisti, 15
10124 Torino
harmattan.italia@gmail.com

L'Harmattan Hongrie
Kossuth l. u. 14-16.
1053 Budapest
harmattan@harmattan.hu

L'Harmattan Sénégal
10 VDN en face Mermoz
BP 45034 Dakar-Fann
senharmattan@gmail.com

L'Harmattan Cameroun
TSINGA/FECAFOOT
BP 11486 Yaoundé
inkoukam@gmail.com

L'Harmattan Burkina Faso
Achille Somé – tengnule@hotmail.fr

L'Harmattan Guinée
Almamya, rue KA 028 OKB Agency
BP 3470 Conakry
harmattanguinee@yahoo.fr

L'Harmattan RDC
185, avenue Nyangwe
Commune de Lingwala – Kinshasa
matangilamusadila@yahoo.fr

L'Harmattan Congo
67, boulevard Denis-Sassou-N'Guesso
BP 2874 Brazzaville
harmattan.congo@yahoo.fr

L'Harmattan Mali
Sirakoro-Meguetana V31
Bamako
syllaka@yahoo.fr

L'Harmattan Togo
Djidjole – Lomé
Maison Amela
face EPP BATOME
ddamela@aol.com

L'Harmattan Côte d'Ivoire
Résidence Karl – Cité des Arts
Abidjan-Cocody
03 BP 1588 Abidjan
espace_harmattan.ci@hotmail.fr

L'Harmattan Algérie
22, rue Moulay-Mohamed
31000 Oran
info2@harmattan-algerie.com

L'Harmattan Maroc
5, rue Ferrane-Kouicha, Talaâ-Elkbira
Chrableyine, Fès-Médine
30000 Fès
harmattan.maroc@gmail.com

Nos librairies en France

Librairie internationale
16, rue des Écoles – 75005 Paris
librairie.internationale@harmattan.fr
01 40 46 79 11
www.librairieharmattan.com

Lib. sciences humaines & histoire
21, rue des Écoles – 75005 Paris
librairie.sh@harmattan.fr
01 46 34 13 71
www.librairieharmattansh.com

Librairie l'Espace Harmattan
21 bis, rue des Écoles – 75005 Paris
librairie.espace@harmattan.fr
01 43 29 49 42

Lib. Méditerranée & Moyen-Orient
7, rue des Carmes – 75005 Paris
librairie.mediterranee@harmattan.fr
01 43 29 71 15

Librairie Le Lucernaire
53, rue Notre-Dame-des-Champs – 75006 Paris
librairie@lucernaire.fr
01 42 22 67 13

www.ingramcontent.com/pod-product-compliance
Lightning Source LLC
LaVergne TN
LVHW011446061026
849535LV00004BA/967
* 9 7 8 2 3 4 3 1 9 0 6 5 5 *